KB271190

특수교사
교육을
말하다

특수교사 교육을 말하다

시행착오와 경계를 넘어

윤형진
감소영
김민진
부경희
이종필
지음

새로온봄

다르지만 같고,
특별하지만 보편적인 교육 이야기

교사 2년차에 3명의 발달장애 아이들과 함께 지낸 것을 시작으로, 지난 16년 동안 장애가 있는 13명의 아이들과 함께 했습니다. 돌아보면 참 많은 일들이 있었지요. 이해할 수 없어 당황했고, 어찌 할 바를 몰라 화나기도 했으며, 그런 상황을 슬퍼하기도 했습니다. 일반학급 담임일 때 경험과는 또 다른 것들이었습니다.

통합학급을 자주 맡게 되면서 '교육은 깨지기 쉬운 달걀을 지키는 일'임을 알게 되었습니다. 그래서 좀 더 안전하게, 좀 더 따뜻하게, 좀 더 깊게 그리고 좀 더 천천히 살아야 했습니다. 이 과정에서 참 많이 감동하고 감사했습니다. 이해하지 못했던 것을 이해하게 되었고, 할 수 없던 것을 할 수 있게 되었고, 이 만남이 더 큰 배움과 행복이 된다는 것을 알게 되었습니다.

이 책에는 일반 교실에서 만나지 못했던 아이들과 선생님들의 특별한 이야기가 담겨 있습니다. 초·중·고 특수학급과 통합학급, 특수교육지원센터에서 특수교사 선생님들이 살아가는 이야기입니다. '미안해, 선생님도 그땐 선생님이 처음이었어.'라는 교사라면 누구나 느꼈을 이야기부터 장애학생들과의 속 깊은 이야기, 친구, 사춘기, 부모로부터의 독립 그리고 함께 살아가는 따뜻한 희망이 있습니다. 다섯 분 저자들의 이야기를 통해 우리는 특수교육에 대해서만이 아니라 교육에 대해 다시 고민해보게 될 것입니다. 다른 사람과 자신에 대해 더욱 깊이 이해하고 사랑하게 될 것입니다.

저는 올해도 통합학급 담임입니다. 역시나 많은 일들을 경험하고 있습니다만 그리 불안하거나 두렵지 않습니다. 이 책으로 인해 희망이 더욱 커졌습니다. 더 많은 선생님들에게 이 희망이 전해지기를 바랍니다.

정유진
세종 온빛초등학교 교사, 사람과교육연구소 대표
『지니샘의 행복교실 만들기』, 『학급운영시스템』 저자

장애학생을 만나지 못했더라면
평범한 교사였을 선생님들의 이야기

"장애는 스승이자 교육혁신과 개혁의 원천이다. 장애는 정
상적으로 판단되는 몸과 마음, 교수자와 학습자와 인간과
인간성에 대한 의미를 재정립한다. 장애가 일으키는 긍정
적인 교육의 변혁은 다양성을 올바르게 인식, 수용하고 발
전, 육성해야 하는 확실한 증거가 된다." _Michalko, 2008

미찰코라는 매우 진보적인 장애학자이자 교육철학자는 장애가 인
류의 스승이고, 우리가 그렇게 달성하고자 하는 교육혁신의 원천이라
고 합니다. 이 사람은 시각장애인인데, 다시 태어나도 장애인으로 태
어나고 싶다고 합니다. 이런 생각을 철저히 '비장애' 중심 사회에 살
고 있는, 예비교사인 교육대학교 학생들에게 이해시킨다는 것은 정말

어렵습니다. 그런데 후배이지만 참 존경하는 이종필 선생님으로부터 원고를 받고 첫 장을 읽자 저는 정말 신이 났습니다. 왜냐하면, 학생들에게 이 책을 읽고 서평을 쓰라는 과제를 내주면 내가 머리싸매고 고민하지 않아도 손쉽게 해결되겠구나 싶어서지요.

우리나라에서 장애는 아직도 극복해야 할 결함이며, 우리는 소위 장애라는 비정상을 처치해서 없앤 슈퍼장애인에게 박수를 보냅니다. 이 책은 이런 사회적 맥락에서 장애와 장애인에 대한 새로운 패러다임을 제시하여 독자로 하여금 보편적 관점의 장애인관에 물들게 할 수 있지 않을까 싶습니다.

이 책의 성격을 한 문장으로 표현하라고 하면 '장애학생을 만나지 못했더라면 그냥저냥 평범한 교사였을 5명의 선생님에 관한 이야기'라고 하고 싶습니다. 많은 사람이 부러워하는 공무원이라는 직업을 가진 교사들. 그런데 장애학생을 만나게 되면서 매 순간 인문학적 성찰이 일어날 수 밖에 없어 5명의 저자 선생님 모두 제가 보기에 높은 수준의 교양인입니다. 정말 멋진 사람 말입니다.

이 책의 내용을 한 단어로 표현하라고 하면 저는 '관계'라고 하고 싶습니다. 소통이 안 되면, 문화가 다르면, 성격이 맞지 않으면 관계 맺기가 힘듭니다. 가르친다는 것의 본질은 관계라고 생각합니다. 저의 큰딸은 매년 개학 날 새 담임선생님을 만나면 3초 안에 사랑에 빠집니다. 평범한 아이들은 이렇게 담임선생님이라는 직함만으로 아무 조건도 묻지도 따지지도 않고 선생님과 사랑에 빠질 준비가 되어 있습니다. 반면 많은 장애학생들은 아주 콧대 높고 까다로운 상대이지요. 이 책의 저자 선생님들은 어떤 장애학생도 사랑의 포로로 만들 수 있는 정말 탁월한 '선수'입니다. 말하자면 이 세상 어떤 아이도 나한테만큼은 마음을 열게 할 수 있는 능력을 가진 것입니다. 정말 부럽습니다.

하지만 처음부터 그랬던 것은 아닙니다. 책 안에는 저자들이 장애학생과의 만남을 힘들어하기도 하고 시행착오를 겪는 이야기가 많습니다. 이 책을 통해 많은 선생님들이 장애학생을 깊이 있게 만나고, 장애와 비장애의 경계, 그리고 가르치는 것과 배움의 경계를 넓혀가길 바랍니다. 예비교사를 비롯한 통합교육을 고민하는 모든 분들이 읽었으면 하는 바람입니다. 그리고 이 책의 개정판이 나올 때에는 다음 생에서도 똑같이 장애자녀였음 좋겠다고 바라는 엄마, 아빠의 이야기가 실릴 수 있는 세상이 되기를 고대합니다.

내가 사랑하는 사람의

마음의 문을 열 수 있는

만능열쇠를 갖기 위해

넘어지고, 넘어져도, 또 일어서는

사람들과 함께

김수연

경인교육대학교 특수(통합)교육과 교수

기꺼이 고군분투하는
당신께 박수를 보내며

특수교육이라는 곳에 발을 내디딘 지 이제 20년이 되어갑니다. 20년이 어떻게 흘렀는지 까마득하기도 하고 바로 어제의 일 같기도 한 묘한 마음입니다. 세월은 흘렀지만, 아이들을 만나는 일은 늘 새로운 도전입니다. 아이들 한 명 한 명이 모두 다르니, 같은 과제라도 매번 다르게 접근하고 새로 풀어야 하니까요. 어렵고 힘들지만, 이것이 특수교육의 매력인지 모르겠습니다. 종종 행복과 뿌듯한 보람을 주는 원천이기도 합니다. 20년 정도 일했으면 익숙해 질만도 한데, 익숙하다고 생각할 때마다 새로운 도전 과제들이 나타나는 걸 보면 참 신기한 일입니다.

예전에는 새로운 아이들을 만난다는 것이 참 두려웠습니다. 이 아이들과 관계를 잘 맺을 수 있을까? 나와의 만남이 아이들에게 어떤 영향을 미칠까? 부모님들과의 관계는 어떻게 유지해야 하나? 그 반 담임선생님은 어떤 분일까? 아이가 학교생활 적응은 잘할까? 등등 이런저런 고민으로 새로 만나는 아이들을 반기는 마음보다는 걱정이 앞섰습니다.

동료 선후배 특수교사들을 만나 이야기를 나누다 보면 참 고민이 많습니다. 무엇을 어떻게 가르쳐야 할지, 학부모님과의 관계는 어떻게 맺어야 하는지, 학교에서 나의 위치는 뭔지, 장애학생들이 일반학교와 잘 맞는 건지, 통합교육을 어떻게 지원하라는 건지…. 모두 저와 비슷한 고민입니다. 종종 이런 문제와 고민으로 힘들어하고 점점 위축되는 특수교사들의 모습을 볼 때마다 그런 비슷한 과정을 겪어 온 동료로서 안타깝고 선배로서 책임감을 느끼기도 합니다.

막상 참고할 책이라도 찾아보려고 하면 특수교육과 관련된 책들은 대부분 전공서적뿐입니다. 특수교육과정, 통합교육의 이해, 문제행동의 지도 등 책을 찾아 읽어 보지만 책에는 제가 맞닥뜨리고 있는 교실의 이야기, 학교의 이야기는 없었습니다. 일반교사들은 아이들과의 교실이야기를 서로 나누면서 힘도 받고 새로운 길을 찾아가기도 하는 데 비해 특수교사들은 교실의 사례들을 서로 나누지 못하고 개별적인 경험으로만 남는 것이 매우 아쉬웠습니다. 이런 특수교사의 교실과 교육에 대한 고민을 함께 나누어 보면 어떨까 하는 생각에서 이 책은 시작되었습니다.

선생님들의 고민을 들어보면 몇 가지 방향으로 나눠볼 수 있었습니다.

우선 '무엇을 가르쳐야 하는가?', '어떻게 가르쳐야 하는가?'의 문제입니다. 가르치는 일을 업으로 하는 교사이기에 교육과정과 수업에 대한 문제이겠지요. 기초적인 신변처리가 어려운 아이부터 수업시간에 자리에 앉아있지 못하는 아이, 아직 말도 잘 못 하는 아이, 글은 읽어도 내용파악이 어려운 아이, 다른 사람의 이야기에 집중하지 않는 아이들에게 무엇을 어떻게 가르쳐야 하는지에 대한 고민입니다.

두 번째는 관계에 대한 고민입니다. 아이들과의 관계, 부모님들과의 관계, 학교 관리자와의 관계, 동료 교사들과의 관계, 통합학급 선생님과의 관계, 실무사 및 사회복무요원과의 관계 등 특수교사로 근무하다 보면 아이를 둘러싸고 있는 여러 사람과 관계를 맺게 됩니다. 이런 관계들을 잘 맺어나가기가 쉽지 않아 어떻게 관계 맺고, 함께 해야 하는지에 대한 고민입니다.

세 번째는 통합교육에 대한 고민입니다. 예전보다 사회적 인식이 많이 좋아졌지만, 여전히 장애가 있는 아이들이 일반학교를 다니는 것은 쉬운 일이 아닙니다. 현장에서 직면하는 통합교육은 '통합교육은 장애학생의 당연한 권리입니다.'라는 명제만으로 버티기에는 여러 가지 어려움이 있습니다. 특히 고학년으로 갈수록, 상급학교로 갈수록 장애학생의 수업권, 일반학생의 수업권, 아이들과 맞지 않는 교육과정, 교실 문화, 학교 행사 등등 장애학생들이 학교를 잘 다니기 위해서는 다각적인 고민이 필요합니다. 많은 특수교사들이 여기저기 부탁하고 노력하지만 이 통합교육 과정에서 상처도 많이 받습니다. 또한 장애학생과 함께 공부하는 다른 학생들의 성장에 대해서도 고민하게 됩니다.

네 번째는 아이들의 미래와 관련된 부분입니다. 내가 가르치는 것이 아이들의 미래에 도움이 될까? 이 아이들은 커서 어떤 모습으로 살아갈까? 이런 고민은 교사를 성장하게도 하지만 때로는 막막한 마음을 갖게도 합니다. 아이들이 더욱 나은 미래를 준비하기 위해 초등학교에서부터 고등학교까지 어떤 준비를 해나가는 것이 필요한지에 대한 고민입니다.

이 책은 초·중·고와 특수교육지원센터에서 일하는 5명의 선생님이 한 꼭지씩 썼습니다.

1부는 초등학교에서 특수교사로 근무하면서 만난 아이들의 이야기, 수업 이야기, 통합교육에 관한 이야기를 담았습니다. 특수학급 교사로서 느꼈던 어려움, 아이들과 함께한 일상에서의 도전, 장애학생에게만 머물러 있던 시선이 모든 아이로 옮겨지면서 느낀 변화와 생각들에 관한 이야기입니다.

2부는 초등학교 특수교사로 또 특수교육지원센터에서 학부모 상담자로서 경험한 이야기입니다. 누구나 매 순간 최선을 다하여 살아가지만, 인생의 수업료처럼 피할 수 없는 시행착오를 겪게 됩니다. 그 속에서 아이들, 부모님들과 함께 조금 더 유연하고 행복한 사람이 되어가는 이야기를 담았습니다.

3부는 중학교 이야기입니다. 하루살이 같았던 초임시절 이야기, 장애학생들의 사춘기와 친구에 관한 이야기, 일반학교 안에서 특수교사로, 한 사람의 개인으로서 성장 이야기를 담았습니다. 중학교 특수학급에서 특수교사로 첫 발걸음을 떼면서부터 10년 동안 경험한, 장애학생들과 서로 가르치고 배우며 함께한 여정입니다.

4부는 고등학교 특수학급에서 겪은 아이들의 이야기와 고민을 풀었습니다. 학생들에게 받았던 소소한 감동, 장애학생의 통합교육에 대한 고민, 그리고 졸업생의 진학과 취업에 대한 고민, 마지막으로 장애학생이 사회에서 성인으로 살아가는데 필요한 것에 관한 생각을 담았습니다.

5부는 어릴 적부터 초등학교 교사가 꿈이었던 일반학급 교사가 장애가 있는 학생들을 만나면서 느꼈던 안타깝고 간절했던 이야기, 장애와 통합을 고민하고 시도했던 이야기, 특수교사로 전환하여 새로운 눈으로 교육을 바라보며 실천한 통합교육 이야기와 교육의 본질에 대한 고민, 아이들의 따뜻한 생각을 나누는 이야기입니다.

대부분의 교사는 특정한 시기의 아이들만을 만나게 됩니다. 초등학교에 근무하는 교사들은 초등학교 시기의 아이들을 만나고, 중학교와 고등학교에 근무하는 교사들은 그 시기의 학생들을 만납니다. 이 책은 초등학교부터 고등학교까지 특수교사와 아이들의 이야기를 담았습니다. 서로 얼굴을 맞대고 이야기를 나누면 좋겠지만 책을 통해서라도 아이들의 성장하는 모습을 한 번 떠올려 보는 기회가 되었으면 합니다.

이 책은 특수교사가 썼지만 보편적인 교육 이야기를 담고 있습니다. 장애학생들의 이야기이지만 모든 학생에 대한 이야기이기도 합니다. 교육과정을 분석하기 전에 아이들을 먼저 바라보는 것, 지식과 정보를 채워주느라 바빠서 아이들의 마음이 어디에 머물고 있는지 돌아볼 겨를도 없이 지나가는 것은 특수교육에 국한된 이야기는 아닙니다. 한 사람이 자신의 삶을 준비해 가는 여정이 교육이라면 장애학생들의 교육도 그러해야 합니다. 『특수교사 교육을 말하다』라는 제목이 다소 무겁게 느껴지기도 하지만 교육의 본질은 다르지 않기에 용기를 내어봅니다.

이 책이 출발점이 되어 많은 특수교사의 이야기가 책으로 나오길 바랍니다. 교실과 교육에 대한 고민을 나눌수록 우리는 풍성해지고, 우리 아이들의 삶과 학교는 나아질 테니까요.

끝으로 2년 반의 짧지 않은 기간 동안 기다려 주시고 문장 하나하나까지 꼼꼼하게 살펴봐 주신 출판사 새로온봄의 이후언 대표님과 기획에서부터 마무리까지 함께해 준 강진영 선생님께도 감사의 말씀을 전합니다.

저자들을 대표하여,
이종필

차례

일러두기

책에 등장하는 아이들의 이름은 (가명)표기가 없더라도 가명임을 밝힙니다.

좋은 경험의 합

이종필

초등학교 특수학급에서 20년 동안 근무했습니다. 대학에서 특수교육을 전공하고, 아이들과 창작의 기쁨을 나누고 싶어 대학원에서 미술교육을 공부했습니다. 서울경인 특수학급교사모임 선생님들과 『통합교육 지원 프로그램: 서로 다른 아이들이 함께 만드는 우정』, 『좔좔 글읽기 4단계』를 펴냈습니다. 『시각장애학생을 위한 미술교사용 지도서』의 집필자로 참여했습니다. 모든 아이들이 행복한 통합교육을 꿈꾸며 아이들과 하루하루를 보내고 있습니다.

입학을
축하해

"축하드립니다."

아이가 초등학교에 입학해 특수학급에 오신 대부분의 어머님들에게 이렇게 말씀드리면 어리둥절해 한다. 축하한다고?

보통의 어린이들은 어린이집이나 유치원을 졸업하고 초등학교에 입학할 때가 되면 여기저기서 축하를 받는다. 할아버지 할머니는 말할 것도 없고 이모며 엄마의 친구, 오며 가며 만난 동네 아주머니께도 축하를 받는다.

"벌써 학교 다닐 때가 됐네."

"아이고, 다 컸네."

"초등학생이 되는 느낌이 어때?"

"입학 선물로 받고 싶은 거 없어? 가방 사 줄까?"

　주변의 이런 반응들로 아이들은 초등학교 생활을 한껏 기대하고 설레는 마음으로 학교에 입학한다.

　하지만 장애가 있으면 이야기는 달라진다.

　"이번에 입학할거야?"

　"치료실에서는 1년 유예하면 어떨까 하던데."

　"벌써 나이가 그렇게 됐어?"

　"학교는 좀 알아 봤어?"

　할아버지 할머니는 말할 것도 없고, 이모, 엄마 친구, 오가며 만난 동네 아주머니도 걱정스러운 말을 하나씩 보탠다.

　'이번에 입학할 수 있을까?'

　'취학유예를 해야 하나?'

　'아직 소변 실수도 하고, 글도 모르고 말도 못 하는데 동네에 있는 학교에 다닐 수 있을까?'

　'특수학교를 보낼까?'

　'일반 학교를 보내면 친구들에게 놀림을 당하지는 않을까?'

　'왕따 문제가 심각하다던데 우리 아이가 그렇게 되는 건 아닐까?'

　어린이집이나 유치원 선생님께도 물어보고, 치료실이나 의사선생님, 주변 어머님들과도 이야기를 나누어 보지만 걱정이 이만저만이 아니다. 장애가 심하면 심한대로 경하면 경한대로 저마다 고민이 한 가득이다.

　가을 찬바람이 불기 시작하면 다음 해 입학을 위한 상담 전화가 걸려오기 시작한다. 전화기 너머로 들려오는 목소리에는 긴장이 가득하다. 특수학급 학생은 몇 명인지, 구성은 어떤지, 다른 상담 온 학생은 있는지, 실무사선생님은 있는지, 전화로 간단한 것을 묻는 것조차 신중하다.

요즘은 학군에 따라 입학하는 추세지만 몇 년 전만해도 서너 학교쯤 돌아보는 부모님들을 쉽게 볼 수 있었다. 자녀가 좀 더 좋은 환경에서 공부했으면 하는 바람에서 시작된 학교 탐방이겠지만 내면에는 불안감이 자리 잡고 있는 듯 했다. 아이들과 함께 입학상담을 온 부모님들 열에 아홉은 얼굴에 근심과 걱정이 가득하다. 아이는 낯선 환경에 어리둥절하고, 학부모는 걱정되는 것들을 하나하나 풀어 놓는다.

"우리 아이는 아직 말을 잘 못해요."

"우리 아이는 아직 글을 잘 몰라요."

"우리 아이는 주의 집중이 떨어져서 가만히 앉아 있지를 못해요."

"우리 아이는 얌전한 편이기는 한데, 누가 챙겨주지 않으면 아무것도 안 해요."

"우리 아이가 6살부터 걷기 시작했거든요. 지금도 자주 넘어져서 걱정이에요."

"우리 아이는 고집이 너무 세서 걱정이에요."

"3살부터 병원이며 치료실이며 다니고 있는데 크게 좋아지지 않는 것 같아요."

"우리 아이는 소변 실수를 자주 해서 친구들이 놀리지 않을까 걱정이에요.”

상담하는 내내 걱정거리만 말씀하신다. 옆에 있는 아이의 얼굴과 모습에도 불안감이 가득하다. 한바탕 축하받아야 할 시기에 아이는 주변 사람들의 걱정을 온몸으로 느끼고 있다.

어른들은 가끔 착각하곤 한다. 말 못하는 아이는, 말귀를 잘 못 알아듣는 아이는, 상황파악을 잘 못하는 아이는 어른들이 무슨 이야기를 주고받는지 모를 것이라고 착각한다. 어떤 이야기를 하는지 정확하게는 몰라도 분위기는 감지한다. 아이들은 교사와 부모님의 대화를 들으며 ‘아, 나의 부족한 점들 때문에 걱정하고 있구나, 불안해하고 있구나, 엄마의 얼굴이 안 좋구나!’ 이렇게 생각하고 있지 않을까?

나도 예전에는 ‘어떤 아이들이 들어올까? 지금 있는 우리반 아이들과는 잘 맞을까? 학교생활에 잘 적응할 수 있을까? 내가 감당할 수 있는 아이일까?’ 걱정을 많이 했다. ‘담임선생님은 좋은 분을 만나야 할 텐데. 수업시간에 소리라도 질러서 쫓겨나오면 어떡하지?’ 새로운 아이를 맞이하는 것은 교사 입장에서도 새로운 도전이 시작됨을 의미한다.

8~9년 전쯤인가, 어느 복지관으로부터 신입생 학부모들에게 입학 준비에 대한 이야기를 해달라는 요청을 받았다. 학부모 10여 명이 모일 예정인데 특수학급은 어떻게 운영되며, 입학을 위해 아이들이 무엇을 준비해야 하는지 안내해 달라는 내용이었다. 조금이라도 부모님들께 도움이 되었으면 좋겠다 싶어 수락하였다. ‘초등학교 생활 이렇

게 도와주세요’라는 내용으로 간담회 준비를 하면서 온통 부모님들게 부탁하는 이야기만 늘어 놓고 있는 나를 발견했다.

‘학교는 미리 가 보는 것이 좋다.’

‘준비물은 스스로 챙길 수 있도록 해야 한다.’

‘신발 신기, 손 씻기와 같은 간단한 신변처리는 스스로 하는 습관을 들인다.’

‘급식을 위해 바르게 앉아서 밥 먹는 연습을 해야 한다.’

‘화장실 사용하는 법도 익히고 오면 좋다.’

‘등교 시간에 늦지 않도록 일찍 자는 습관이 필요하다.’

‘학교 오고 가는 길이 익숙해지도록 미리 연습해보면 좋다.’

이런저런 것들을 적다보니 가장 중요한 것이 빠졌다는 생각이 들었다.

바로 축하하는 마음이다. 새롭게 출발하는 초등학교 생활을 기대하는 마음이다. 어른들은 불안한 마음을 누르고 입학을 마음껏 축하해 주고, 아이들은 어른들의 축하를 받으며 학교생활에 대한 긍정적인 기대감을 갖고 가벼운 발걸음으로 학교생활을 시작해야 한다. 내 경험으로 보면 아이들은 어른들의 염려보다 훨씬 학교생활을 훌륭하게 해나간다. 글을 모르던 아이들은 정도의 차이는 있지만 몇 년이 지나면 읽고 쓸 수 있게 된다. 말을 못하는 아이들도 유창하지는 않을지언정 다른 사람의 말을 듣고 이해하는 능력이 발전하여 학교생활에 잘 적응한다. 수업시간마다 돌아다니던 아이들도 학년이 올라가면서 수업시간과 쉬는 시간을 구별하고 수업시간에는 자리에 앉아 있으려고 노력한다. 서너 걸음 걷다 힘들다고 주저앉던 아이는 몇 해가 지나면 자신의 가방을 메고 씩씩하게 걸어간다. 간담회에서 내가 말하려한 내용들은 미리 준비될 수 있다면 좋겠지만 학교에 와서 익혀도 충분하다. 하루하루 우여곡절을 겪지만 졸업할 때 아이들은 훌쩍 크고 의젓해진 모습으로 자라있다.

해마다 자녀의 초등학교 입학을 앞둔 많은 부모님을 만난다. 예전과는 다르게 아버님들의 참여도 늘었다. 부부가 함께 오는 경우도 많다. 요즘은 걱정 대신 기쁨과 기대를 나누는 시간으로 간담회를 준비한다.

첫 번째, 지금껏 아이들을 정성으로 키워 온 부모님들의 노고에 진심으로 감사드리기.

두 번째, 스스로 생각할 때 내가 좋은 부모라고 생각되는 점 나누기.

세 번째, 아이의 훌륭한 점을 적어보고 자랑하기.

첫 번째와 두 번째에 쑥스러워하거나 머뭇거리던 부모님들도 아이들의 훌륭한 점을 적어보라고 하면 처음에는 시간이 걸리지만 이내 일사천리로 적으신다.

"우리 아이는 잘 웃는다."

"우리 아이는 정리 정돈을 잘 한다."

"우리 아이는 엄마가 해 주는 음식은 가리지 않고 뭐든 잘 먹는다."

"우리 아이는 일찍 일어난다."

“우리 아이는 예쁘게 생겼다.”

“우리 아이는 공부를 좋아한다.”

“우리 아이는 한 번 규칙을 익히면 어기지 않는다.”

“우리 아이는 노래를 잘 외워 부른다.”

“우리 아이는 책 읽는 것을 좋아한다.”

“우리 아이는 인사를 잘 한다.”

“우리 아이는 동생이랑 잘 논다.”

“우리 아이는 엄마 말을 잘 듣는다.”

“우리 아이는 말은 못하지만 듣고 이해하는 능력이 뛰어나다.”

“우리 아이는 에너지가 넘친다.”

“우리 아이는 깔끔해서 옷이나 손에 뭐가 묻으면 깨끗이 닦는다.”

서로 자녀에 대해 자랑하는 이야기를 나누다보면 걱정은 조금씩 사라지고 웃음이 피어난다.

걱정을 한가득 안고 입학상담을 오는 부모님들께 이렇게 말씀드려보면 어떨까?

“입학을 축하드립니다.”, “자녀의 입학을 진심으로 축하해 주세요.”, “너무 걱정하지 마세요. 우리들의 생각보다 아이는 훨씬 잘 적응할 거예요.”, “힘들고 부족한 부분이 있다면 미리 걱정하지 말고 함께 채워나가요.”, “아이의 새로운 도전을 함께 응원해요.”

아이도, 부모도, 교사도 시작부터 즐거워야 하지 않겠는가? 시작이 반이니까.

짧은 산책
긴 여운

　비 개인 오전 시간, 평소보다 수업을 10분 정도 일찍 마치고 모처럼 정훈(가명)이와 산책을 했다. 휠체어를 타고 다니는 정훈이는 산책을 좋아한다. 하지만 요즘처럼 미세먼지도 심하고 정신없이 바쁘게 돌아가는 학교생활에서, 정훈이와 산책할 시간을 내는 것이 생각보다 쉽지 않다. 쉬는 시간도 마찬가지다. 수업을 마친 아이를 교실로 보내고, 다음 시간에 오는 아이들을 맞이하고, 중간중간 화장실도 데려가야 한다. 1학년 때는 둘이서만 수업하는 시간이 있어서 가끔 산책도 하고 걷기 운동도 했던 것 같은데 요즘은 정훈이 혼자 수업하는 시간도 없고, 그때보다 학생 수도 늘어서 오롯이 정훈이를 위한 시간을 내기가 쉽지 않다.

　그날은 마침 연휴를 앞두고 가정체험학습을 신청한 학생이 있어서 오랜만에 정훈이와 단둘이 시간을 보낼 수 있었다. 둘이서 수업을 하면 오롯이 그 아이에게만 집중할 수 있다. 아이의 요구나 마음의 변화도 읽을 수 있고, 보다 신속하고 적절하게 반응할 수 있어 좋다. 정훈이는 말은 잘 못하지만 다른 사람의 이야기를 잘 알아듣고, 자신의 의사표현이 분명한 아이이다. 오늘 공부를 열심히 하고 10분 정도 하고 싶은 걸 하자고 했더니 손짓으로 나가고 싶다는 표현을 한다.

"공부 마치고 산책가고 싶다고?"

"에" 분명하지 않은 발음이지만 정확히 의사표현을 한다.

정훈이는 어떤 날보다도 집중해서 공부를 한다. 평소에는 중간에 꾀를 부리기도 하는데 그날은 산책 갈 생각에 그랬는지 열심히 집중해서 과제를 다 마쳤다.

"어디로 갈까? 네가 가고 싶은 곳을 말해봐."

정훈이는 그나마 힘이 있는 오른손으로 운동장 쪽을 가리킨다.

"운동장으로 갈까?"

"으"

비 온 뒤라 운동장 공기가 좋다. 바람도 딱 기분 좋을 만큼 분다.

"정훈아, 산책 나오니까 좋다. 아침에 비가 와서 친구들이 한 명도 없네. 운동장에 우리 둘 밖에 없어." 정훈이 얼굴에 웃음꽃이 핀다. 기분이 좋은 모양이다. 내가 운동장을 가로질러 가려고 하자 정훈이는 고개를 젓는다.

"운동장 안쪽 말고 바깥쪽으로 가자고?"

“으”

“아침마다 친구들이 아침걷기를 하는데 정훈이도 하고 싶었구나?”

“으”고개를 끄덕이며 기분 좋은 웃음을 짓는다.

“그럼 다음부터는 교실 올라가기 전에 이진영선생님(가명, 사회복무요원)께 운동장 한 바퀴 돌고 가달라고 말씀드릴까?”라고 물으니 격하게 고개를 끄덕인다. 왜 그 생각을 못했을까? 다른 친구가 하는 일이면 빠지지 않고 해보려고 하는 정훈인데 친구들이 하는 아침걷기를 하고 싶었겠다는 생각을 그제서야 했다. 시간에 딱 맞게 등교하는 정훈이를 아침 자습시간에 늦지 않게 교실에 올려 보낼 생각만 했지 거기까지는 생각이 미치지 못했다. 정훈이가 스탠드 뒤편 작은 숲을 가리킨다.

“저기 나무 많은 데 가보고 싶어?”

“음”

“스탠드가 있어서 휠체어타고 가기 어려울 것 같은데?”

내가 방향을 전환하려고 하니 다시 엉뚱한 공간을 가리킨다. 축구 골대와 스탠드 사이에 안전 팬스가 있는데 그 사잇길로 가고 싶단다. 팬스와 스탠드 사이는 길이라기보다는 스탠드에 앉을 때 통로로 사용하는 공간에 가깝다.

“여기는 좁아서 휠체어가 지나갈 수 있을까?”대충 가늠해 보니 잘하면 지나갈 수 있을 것도 같았다. 휠체어를 그 좁은 길로 돌리니 정훈이가 좋아한다. 그 사잇길은 딱 휠체어가 지나갈 수 있는 폭이었다. 정훈이와 함께 좁은 길에 들어서니 기분이 묘했다. 왠지 금지된 공간에 들어온 것 같기도 하고, 뭔가를 찾아 떠나는 느낌도 들었다. 정훈이도 기분이 좋은지 함박웃음을 짓는다. 설레는 표정이다.

"와, 다행이다. 휠체어가 딱 들어간다. 정훈아, 여기에 그렇게 와 보고 싶었어?"

"음"

20미터 남짓한 짧은 거리를 걷는 동안 이런저런 생각이 들었다. 나는 정훈이가 넓은 공간을 좋아할 거라고 생각했다. 이렇게 좁은 길은 답답해 할 거라고 생각했다.

수업 종이 울려 교실로 들어가려는데 정훈이가 아쉬워한다. 다음에 또 오기로 하고 교실 쪽으로 방향을 틀었다. 이번에는 흥분하면서 손가락으로 수돗가를 가리킨다. 휠체어를 세워놓고 수돗가로 다가가서 물을 틀었다. 몇 번 물을 튀기며 장난을 치니 즐거워한다. 친구들이 운동장 수돗가에서 물장난 하는 것이 부러웠던 모양이다. 다시 교실로 가려는데 이번에는 교실 쪽으로 올라가는 계단을 가리킨다.

"계단으로 가자고?"

"음"

"휠체어를 타고 계단으로 올라가는 건 어려운데…"

정훈이가 약하게 장난치듯 고개를 젓는다.

"그래도 가고 싶다고?"

"음"

"그래, 계단을 올라갈 수 있는 휠체어가 만들어졌으면 좋겠다. 그지?"

격하게 고개를 끄덕인다.

왜 아직까지 몰랐을까? 또래의 남자 아이들이 그렇듯이 정훈이도 뛰고 싶고, 모험도 즐기고 싶고, 어른들이 위험하다고 말리는 일도 몰래몰래 해보고 싶은, 한창 장난치고 싶은 4학년 남자 아이라는 것을 말이다.

정훈이가 하는 장난이라고는 고작 해야 수업시간에 물건 떨어트리기, '에취!'하고 크게 침을 튀기며 재채기하고 웃기, 엉덩이의 반동을 이용하여 휠체어 조금씩 앞으로 옮겨가기, 발구르기, 엉덩이 들썩거리기, 손이 닿는 곳에 있는 의자 흔들어보기 등이다. 하지만 공부시간에는 바르게 앉아 있어야 하니까 그 조차도 하면 안 되고, 시끄러우니까 안 되고. 안 되는 것 투성이다.

요즘 정훈이는 내 생각엔 할 수 없을 것 같은 일을 하고 싶다고 요구하는 경우가 부쩍 많아졌다. 엉덩이만 걸칠 수 있는 동그란 급식실 의자에 앉아서 급식을 먹고 싶어 하고(정훈이는 균형잡기에 어려움이 있다), 친구들이 왈츠를 추면 자기도 추고 싶어 했다. 그냥 휠체어를 다른 사람이 밀어주면서 음악에 맞춰서 빙빙 도는 것이 아니라, 자기가 다른 사람의 손을 잡고 서서 춤을 추고 싶어 했다. 계단으로 가자는 요구도 종종 한다. 그럴 때마다 나는 "정훈아 저기에 앉으면 옆으로 쾅 넘어져.", "아이고 장난꾸러기, 휠체어 타고 계단을 내려가면 우당탕! 우당탕! 쾅! 하고 넘어질 걸?"하고 말하곤 했다. 이렇게 우스

꽝스럽게 이야기는 했지만 마음속으로는 정훈이가 할 수 없는 것을 하고 싶어하는 것이 짠했다. '커가면서 더 하고 싶은 것은 많아질 텐데 어쩌면 빨리 포기해야 덜 상처받지 않을까?' 하는 생각도 들었다.

그런데 그날 함께 산책하면서 내 생각이 조금 바뀌었다. 밑바닥 체력이지만 내가 나의 두발로 히말라야 트레킹을 하고 싶고 지구의 반대쪽 산티아고 순례길을 걷고 싶고 마추픽추에 오르고 싶은 것처럼, 정훈이도 남들이 보기에는 어려워 보이는 것들을 하고 싶을 수 있다. 상처받고 마음은 힘들수 있어도 새로운 것을 하고 싶고 낯선 영역을 경험하고 싶어 하는 정훈이의 욕구를 존중해주기로 했다.

좀 더 자라면 전동휠체어를 타게 되겠지만 아직까지는 다른 사람의 도움 없이는 한 발짝도 움직일 수 없는 정훈이의 답답한 마음을 이해해 주기로 했다. 가끔은 시간을 내어 정훈이와 산책을 해야겠다. 옷이 젖고 휠체어가 홀딱 젖더라도 수돗가에서 신나게 물놀이도 해야겠다. 운동장 한쪽에 있는 담장 길처럼 학교 곳곳에 정훈이가 좋아할 만한 길들을 찾아봐야겠다. 야외로 체험학습을 갈 때에도 정해진 안전한 길 말고, 가끔은 정훈이가 원하는 구불구불하고 울퉁불퉁한 길로도 가봐야겠다. 막상 그런 길로 다녀보면 불편해서 다음부터는 그런 길로 가기 싫다고 하더라도 정훈이도 경험하고 선택할 권리가 있으니까 말이다.

4차 산업혁명시대에는 경사로나 엘리베이터 같은 편의시설뿐 아니라 정훈이처럼 몸이 불편한 사람도 계단을 오르내릴 수 있는 새로운 보조 기계들이 개발되었으면 좋겠다. 비장애인 입장에서 바라보는 편의시설 외에도 장애인들도 모험을 즐기고 도전하고 성취하는데서 오는 기쁨을 누릴 수 있는 장치들도 만들어졌으면 좋겠다. 시각장애인이 그림을 그리고, 사진을 찍고, 조각을 하는 것이 장애극복이 아니라 그림 그리는 것을 해보고 싶어서, 사진 찍는 것이 좋아서, 그 매력에 빠져서 하는 것으로 이해할 수 있는 시대가 왔으면 좋겠다.

장애학생들도 도전하고 성취하고, 때로는 실패하면서 커나가야 하지 않을까? 그날의 산책은 짧았지만 정훈이로 인해 많은 생각을 하게 된 봄날의 소중한 추억이다. 정훈아, 고맙다.

나는 로봇이
아니에요

"에버~구"

가람(가명)이가 심심하면 하는 '에버~구'를 나도 따라 한다.

"에버~구"

"아아~아"

한 번 더 따라 해 본다.

"아아~아"

한참 딴짓을 하며 특유의 높낮이가 있는 반향어를 하던 가람이가
나를 쳐다본다.

"바삐~뽕"

"바삐~뽕"

한 번 더 따라했더니 웃으며 나를 바라본다. 그러더니 다시 "에버

~구"하며 나를 쳐다본다. "에버~구" 이번엔 만족스러운 웃음이다.

반향어 따라하기는 내가 자폐성장애 학생들과 친해지는 방법이다. 이 방법은 나름 효과가 좋다. 반향어를 시작하면 하지 말라고 하거나 그만하라고 하기 마련인데 똑같이 따라하는 내가 신기한가 보다. 몇 년 전에 만났던, 눈 마주침이 전혀 안되던 동환(가명)이도 이 방법으로 첫 교류를 했다. 동환이는 혼자서 계속 뭐라고 중얼거리며 돌아다니던 아이였는데 아무리 들어봐도 무슨 말인지 알 수가 없어 따라 해봤던 것이 시초가 되었다. 정확하지는 않지만 들리는 대로 동환이가 하는 말을 따라 해봤다. 그랬더니 동환이가 갑자기 걸음을 멈추고 나를 힐끗 쳐다봤다. '와! 동환이가 자발적으로 먼저 나를 쳐다보다니.' 다시 무어라 중얼대며 교실을 빙빙 돌아다니기 시작한다. 신기해서 한 번 더 따라 해봤다. 이번에는 씩 웃는다. 이 일을 계기로 나는 가끔 동환이의 반향어를 따라했고 동환이와 조금씩 친해졌다. 자발적인 눈 맞춤에도 성공했다.

이 방법이 하루 아침에 나온 것은 아니다. 당시 나는 특수교사들과 책읽기 모임을 하고 있었다. 모임에서 이현주 작가님의 『바보온달』이라는 책을 읽게 된 것이 그 출발이었다. 책을 간단히 요약하면 평강공주는 바보온달을 훌륭한 장수로 만들기 위해 최선을 다해 노력했다. 노력의 결실로 바보온달은 나라를 지키는 장수가 되었다. 하지만 자연의 수많은 동물과 식물, 작은 곤충들과도 교감을 나누던 순박한 바보온달이 전쟁터에서 다른 사람을 죽이며 그 또한 죽어가는 모습을 보면서 평강공주는 자신이 바보온달을 장수로 만든 것이 잘 한 일일까? 바보온달은 정말 행복했을까? 하며 후회한다. 책은 열심히 최선을 다해 아이들을 가르치는 교사가 훌륭한 교사라고 생각했던 나에게 큰 충격이었다. 이 책의 평강공주는 자연과 교감하고 자연을 사랑하는 바보온달의 의사도 물어보지 않고 나라를 위해 싸우는 장수가 되도록 바보온달에게 최선을 다한다. 그리고 목표도 이루어 냈다. 그런 평강공주에서 나의 모습을 보았다. 아이들 하나하나를 눈여겨보기보다는 나의 목표를 위해 열심히 가르친 것이 아닌가 하는 반성도 하게 되었다.

다음부터는 아이들을 제대로 만나고 싶었다. 아이의 학업수준과 성향을 파악하는 것에서 그치는 것이 아니라 시간을 두고 여유 있게 알아가려고 했다. 언제 웃고, 언제 울고, 언제 화를 내는지, 아이가 좋아하는 것은 무엇인지 세세히 알아보고 아이가 나에게 보여주는 의사표현에 좀 더 주의를 기울이기로 했다. 그러다 보니 동환이의 반향어도 궁금해졌다. 어떤 느낌이길래 계속하는지 궁금해서 따라해 본 것이다. 우연한 발견이었지만 지금도 나는 자폐성장애 학생들과 처음 만났을 때 아이의 상동행동도 따라해 보고 반향어도 따라해 보면서 아이와 교류한다. 그러면 대부분의 학생들은 '뭐 저런 선생님이 있지?'하는 표정으로 나를 보다가도 몇 번 더 이런 일을 반복하다보면 나에게 웃음을 보인다. 어떤 아이는 까르륵 웃기도 한다. 때로는 이번에도 따라 하나 안 하나 테스트를 해보기도 한다. 일부러 따라 하지 않으면 내가 따라 할 때까지 나를 쳐다보며 상호작용을 요구한다. 나는 아이들을 자세히 관찰하고 아이를 이해하기 위해서 따라 했을 뿐인데 내가 예상치도 않았던 곳에서 소통의 씨앗을 발견한 셈이다.

"옛날 옛날에 아버지, 어머니, 딸…… 이어요. 그런데 어머니가… 아이, 속상해"

도대체 저게 뭘까? 동환이가 일주일 내내 혼잣말을 하는데 뭔지 너무 궁금했다. 이후에도 계속 이어서 무슨 말을 하기는 하는데 뒷말은 도저히 유추해서 해석하기 어려웠다. TV나 인터넷에서 본 것을 따라하는 것 같기는 한데 무얼까? 아, 궁금하다. 알고 싶다. 혼자서 동환이가 반복적으로 하는 말을 따라해 보지만 도무지 유추가 안 된다. 그 무렵 동환이는 말이 조금씩 늘고 있었다. 애니메이션이나 어떤 동화 속 대화 같기는 했지만 제법 상황에 맞게 적절히 문장을 갖다가 쓰기도 했다. 동환이가 되뇌는 문장을 찾아서 깜짝 놀라게 해주고 싶은데 뭔지 모르겠다. 아, 답답하다. 어머니께 물어보니 요즘 집에서 검색 포털 사이트의 어린이 동화를 즐겨본다고 했다. 그러던 어느 날 수업준비를 하려고 인터넷으로 동화를 검색하며 하나씩 듣고 있었는데 신데렐라에서 똑같은 대사가 나오는 것이 아닌가?

'옛날 옛날에 아버지, 어머니, 딸 이렇게 세 식구가 사는 행복한 집이 있었어요. 그런데 어머니가 병으로 세상을 떠났어요. 아버지는 다시 결혼을 했어요. 새엄마는 자기와 닮은 딸을 둘 데리고 왔어요. 아이 참, 저 계집애 때문에 내 딸들이 미워 보인단 말이야. 아이, 속상해.'

유레카!

다음날 수업시간에 신데렐라 동화를 틀었더니 동환이가 깜짝 놀란 눈으로 나를 쳐다본다. 왠지 나와 한 번 더 통한 것 같은 느낌. 그 후로 우리는 조금 더 친해졌다. 아이들의 마음에 다가가는 것이 쉽지는 않다. 특히 자폐성장애 학생들의 마음과 교감하는 것은 나에게는 늘 미지의 세계에 도전하는 기분이다. 하지만 어느 순간 딱 맞았을 때는 대단한 보물이라도 발견한 것처럼 기쁘기 그지없다.

예전 같았다면 내가 준비한 수업을 성실히 하고, 수업시간에 "아버지, 어머니, 딸…"이라고 계속 중얼거리면 "그만, 이거 해야지."라며 이야기했을지도 모르겠다. 그리고 대학 다닐 때 배웠던 것처럼 자폐성장애 학생들은 규칙을 익히는 것이 중요하고, 한 번 예외를 인정하기 시작하면 더 혼란스러워해 규칙을 습득하기 힘드니 더 강력하게 제재하고 제대로 된 규칙을 익히도록 강요했을 것이다. 대학 다닐 때 글로 배운 지식을 단편적으로 적용하면 그렇다. 사실 일상생활에서의 리듬과 규칙, 예측 가능성이 중요하다는 말이지 자폐성장애 학생들의 감정까지 무시하라는 말은 아니었을 텐데 말이다.

예전에 가르쳤던 아이의 부모님 중에는 규칙을 익히고 익숙해지는 것이 중요하다며 집에서까지 온 가족이 급식판에 밥을 먹는다고 하신 분도 있었다. '우리 아이는 무서운 목소리로 엄하게 말해야 듣는다'며 나에게 치료실에서 하는 방법을 전수해 주시려고 하는 분도 있었다. 지금 그 아이들을 떠올려보면 처음 만났을 때의 순간순간 수줍게 웃던 모습이 떠오른다. 그러다 고학년이 되면서 그런 모습은 사라지고 학교의 규칙을 비교적 잘 지키고 수업시간에도 비교적 자리에 잘 앉아 있게 되었으나 무표정에 가까운 얼굴로 학교생활을 했었던 것 같다. 아마 나도 그 아이들의 무표정에 한몫 했을 것이다. 그 중 한 아이는 사춘기가 되면서 더 이상 참지 못하고 감정폭발을 하기도 했다. 그때는 그 아이의 장애가 심해졌다고 생각하고 안쓰러워했지, 어른들의 잘못된 중재 때문에 그런 걸지도 모른다는 생각을 하지 못했다. 참 미안한 일이다. 시간은 되돌릴 수 없고, 그 아이들의 초등학교 시절은 다시 돌아오지 않는다. 속절없이 지나 가버린 아이들의 시간이 아쉽다. 지금 만난다면 엄격함을 강조했던 부모님들과도 적극적으로 대화하고, 부모님이 안 된다면 나라도 아이들의 마음에 다가가려고 노력했을 텐데. 그때는 나도 규칙을 가르치고, 새로운 지식을 주입하느라 정신이 없었다.

지금은 발달장애에 대한 이해가 넓어져서 예전 같지는 않지만 여전히 아이들과 교감하기 보다는 새로운 지식과 생활태도를 가르치는데 급급한 경우를 종종 본다. 새로운 지식과 생활태도를 가르치기 전에 아이들의 마음을 읽어주고 교류하려는 노력이 필요하다. 아이들은 내가 프로그래밍한 대로 움직이는 로봇이 아니다.

자폐성장애 학생들이 다른 사람의 마음을 읽기 어렵다면 어른이나 교사들이 먼저 그 아이들의 마음을 읽어주면 어떨까? 흔히 자폐성장애를 자신만의 세계에 빠져있고, 다른 사람과 교류하는 것에 어려움을 보이는 사람으로 생각한다. 하지만 아이들과 지내보면 아닌 척하지만 은근히 다른 사람에게 관심도 있고, 안 듣는 척하면서 듣고 있고, 안 보는 척하면서 보고 있다. 누군가가 자신의 마음을 알아주면 좋아한다.

이렇게 말하는 나도 우리반 아이들의 마음을 다 알지는 못한다. 왜 우는지, 무엇 때문에 그렇게 화가 났는지 유추해 보고 다시 그런 상황이 올 때를 미리 대비하고 조심할 뿐이다. 하지만 한 가지는 알고 있다. 일정한 규칙을 따르는 것을 편안해 하는 자폐성장애 학생들이라도 시키는 대로 실행하는 로봇은 아니며 다른 사람과 감정을 나누고 싶지만 그것이 참 어렵고 뜻대로 되지 않는, 자라나는 어린 아이라는 것이다. 나는 오늘도 그 아이들의 마음으로 다가가는 열쇠를 즐거운 마음으로 찾고 있다.

옳음과 친절함,
무엇을 선택할 것인가?

저 멀리서부터 정남(가명)이의 목소리가 들린다. 오늘도 잔뜩 화가 난 것 같다.

넷! 셋! 둘! 하나! 문을 쾅 열고 들어온다.

"에이 씨"

아침 등굣길부터 뭔가 맘에 들지 않은 눈치다. 정남이는 이렇게 화를 내며 아침을 시작하는 날이 많다. 나는 아침마다 긴장하며 출근한다. 오늘도 정남에게 웃는 얼굴로 대하기, 화내지 않기, 이 두 가지를 마음에 새기며 준비를 단단히 한다. 날마다 마음의 준비를 하고 오지만 투덜거림과 욕으로 하루를 시작하는 것이 좋을 턱이 없다.

"정남이 무슨 안 좋은 일 있었나 보네."

무심한 듯 관심을 표현하면 혼자서 술술 이야기를 한다. 엄마가 나쁘다는 둥 누구를 죽인다는 둥 험한 말이 줄줄 나온다. 반바지를 입고 싶은데 춥다고 긴바지를 입고 가라고 했다는 이유로 정남이 엄마는 아침부터 정남에게 욕을 먹는다. 등굣길에 다 마신 우유갑을 아무 데나 슬쩍 버린 걸 보고 누군가 한 소리를 하면 그 날은 그 사람이 욕을 한 바가지 먹는다. 어떤 날은 자기가 인사했는데 다른 사람이 인사를 받아주지 않았다고 화를 내기도 한다. 들어보면 정남이 입장에서는 기분이 나쁠 수는 있지만 아침부터 그렇게 크게 욕을 하거나 큰소리 칠 일은 아니다. 이럴 때 내가 다른 사람을 옹호하거나, 나쁜 말 하면 안 된다고 혼내면 그날 하루는 말 그대로 망치는 거다.

잔소리를 하더라도 정남이의 안 좋은 기분이 지나간 다음에 해야 한다. 우선 충분히 들어준다. 때로는 "아 참, 오늘 너희 교실에서 샌드위치 만든다고 했던 것 같은데 준비물 가져왔니?" 이런 식으로 정남이가 좋아하고 기대할만한 일들로 화제를 전환하는 기술도 필요하다. 그러면 가방을 열면서 자신이 챙겨온 준비물을 자랑스럽게 보여준다. 이렇게 한고비를 넘긴다.

정남이는 화를 잘 참지 못한다. 5학년 때는 교실에서 다른 친구들을 건드리기도 하고 가끔 여자 아이들에게 하면 안 되는 행동을 해서 옆 반인 나도 가슴이 조마조마한 적이 한두 번이 아니었다. 특히 자기에게 잘 해주는 친구들에게 그러니 참 곤란하다. 화가 나면 담임선생님도 특수교사도 소용없다. 정남이는 "공부 싫어. 공부 안 해."라는 말을 입에 달고 살고, 자기가 잘못하면 오히려 더 큰 소리로 화를 낸다. 수업시간에 문을 벌컥 열고 나가기도 하고, 공부하기 싫은 날은 배가 아프다며 보건실을 들락날락하기도 한다. 우리 학교 보건실 이용 압도적 1위의 기록도 갖고 있다. 가끔은 친구를 때려놓고 자신의 잘못을 가리려고 친구가 자기를 때렸다고 우기기도 한다. 친구나 선생님이 다치거나 아파서 학교에 못 오면 잘 됐다며 박수를 치며 웃는다.

나는 정남이가 3학년 때 함께 공부했었다. 그러다 3년 만에 다시 만나게 된 것이다. 2년 동안 옆 반 선생님이 정남이 일로 얼마나 마음고생을 하셨는지 지켜봤기에 6학년이 된 정남이를 만나게 되었을 때 과연 무사히 졸업은 시킬 수 있을지 걱정도 되었다. 3학년 때에 비해 일상생활 능력은 많이 향상되고 학습능력도 향상되고 있었지만 사춘기로 접어든 시점이라 반항심은 더 커진데다 충동적인 행동과 욱하는 성격에 더해 이성에 눈을 떠 학교에서 하면 곤란한 행동들을 종종 보여서 걱정이 앞섰다. 새 학년을 시작하며 큰 고민 가운데 하나였다. 어떻게 해야 정남이와 잘 지낼 수 있을까?

정남이와 1년 동안 잘 지내기 위해서 나는 공책에 정남이의 장점을 하나씩 써 보기로 했다.

발음은 좋지 않지만 다른 사람이 자신을 말을 이해하지 못하면 손짓과 발짓, 그림, 자기가 쓸 수 있는 글자들을 총동원하여 자신의 의사를 전달한다. 읽고 쓰는 공부를 별로 좋아하지는 않지만 듣고 이해하는 능력은 좋은 편이다. 일상생활과 관련된 문제해결 능력이 좋은 편이다. 많이 접하는 간단한 문장을 어느 정도 읽을 수 있다. 보고 쓰기를 할 수 있다. 수 개념은 명확하지 않아도 일상생활에서 먹고 싶은 것을 다른 사람의 도움 없이 사 먹을 수 있다. 현장체험학습을 가면 질서를 잘 지키고 열심히 참여하는 편이다. 선생님께 칭찬받고 싶어 한다. 사람들에게 관심이 많다. 반장 역할을 하고 싶어 한다. 인정받고 싶어 한다. 학교에 빠지지 않고 나온다. 달력을 보고 날짜를 말할 수 있다. 친형을 좋아한다. 급식을 잘 먹는다. 다른 사람에게 자기 이야기 하는 것을 좋아한다. 친구들과 친해지고 싶은 마음이 있다. 혼자서 자전거와 인라인 스케이트를 탈 수 있다. 신체가 건강하다. 힘이 세다.

정남이를 생각하면 이런저런 잔소리 거리만 생각났는데 막상 써 보니 의외로 장점이 많았다. 이번에는 반대로 정남이가 화를 참지 못하고 폭발하는 경우를 곰곰이 생각해 보았다.

다른 사람에게 잔소리를 들었을 때. 누군가가 자신의 잘못을 지적했을 때. 자기가 잘못한 것을 들킬 것 같을 때. 하고 싶은 것을 못하게 할 때. 급식실에서 그만 먹으라고 할 때. 공부하는 것이 정말 싫은데 하라고 할 때.

주로 이런 경우에 화를 내는 것 같았다.
마지막으로 정남이가 이것만은 꼭 지켰으면 하는 것이 무엇인지 생각해 보았다.

> 친구나 선생님께 죽여버린다고 말하거나 욕설하지 않기. 학교에서 자
> 위행위 하지 않기. 잘못했을 때 사과하기. 부탁할 일이 있을 때는 화내
> 지 않고 기분 좋게 요청하기. 친구나 다른 사람에게 안 좋은 일이 생
> 기면 함께 걱정해 주기.

정남이가 일상생활과 대인관계를 맺는 데 꼭 필요한 태도와 기술은 물러설 수 없는 마지노선이었다. 초등학교를 잘 마무리하고 중학교에서 새로 적응하는 데도 꼭 필요한 것들이었다. 이것들은 내가 한 해 동안 정남이와 어떻게든 만들어가야 할 몫이었다.

이렇게 정리를 하고 나니 어느 정도 윤곽이 잡혔다. 우선 꼭 지켰으면 하는 것 이외의 행동들은 너그럽게 넘어가 주기로 했다. 교실에서 자기 자리에 쓰레기를 쌓아 놓거나, 무언가를 먹으면서 등교하거나, 급식을 산더미처럼 쌓아 놓고 먹거나, 보일락말락 한 상처를 내밀며 보건실에 가겠다고 하면 잔소리 대신 이렇게 했다. 같이 자리를 정리하고, 들고 다니며 먹지 않고 도움반에서 먹고 교실로 올라가도록 하고, 급식은 먹을 만큼 세 번에 나눠 받고, 밴드나 붕대 등을 교실에 갖다 놓고 적극적으로 공감하며 밴드도 붙여주고 붕대도 감아 주었다. 화를 내지 않고 요구하는 것은 "정남이가 화를 내지 않고 부탁하니까 특별히 선생님이 들어준다."라는 말과 함께 가능하면 다 들어주

기로 했다. 그렇게 마음을 먹고 시작했지만 나 스스로 정신을 바짝 차리고 있지 않거나 하루에도 이런 일들이 몇 가지씩 겹쳤을 때는 평정심을 오롯이 유지하기가 쉽지 않았다.

그래서 나 자신을 다스릴 몇 가지 장치를 마련하기로 했다. 우선 칭찬카드 쓰기. 칭찬카드는 나만 쓴 것이 아니라 실무사선생님, 사회복무요원도 함께 쓰기로 했다. 칭찬카드는 인정받고 싶어 하는 정남이를 위한 것이기도 했지만 나와 정남이의 학교생활을 도와주는 선생님들을 위한 것이기도 했다. 선생님들도 칭찬카드를 쓰려면 정남이의 칭찬할 거리들을 찾아야 했다. 수업시간에 질문에 답을 했거나, 체육시간에 땀을 흘리며 피구에 참여했거나, 깨끗하게 옷을 입고 왔거나, 알림장을 쓴 것 같은 예전에도 정남이가 보여줬지만 잘못한 일들에 가려서 넘어가던 작은 칭찬 거리를 찾아내게 되었다. 화내지 않고 부탁을 했거나 다른 사람을 걱정하는 말을 했거나 친구에게 사과했을 때도 칭찬카드를 썼다. 칭찬카드의 내용은 '선생님이 감기로 많이 아팠는데 정남이가 걱정해줘서 너무 고마웠고 힘이 났어.'처럼 간단한 것이었다. 칭찬카드를 써서 제일 잘 보이는 곳에 붙여 놓았다가 매주 월요일마다 정남이에게 전해 주었다. 누군가 글로 자신을 칭찬해주는 것이 익숙지 않아 쑥스러워하기도 했지만 어떤 내용이 적혀 있을지 은근 기대하는 것 같았다. 부끄러워하면서 칭찬카드를 읽어가는 정남이를 보면 녀석도 천상 어른들에게 잘 보이고 싶고 인정받고 싶어 하는 초등학생이라는 생각이 들었다. 매달 말에는 한 달간 받은 칭찬카드를 다시 읽어보고 한 달 동안 학교생활을 열심히 한 정남이를 칭찬해 줬다. 한 달 동안 모은 칭찬카드를 읽다 보면 정남이가 소리지르며 대들고, 공부하기 싫다고 수업시간 내내 책상에 엎드려 꼼짝하지 않거나, 분실물 센터에서 스마트워치를 들고 와서는 자기 것인 냥 시치미를 떼고, 눈곱만큼 작은 상처에 붕대를 감아주지 않았다고 보건선생님 욕을 하며 속 썩이던 한 달의 기억들보다 불량한 태도로 안 듣는 것 같지만 듣고 있다가 공부시간에 발표를 하고, 준비물을 잘 챙겨서 오고, 툴툴대지만 선생님 심부름을 하고, 지각하지 않고 오는 정남이의 긍정적인 모습들을 떠올리면서 마무리 할 수 있어서 좋았다.

매달 선생님들께 받은 칭찬카드는 예쁘게 모아서 집으로 보냈다. 늘 학교에서 정남이의 문제점들에 대해서만 전화를 받던 부모님께 드리는 작은 선물이었다. 그렇게 칭찬카드를 집으로 보낸 다음날이면 한결 밝아진 표정으로 학교에 온다.

"엄마한테 보여드렸어? 뭐라고 하셨어?" "정남이 짱! 최고!"하며 자신의 엄지손가락을 척 올려 보인다. 어제는 치킨과 콜라도 먹었다며 좋아한다. 집에서도 항상 이런저런 잔소리를 듣다가 학교생활 잘 했다고 치킨까지 사주니 기분이 좋은 것 같았다. 칭찬카드는 생각보다 효과가 좋았다. 정남이에게 성과가 좋아 우리반의 다른 아이들도 일주일에 한 번씩 자기가 받은 칭찬카드를 발표하고, 매달 모아둔 칭찬카드를 집으로 가져가게 되었다.

내가 마련한 또 하나의 장치는 날마다 출근해서 시간표를 살펴보고 정남이가 오는 시간에는 마음의 준비를 단단히 하고 맞이하는 것이다. 겨우 마음의 준비를 하는 것이 얼마나 효과가 있을까 싶지만 생각보다 큰 차이가 있었다. 내가 학교일이나 다른 일들로 정신이 없어서 긴장감 없이 정남이를 맞이하면 그날은 정남이의 페이스에 말리는 경우가 많았다. 수업시간 전에 긴장을 하고 만나면 공부하기 싫다며 의자를 흔들고, 눕듯이 삐딱하게 앉아서 수업을 듣고, "이거 안 해. 싫어. 빡침(화났다는 뜻)"을 남발해도 내가 목표로 한 행동이 아니면 인내심을 갖고 참거나 화제를 다른 곳으로 돌려 수업을 원활히 이어갈 수 있었다. 하지만 일이 바빠 마음의 준비 없이 정남이와 수업을 하게 되면 삐딱한 태도와 버릇없게 구는 행동 하나하나가 나의 마음을 불편하게 하여 결국에는 잔소리를 하게 되고, 잔소리는 다시 정남이를 자극해서 점점 부정적인 행동의 빈도가 늘어나거나 심할 때는 화를 내며 교실을 박차고 나가는 것으로 이어졌다.

마지막 장치는 정남이와 단둘만의 시간 갖기였다. 시간표를 짜다 보니 일주일에 세 시간을 둘이서 공부할 수 있었다. 평소에 자기 이야기하는 것을 좋아하고, 자기가 주도적으로 무언가를 하고 싶어 하는 정남이를 위해 이 시간에는 수다도 맘껏 들어주고, 하고 싶은 공부를 선택해서 할 수 있도록 해 주었다. 글씨 쓰기는 싫어하지만 게임을 좋아하고 어느 정도 자판을 다룰 수 있는 정남이의 특성을 반영하여 컴퓨터로 글쓰기, 인터넷으로 현장체험학습 장소나 요리 실습 메뉴 검색하여 정보 찾기, 학교생활 사진을 보며 이야기 나누기도 하고 그동안 못했던 공부를 몰아치듯이 하기도 했다. 둘만의 시간은 정남이의 요구에 민감하게 반응할 수 있고, 정남이에 대해 더 잘 알아가는 시간이 되었다.

정남이의 행동은 하루 아침에 좋아지지 않았지만 10월쯤 되었을 때는 특별히 큰 소리없이 학교생활을 할 수 있었고, 자신의 요구를 관철하기 위해 화를 내기 보다는 "뿌잉, 뿌잉"을 남발하며 어울리지 않는 애교를 떨기도 하였다. 사회복무요원이 아파서 조퇴한 날은 "앗싸!"대신 다음날 괜찮은지 묻기도 하였다. 이제는 일부러 찾지 않아도 칭찬할 것들이 눈에 보였다.

어려서부터 너무 많이 혼나서 꾸지람을 받는 데는 이력이 붙은 정남이에게 다른 사람에게 인정받는 경험이 필요할지 모른다고 생각했고, 이를 실천하기 위해 노력했다. 바른 행동을 가르쳐야 한다는 교사로서의 당연한 의무는 잠시 뒤로 미루고, 공감이 주는 따뜻함을 경험했으면 하는 마음으로 정남이를 만났다. 시각장애 학생들이 시각으로 정보를 습득하는 것이 어려운 것처럼 정남이에게는 충동적이거나 대들고 반항하고 규칙을 지키지 못하는 모습을 고쳐야 할 대상으로 먼저 보기 보다는 가장 취약한 부분이라고 생각하기로 했다.

다행히 6학년 담임선생님도 의견을 같이하여 교실에서도 정남이가 인정받을 수 있는 기회를 자주 마련해 주셨다. 알림장만 써도 칭찬해주고, 수업시간에 한마디라도 대답하면 멋지다고 해주고, 우유갑 버리기 같은 일인일역을 잘하면 책임감 있게 잘해서 믿음직스럽다고 이야기해주셨다. 친구들도 훌륭했다. 3월에 장애이해 수업에 들어가서 정남이는 친구들에게 잔소리 듣는 것을 싫어하고, 잘못을 친구들이 지적하면 화를 낼 수 있으니 정남이의 잘못된 행동에 대해서는 선생님들이 정남이에게 이야기를 하겠다고 말해두었는데 대부분의 학생이 1년 동안 잘 지켜주었다. 친구들이 잔소리를 하지 않으니 발로 차거나 욕하는 행동도 많이 줄어들었고 친구들과도 잘 지냈다. 사회복무요원도 훌륭했다. 자신의 반항하던 사춘기 모습을 보는 것 같다며 정남에게 각별하게 신경을 써줬고, 때로는 선생님처럼 엄하게 때로는 형처럼 다정하게 장난도 치면서 정성을 쏟았다.

여러 사람의 노력으로 정남이는 꽃다발을 들고 환하게 웃으면서 졸업을 했다. 그런데 중학교에 입학하고 얼마 되지 않아 중학교 선생님이 전화를 주셨다. 초등학교 때 친구들이 거의 없는 중학교로 진학을 하다 보니 정남의 특성을 잘 모르는 친구들과 갈등이 있는 것 같았다. 6학년 때 학기 초에 한두 번 하고 보이지 않았던 자위행위에 대해서도 물어보셨다.

그렇다. 사람의 심성은 하루아침에 바뀌지 않고 십 년 이상 몸에 밴 습성이 일 년 만에 고쳐지지 않는다. 시간과 정성이 필요하다. 누군가 정성을 들여 함께하면 조금씩 나아진다. 중학교 선생님이 학교로 직접 찾아와 오랜 시간 이야기를 나누다 가셨다. 지난 1년 동안 정남이의 변화에 대해서도 말씀드렸다. 다행히 요즘은 잘 지내고 있다고 한다. 아이가 졸업한 학교까지 찾아오는 선생님을 만났으니, 하루

아침에 좋아지지는 않더라도 조금씩 중학교 생활에 적응해 나갈 것이라고 생각한다.

얼마 전 「원더」라는 영화를 봤다. 안면 기형으로 태어나 27번의 성형수술을 받은 주인공 어기가 처음 학교생활을 하면서 헬멧을 벗고 겪게 되는 이야기를 잔잔하게 그려 낸 영화다. 영화 속에서 어기의 담임선생님은 '옳음과 친절함 중 하나를 선택할 땐 친절함을 선택하라.'는 격언을 아이들에게 전한다. 정남이가 떠올랐다.

우리는 옳은 것을 선택하도록 교육받아 왔다. 그리고 교사에게는 아이들에게 옳고 그름을 가르고, 옳은 것을 선택하도록 가르쳐야 한다는 심리가 무의식중에 작동한다. 그러나 내 경험상 옳음이 좋은 관계를 넘어서지는 못한다. 옳은 것일지라도, 아이에게 가르치려면 관계가 충분히 형성된 다음에나 가능하다. 옳은 것 하나를 가르치고 관철하려다 관계가 깨지면 정작 교육은 한 발도 앞으로 나가지 못한다. 아이들을 있는 그대로 인정하고, 친절하게 대하며 좋은 관계를 만들어가는 것이 우선이다. 아이의 태도를 바꾸는 힘은 친절함에 있다.

정남이는 나의 교직생활에서 또 한 명의 스승이다. 앞으로 정남이 같은 아이를 다시 만난다면 처음 정남이를 만날 때보다는 여유 있는 마음으로 시작할 수 있을 것 같다.

지금 여기에
함께 있기

“아파, 아파, 저리 가, 하지 마.”

지영(가명)이는 3학년 여름방학 전만 해도 의사표현이 분명하고, 수업에도 적극적으로 참여하고 학교생활도 밝게 잘 해서 2학기가 기대되던 학생이었다. 그런데, 개학을 하고 나니 낯선 모습의 학생으로 변해 있었다. 눈맞춤도 안 되고 불안해 보이고 갑자기 크게 소리 내 울거나 화를 냈다. 전에는 좀처럼 볼 수 없던 행동을 하니 속상하고 당황스러웠다. “아파, 아파, 저리 가, 하지 마.” 소리를 지르며 크게 울 때는 고통스러워 보였다. 그동안 학습했던 글자들도 많이 잊은 듯 보였고, 지시 따르기도 거의 되지 않았다. 집에서도 “하지 마, 저리 가, 싫어.” 이런 말을 반복하며 운다고 했다. 잘 놀다가도 갑자기 아프다며 눈물을 뚝뚝 흘리고 소리 내어 운다고 했다. 정말 많이 아프다고 생각해서 구급차를 타고 응급실도 몇 번 다녀왔다고 했다. 병원에서 검사도 했지만 특별한 이상은 발견하지 못했다고 했다. 여름방학 때 어머님께 전화를 받기는 했지만, 이 정도일 줄은 몰랐다. 방학 전까지만 해도 우리반에서 가장 똘똘한 학생 중 한 명이었는데 갑자기 변화된 모습이 안쓰럽다.

방학 동안 무슨 일이 있었던 걸까? 어머님과 여러 상황을 유추해 보았지만 특별히 문제가 되는 일은 없어 보였다. 초등학교 1학년 때부터 다니던 복지관에서 예년과 마찬가지로 캠프에 다녀왔고, 가족과 여행 가서 물놀이도 재미있게 하면서 잘 놀았다고 했다. 어머님과 이야기를 나누던 중에, 귀에 물이 차서 물을 빼는 수술을 했는데 예년과 달리 마취가 잘 안 돼서 많이 고생했다는 이야기를 들었다. 일 년에 한 번 정도 늘 하던 수술이었다고 했다. 기억을 떠올리던 어머니는 지영이가 마취가 되지 않아 고생할 때도 "하지 마, 싫어, 저리 가, 아파." 이런 말들을 했다고 하셨다. 시간이 조금 지나면 나아지지 않을까 하는 기대와 달리 아이는 더 심하게 울면서 힘들어 했다. 얼마나 아프고 두려웠으면 수술이 끝나고 한 달이 지난 지금도 꼭 그때처럼 고통스러워하는 걸까? 갑자기 힘들어하는 자녀의 모습을 지켜보는 부모님의 심정은 어떨까?

1학기 때와 달라진 지영이의 모습에 반 친구들도 당황하는 눈치였다. 다행히 힘든 수술을 해서 그런 거라고 친구들에게 설명해 주니 이해해 주었다. 당황하기는 나도 마찬가지였다. 울다가도 공부하자고 말하면 울음을 그칠 정도로 공부를 좋아하던 지영이. 한창 말도 늘고, 배움의 속도도 빨라지고, 통합학급에서 수업 참여도 몰라보게 좋아지고 있었다. 그런데 갑자기 눈맞춤도 안 되고 큰 소리로 울거나 기대 없는 표정으로 멍하니 있으니 무엇부터 시작해야 할지 막막했다. 기존에 짠 개별화교육계획도 무용지물이었다. 그렇다고 학업 수준을 낮추자니 왠지 금방 예전의 모습으로 돌아올 것만 같았다. 인터넷으로 자료도 찾아보고 특수학교 선생님들께 여쭤보기도 했다. 이렇게 갑자기 퇴행하는 예도 있는지, 이럴 때는 어떻게 하면 좋은지 여기저기 알아보았다. 드물기는 하지만 사춘기가 되면서 감정의 기복이 심해지고 호르몬의 영향으로 퇴행이 오기도 한다고 했다. 충격적인 사건을 겪으면 외상후 스트레스 장애처럼 갑작스런 공포와 답답함을 느끼게 되어 그렇게 보일 수도 있다고 했다.

갑작스럽게 찾아오는 공포와 두려움 앞에서는 평소에 좋아하던 공부도, 노래도, 체조도 소용없었다. 아이는 맛있게 밥을 먹다가도 "하지마, 싫어."를 반복하며 울었다. 내가 해 줄 수 있는 것이 별로 없어 보이고 무력감이 느껴졌다. 2년 반 동안 공들인 탑이 한순간에 무너진 것 같은 느낌도 들었다. 그러다가 내가 이 정도인데 부모님은 어떨까 싶었다.

지영이는 입학상담 때부터 공들여 키운 티가 팍팍 나는 학생이었다. 입학식은 물론이고 공개수업, 개별화지원팀 회의 때도 웬만하면 부모님 두 분이 함께 오셨다. 늘 아이의 긍정적인 면을 먼저 보고 지원해주는 부모님이셨기에 지금의 상황을 받아들이기 힘들 것 같았다.

내가 학교에서 해줄 수 있는 것이 무엇이 있을까? 별달리 해줄 것은 없었다. 그저 학교를 안전한 곳으로 느낄 수 있도록 편안하게 만들어주고, 너는 안전하다고 설명해 주는 것, 아이가 힘들어서 울 때 곁에 함께 있어주는 것밖에 없었다. "괜찮아. 여기는 학교야. 학교에서는 아무도 지영이를 해치지 않아." 울음이 그칠 때까지 안아주고 함께 있어주는 것이 내가 할 수 있는 전부였다.

예전에는 뭐든지 스스로 하겠다고 물건 정리며 신발 신기, 청소하기, 점심식사까지 다른 사람은 손도 못 대게 하던 지영이였는데 신발을 보고도 가만히 서있기만 하고, 급식을 보고도 쳐다보고만 있고, 수업시간에도 멍하니 초점 없는 모습으로 앉아있다. 이런 지영이를 받아들이기 어려웠다. 답답한 생각이 들기도 했다. 혹시나 하며 기대하는 마음으로 그렇게 한 학기를 보냈다.

새 학년을 맞이하면서 아쉽지만 과거의 지영이의 모습은 뒤로하고 현재의 지영이를 받아들이기로 했다. 그러고 나니 지영이의 새로운 모습들이 눈에 들어왔다. 예전에는 스스로 하겠다면서 까칠하게 손도 못 잡게 했는데 이제는 다정하게 먼저 팔짱을 끼기도 한다. 예전에는 다른 선생님들이 먼저 인사를 해도 모르는 척하고 지나가서 민망할 때가 한두 번이 아니었는데 이제는 선생님들이 아는 척을 하면 엉성하게라도 인사를 한다. 처음 학교에 입학한 아이를 가르치듯이 뭐라도 혼자서 하면 대견하고, 스스로 교실이라도 찾아가면 박수가 나왔다.

거의 2년이 다 되어 가지만 지영이는 아직도 긴 터널을 지나고 있다. 그래도 처음에 비하면 기분 좋게 웃기도 하고 다시 예전처럼 양치질도 야무지게 한다. 예전에 비하면 한참 못 미치지만 텃밭에 물주기, 요리하기, 클레이로 만들기, 노래 부르기, 노래로 글자 익히기, 글씨 쓰기, 퍼즐 맞추기, 태블릿으로 숫자 공부하기 같은 좋아하며 집중하는 활동들도 하나씩 생기고 있다.

얼마 전 학습자료를 찾다가 지영이가 3학년 때 공부하던 자료를 보게 되었다. '와, 그때는 이렇게 어려운 공부도 했었구나!' 새삼 똘망똘망하고 당당하던 그때 모습이 떠올랐다.

심하게 울거나 두려워하는 모습은 예전보다 많이 줄어들었다. 이제는 정서적으로 상당히 안정되어 보인다. 지영이를 끔찍이 아끼는 통합학급 선생님과 좋은 친구들을 만나 즐겁게 학교생활을 하고 있다. 지난 일년 사이 지영이의 모습은 크게 달라지지 않았는데 지영이를 있는 그대로 받아들이고 소중하게 생각하고 아끼는 사람들이 곁에 있으니 똘똘했던 3학년 때 보다도 지금이 더 존중받으며 학교생활을 하고 있는 느낌마저 든다.

특수교사를 하다보면 나의 능력과 힘이 부족하다고 생각될 때가 많다. 아이들의 마음을 어떻게 이해해야 하는지 갈피를 잡기 어려울 때도 있다. 때로는 아이의 집안 문제가 너무 심각해서 내가 어떻게 할 수 없는 경우도 있다. 지영이처럼 갑자기 퇴행을 하기도 한다. 약물로도 치료하기 힘든 난치성 뇌전증이나 근이양증 등 질환이 있는 경우도 있다. 병원과 의사의 몫이 훨씬 커서, 정작 학교의 교사 역할에는 한계가 있기도 하다. 교사인 내가 직접 개입할 수 있는 영역은 생각보다 넓지 않다. 이럴 때 특수교사는 무엇을 할 수 있을까?

어쩌면 있는 사실 그대로 담담하게 받아들이고 그 시간을 묵묵히 함께 하는 어른이 아이들에게 필요한 것은 아닐까?

아이들이 왠지 뒤처지는 것 같으면 어른들은 안절부절못한다. 감정을 앞세우거나 하나라도 더 가르치려고 한다. 그러나 잠시 아이의 마음이 되어보자. 너무 힘이 들어서 아무 것도 하기 힘들 때 아이에게 필요한 것은 시간이다. 우리 어른들도 가끔 그렇지 않은가? 그냥 시간이 필요할 때가 있다. 묵묵히 지켜봐 주는 것으로도 충분할 때가 있지 않은가? 신영복 선생은 '돕는다는 것은 우산을 들어주는 것이 아니라 함께 비를 맞으며 걸어가는 공감과 연대의 확인'이라고 했다. 나에게 힘든 일이 생겼을 때 위로한답시고 훈수를 두는 사람들보다 곁에서 말없이 손잡아 주는 사람이 필요하듯이 우리 아이들에게도 자신의 모습을 있는 그대로 받아들이며 함께 하는 사람이 필요한지도 모르겠다.

에이,
나쁜 녀석들

"선생님, 우리반 애가 나보고 바보래요."

"선생님, 우리반 애가 꺼지라고 했어요."

아이는 잔뜩 억울한 표정으로 씩씩거리며 문을 열고 들어온다.

"누구야? 누가 그랬어?"

"우리반 애요."

"너희 반 누구?"

"……"

"남자야? 여자야?"

"키는 작아? 커?"

교실 친구들 중에는 우리반 아이에게 친절하고 호의적인 학생도 있지만 그렇지 않은 학생도 있기 마련이다. 처음 특수교사로 발령을 받고 이런 이야기를 들으면 나도 같이 흥분해서 그 학생을 꼭 찾아 혼내주고는 했다. 나는 특수교사이고, 일반학교에 배치된 특수교사의 주된 임무 중 하나는 장애학생의 인권을 보호하는 것이니까.

"친구를 괴롭히면 안 돼요."

"친구한테 그렇게 말하면 안 되지."

"누가 너한테 그렇게 말하면 기분이 어떨 것 같아?"

"한 번 더 그러면 담임선생님께도 말씀드린다."

"친구한테 미안하다고 사과해야지."

보통 이렇게 말하면 아이들은 형식적인 사과를 주고받는다.

"미안해!"

"괜찮아!"

지금 생각하면 내가 아이와 무슨 말을 한 건지 한심하기 짝이 없다.

내 앞에서는 마지못해 사과하지만, 우리반 아이는 계속 그 친구에게 기분 나쁜 말을 듣고 나에게로 달려오곤 했다. 담임선생님께도 말씀드리고 담임선생님도 지도하지만 그때 뿐이다.

때로는 놀리는 아이를 혼내주러 갔다가 된통 당하고 온 적도 있다.

"쟤가 먼저 때리고 도망갔다고요."

"쟤가 먼저 메롱 했어요."

"응, 그랬어? ○○이가 너랑 친해지고 싶어서 그런 거야."

"그래도 친구 사이에 꺼지라는 말은 하면 안 되지. 서로 미안하다고 사과해."

“미안”

“미안”

참으로 어처구니없는 중재이다. 그래도 이 정도면 잘 해결된 축에 속한다. 어떤 때는 특수교사인 나조차도 우습게보며 피식피식 웃거나 우리반 아이를 무섭게 째려보는 녀석도 있었다. 내 앞에서는 미안하다고 말하고 안하겠다고 하지만 막상 선생님이 없는 곳에서는 무시하거나 놀리는 행동을 하곤 했다.

“에이 나쁜 녀석들, 에이 나쁜 녀석들, 가만두나 봐라.”

처음에는 그랬다. 처음에는 우리반 아이 밖에 내 눈에 들어오지 않았다. 부족한 우리반 아이들을 놀리거나 괴롭히는 녀석들을 따끔하게 혼내주고 싶었다. 눈물 쏙 빠지게 혼내줘야 한다고 생각했다. 그래야 그 아이들도 자신의 잘못을 뉘우치고 반성한다고 생각했다. 하지만 잘 해야 우리반 아이를 괴롭히지 않을 뿐, 그렇다고 우리반 아이가 그 학생들과 잘 지내는 것은 아니었다. 특별히 건드리지는 않지만 무시하는 것이 내 눈에도 보였다.

이렇게 직접적으로 괴롭히는 아이들도 있지만 슬금슬금 피하는 아이들도 있다. 우리반 아이가 옆에 앉으면 멀리 거리를 두고 앉거나 혹시라도 자기 물건을 만지기라도 할까봐 후다닥 치우는 경우도 있고 서둘러 그 자리를 벗어나는 아이들도 있다.

“에이 나쁜 녀석들, 에이 나쁜 녀석들.”

마음이 아팠다. 친구의 그런 모습에 상처받는 우리반 아이를 보면서 마음 아팠고, 그것조차도 모르는 우리반 아이들을 보면 더 속상했다. 학급에서 대부분의 친구들과 잘 지내도 그런 친구 한두 명이 같은 교실에 있으면 우리반 아이들은 교실에 가기 싫어한다. 혼내고 잔소리하는 것은 근본적인 해결방법이 아니었다. 임시방편일 뿐이다.

그래서 방법을 다르게 해 보았다. 우리반 아이를 힘들게 하는 아이들을 교실로 불렀다. 간단한 간식 거리도 함께 준비했다. 또 혼나는 줄 알고 긴장하며 들어오는 녀석, 잘못한 일도 없는데 불렀다며 툴툴대며 들어오는 녀석들의 표정에 불만이 가득하다.

"왜요?"

"오늘은 ○○이 안 괴롭혔는데요?"

간식이나 먹으면서 이야기하려고 불렀다고 하니까 다들 의외라는 표정을 짓는다.

"선생님이 너무 ○○이 편만 든 것 같아서 너희들 이야기를 들어보고 싶어서 오라고 했어."

"○○이는 선생님 반에서는 정말 훌륭한 학생이거든. 동생들도 잘 도와주고, 심부름도 잘 하고, 공부도 열심히 하려고 노력하거든. 근데 친구들과 잘 지내지 못하는 것 같아서 말이야. 교실에서는 어때?"

"○○이가 자꾸 친구들 물건을 마음대로 만져요."

"그리고 수업시간에 크게 트림해서 더러워요."

"코딱지 후빈 손으로 자꾸 만져요. 하지 말라고 하면 웃으면서 더 해요."

“체육시간에 ○○이랑 같은 조하면 맨날 져서 열 받아요.”

“○○이도 우리한테 욕 써요.”

“자기도 잘못했으면서 맨날 선생님한테 일러요.”

아이들의 말을 듣고 보니 그럴 만도 하다. 특수교사의 눈으로 보면 우리반 아이는 다른 친구의 물건이 신기하니 한 번 만져본 것이고, 자기만 계속 당하는 것이 억울해서 욕도 했을 것이다. 하지만 불만을 털어놓는 아이들의 입장에서 보면 침 묻은 손으로 자기 물건을 만지거나 자기가 아끼는 것을 허락도 없이 만지면 싫은 것이 당연하다.

여러 번 아이들을 만나보니 우리반 아이들을 힘들게 하는 대부분의 아이들은 또 다른 돌봄과 관심이 필요한 경우가 많았다. 우리반 아이에게만 그러는 것이 아니라 다른 친구들과도 못 어울리거나 자주 싸우고, 생활 태도나 친구 사이의 문제로 자주 혼나는 아이들이다. 그 아이들도 돌봄과 관심이 필요한 학생들이다. 사실 장애학생들만 개별적인 특성을 고려하여 접근해야 하는 것이 아니라 교육은 모든 학생 한 명 한 명의 특성과 관심으로부터 시작해야 한다. 우리반 학생들뿐만 아니라 통합학급 학생들에게도 긍정적인 관심이 필요하다.

“안녕, 오늘 기분 좋은 일이 있나보네. 얼굴에 웃음이 가득한데?”

“안녕, 어제 체육시간에 보니까 너 엄청 빠르더라.”

“안녕, 오늘 무슨 속상한 일 있었니? 어깨에 힘이 하나도 없네!”

불편한 선생님의 낯선 인사를 처음에는 어색해하고 쑥스러워 하기 마련이다. 하지만 이렇게 몇 번 오가다 만났을 때 반갑게 인사를 나누다 보면 어느새 그 아이도 나에게 마음을 열기 시작한다. 나에게 마음을 열어 준 아이들은 적어도 우리반 아이들을 괴롭히지는 않는다. 때로는 가장 큰 지원군이 되기도 하다.

"선생님, 오늘 ○○이가 음악시간에 노래 불렀는데 잘해서 박수 받았어요. 잘하더라고요."

이런 일도 있었다. 일이 있어 토요일에 학교에 나갔는데 덩치 큰 아이가 씩씩거리며 혼잣말을 하고 있었다. 분이 안 풀린 표정으로 계속 뭐라고 이야기를 하길래 잘 들어보니, 다들 자기만 왕따를 시킨다고 가만두지 않겠다며 크게 흥분해 있었다. 소송비용을 마련해서 다 고소 하겠다고도 했다. 혹시나 하는 마음에 말을 걸어 봤더니 선생님들은 다 똑같다며 필요 없단다. 잔뜩 흥분한 아이의 마음을 살살 달래 이야기를 들어보니 작년 11월 말에 전학을 왔는데 선생님과 친구들이 자기만 미워하고 왕따를 시켰다는 것이다. 몇 반이었는지 물었더니 5학년 ○반이란다. 그 반은 담임선생님이 훌륭하다고 정평이 나 있고, 특히 담임선생님의 세심한 관심으로 통합교육이 정말 잘 이루어졌던 반이라 의아한 생각이 들었다.

아이의 말을 들어보니 전학 와서 자기 반에 이상한 애가 있길래 "쟤는 왜 수업시간에 몸을 계속 흔들면서 혼자서 중얼거려? 수업에 집중 안 되게." 라고 한마디 했더니 여자 아이들이 너나 잘 하라면서, 어떻게 그런 말을 할 수 있냐고 쏘아 붙였다는 것이다. 이상하게 행동하는 그 친구와는 아이들이 잘 지내면서 자신에게는 쌀쌀맞게 대했다며 다들 착한 척 하지만 정말 나쁜 애들이라고 목소리를 높였다.

전학 온 아이가 보기에 우리반 아이의 행동은 이상하게 보일 수 있다. 하지만 다른 아이들의 눈에는 도움반 친구를 이해하지 못하고 무례하게 말하는 그 아이가 이상한 아이로 보인 것이다. 그 아이는 자신이 인정받지 못하고 무시당한다는 생각이 들어서 더 삐딱하게 행동했고, 그러다보니 반 친구들과의 관계도 좋지 못하고 담임선생님께 꾸지람도 들었던 것 같았다. 그 반에서 우리반 학생은 친구들의 관심과 사랑을 한 몸에 받으며 1년을 보냈다. 체육시간에 농구골대에 공이라도 한 번 넣으면 친구들이 열렬히 환호를 했고, 복지관 캠프에 참여하느라 며칠 학교를 빠지면 소식을 궁금해 했다. 그 반 친구들도, 담임선생님도 우리반 아이의 그늘에 가려 힘들어 하는 또 다른 친구 한 명을 놓치고 있었다. 그 학생은 5학년 때 겪은 일들의 영향으로 6학년 때도 어려운 학교생활을 하고 있었다.

5학년 때 담임선생님께 말씀드렸더니 그런 줄은 몰랐다며 그 아이와 잘 이야기해보겠다고 하셨다. 아이의 6학년 담임선생님께도 자초지종을 말씀드렸더니 그 학생에게 각별한 관심을 보여 주셨다. 이후에 학교에서 오가다 마주친 그 아이는 다행히 잘 지내는 듯 보였다. 1년이 지나고 졸업식장에서 본 그 아이는 친구들 사이에서 밝게 웃고 있었다.

아이들은 변한다. 통합학급 아이들도 아직은 배울 것이 많은 아이들이고 함께 성장해 나가는 아이들이다. 우리반 아이들만큼이나 어른들의 관심과 사랑이 필요한 아이들이다. 단지 우리반 학생을 괴롭히지 않았으면 하는 마음으로 관심을 두는 것이 아니라 그 학생이 좋은 어른으로 자라기를 바라는 마음을 담은 관심이 필요하다. 특수교사의 눈이 장애학생에만 머무르지 않고 모든 아이들에게 닿을 때 통합교육의 문제들을 풀어가는 실마리가 보일지도 모르겠다.

선생님 수업은
재미없어요

"선생님 수업은 재미없어요."

신규교사로 발령받아 한 달쯤 지났을까? 우리반 3학년 여학생이 내게 당돌하게 말했다. 갑작스레 날아온 공에 맞은 듯한 충격이었다. 늦은 시간까지 학교에 남아 수업준비도 열심히 하고, 내심 수업에 자신만만하던 때였다. 그런데 수업이 재미가 없다니. 갑작스레 학생에게 돌직구를 맞은 그 충격의 순간을 잊을 수 없다.

신규 발령을 받았는데 신설 특수학급이었다. 신설학급이다 보니 발령을 받자마자 교실 공사부터 해야했다. 교재교구와 비품을 구비하고 교실도 나름 예쁘게 꾸몄다. 그리고, 한 달 만에 부푼 마음으로 수업을 시작했다. 당시 우리반 학생은 9명이었다. 9명 학생의 수업준비를 하려면 시간이 제법 걸렸다. 아이들 수준에 따라 그룹을 나누고 각

수준에 맞는 수업자료를 준비해야 했다. 신규교사로서 긴장감이 가득할 때라 퇴근 시간을 훌쩍 넘겨서까지 수업준비를 했다.

초임교사에 신설학급이다 보니 나도 처음이고, 아이들도 특수학급에서 수업 받는 것이 처음이었다. 그런데 유독 특수학급에 오기 싫어하는 3학년 여학생이 있었다. 그날도 담임선생님 연락을 받고 그 학생을 데리러 교실로 찾아갔다. 잘 달래서 우리반으로 데리고 왔다. 나는 그 학생이 특수학급에서 공부하는 것이 부끄러워서 오기 싫어하는 것으로 생각했다. 신설된 특수학급이다 보니 갑자기 친구들과 분리되어 공부하는 게 어색해서 오기 싫어하는 줄 알았다. 왜 특수학급에 오기 싫은지, 어떤 문제가 있는지 물었더니 내 수업이 재미없어서 오기 싫다는 것이었다. 수업이 재미없어서 오기 싫다니? 충격에 어떻게 해야 할지 갈피를 잡기 어려웠다.

"선생님에게 한 달 동안의 시간을 줘. 어떻게 하면 재미있는 수업을 할 수 있을지 선생님이 많이 연구해 볼게. 한 달 동안 선생님이랑 공부해 보고 그래도 재미없으면 안 와도 돼." 당황스러웠지만 최대한 차분하게 이야기를 했다. 다행히 아이는 나에게 기회를 주었다.

그렇게 수업에 대한 나의 고민은 신규 발령을 받은 지 두 달 만에 예기치 않게 시작되었다. 나는 지난 한 달간의 수업을 돌아보았다. 신설학급이라 아직 교구가 다 들어오지 않았다 해도 대부분의 수업이 학습지 위주였다. 나는 개별화교육계획에 따라 학생들의 수준에 맞추어서 단계별로 학습지를 열심히 준비했다. 서로 다른 학습지를 종류

별로 준비하느라 수업준비에 꽤 많은 시간이 걸렸지만 늦게 퇴근하면서도 뿌듯했다. 수업 내용도 국어 수업은 한글을 익히는 활동에 초점이 맞추어져 있었고, 수학 수업은 수 세기와 간단한 덧셈 뺄셈을 익히는 수업으로 한정되었다. 곰곰이 되돌아보니 아이의 말이 틀린 말도 아니었다. 공부를 어려워하는 학생에게 국어와 수학 과목을 중심으로 공부만 시키는 나의 수업이 재미있을 리 만무했다. 내가 학생이어도 이런 수업은 재미없을 것 같았다. 통합학급에서는 노래도 부르고, 친구들과 게임도 하고, 이야기도 듣고, 만들기도 하면서 배운다. 게다가 그 반 담임선생님은 매우 상냥하고, 수업도 재미있게 잘하시는 분이었다. 그런데 오히려 나는 특수학급 수업을 학습지로 진행한 것이다. 새로운 것을 습득하는 데 시간이 오래 걸리고, 학습의 어려움으로 실패의 경험이 많은 아이들에게 줄곧 자리에 앉아서 하는 공부만 시킨 것이다. 그것도 학습지로 말이다. 나는 학생들 각자의 수준만 생각했지 그 수준에 맞는 수업의 내용과 형식에 대한 고민은 미처 하지 못하고 있었음을 깨달았다.

그 학생 덕분에 나는 학습지를 버리고 게임과 이야기와 동화책을 택했다. 학습지에 대한 부담을 줄여주고 교구와 게임을 통해 한글을 익혔다. 수업 형식만 바꿨을 뿐인데 전보다 수업시간에 즐겁게 참여하고 습득 속도도 빨랐다. 그림책과 동화책을 읽어주면 집중해서 잘 들었다. 주인공 이름도 써보고 제목도 읽어보면서 한글 공부를 했다. 그림책을 보면서 내용도 살펴보고, 주인공도 찾아보고, 다른 친구들과 함께 그림책의 한 장면을 재현해보기도 하고, 표지도 만들었다. 다음 장면을 예측하거나 자신이라면 어떤 마음이었을지 다른 사람의 입장에 대해 생각해 보는 시간도 가졌다. 그림책 수업은 까다롭지만 공감 능력이 좋은 제자와 나를 자연스럽게 연결해 주었다. 그렇게 발령받고 얼마 안 돼서부터 수업에 대해 고민하고 다양하게 시도할 기회를 얻게 되었다. 직설적이지만 자신이 느낀 바를 그대로 내게 말해 준 예쁜 제자 덕분이었다.

아이들이 한글을 익혀서 글을 읽고 쓰는 것이 중요한 교육 목표일 수 있지만, 그 목표를 향해 가는 길은 다양하다. 노래를 좋아하는 친구들은 노래를 통해서 글을 배울 수 있다. 친구에게 관심이 많은 학생은 친구들의 이름을 익히면서 글을 배울 수 있다. 곤충을 좋아했던 나의 제자는 곤충 사진이 잔뜩 들어 있는 곤충백과사전을 통해 글자에 흥미도 갖고 글을 익혔다.

어려서부터 언어치료나 인지치료를 오랫동안 받은 아이들 중에는 학습을 거부하는 경우도 있다. 학습지만 보여줘도 우는 경우도 있고 찢거나 구기는 학생도 있다. 연필만 보이면 숨기거나 던지는 학생도 있다. 반대로 기계적으로 학습지를 풀기는 하지만 스스로 생각해서 답해야 할 때는 아주 쉬운 질문인데도 답을 못하거나 멍하니 쳐다만 보는 학생들도 있다. 아이들의 발전을 위해 부모님들이 한 선택이겠지만 의도적으로 꾸며진 환경에서 일대일로 학습지나 카드를 이용한 수업은 발견의 즐거움, 배움의 즐거움을 경험하는데 한계가 많다.

내가 만난 학생 중에 연산 공부만 하려고 하면 책상 밑으로 숨거나 머리가 아프다면서 회피하는 1학년 민채(가명)가 있었다. 주의집중 능력은 떨어지지만 이해력은 있는 편이고, 중간에 조금 틀리기는 하지만 50까지는 셀 수 있고, 수의 크기 비교도 가능해 보였다. 간단한 연산은 쉽게 할 수 있을 것 같은데 더하기나 빼기 표시만 나오면 수업을 거부해서 한동안 애를 먹었다. 정말 몰라서 못 한다는 건지, 하기 싫다는 건지, 수학에 대한 자신감이 없어서인지 통 알 수가 없었다.

6월의 어느 날, 점심시간마다 어디론가 사라지는 민채를 찾으러 나갔더니 화단을 뚫어지라 쳐다보며 열심히 개미를 잡고 있었다. 그러고 보니 전에도 필통에 넣어 둔 개미 여러 마리가 탈출해서 통합학급에서 한바탕 난리가 난 적이 있었다. 개미도 가족이 있으니 함부로 잡으면 안 된다고 말해도 들은 척 만 척 개미잡기에 한참이다. '공부 시간에 이렇게 집중하면 얼마나 좋을까?' 한참 아이를 바라보고 있는데 문득 '개미를 공부에 이용할 방법이 없을까?' 하는 생각이 들었다.

"오늘 개미 몇 마리 잡았어?"

"세 마리요."

"그래? 선생님이 두 마리 더 잡아주면 몇 마리지?"

"다섯 마리요."

"그럼 다섯 마리를 잡아서 필통에 넣어 두었는데 한 마리가 빠져나가면 몇 마리지?"

"네 마리요."

오호라, 이 녀석이! '사탕이 두 개 있었는데 선생님이 두 개를 더 주면 몇 개니?'라고 물었을 때는 자기는 사탕을 안 좋아한다며 답을 요리조리 피하더니 개미로 이야기하니 신나게 답한다. 이렇게 시작한 개미시리즈는 답답했던 나의 수업에 돌파구를 마련해 줬고 우리는 수업시간마다 그림과 말로 개미를 잡았다.

"네가 개미 여섯 마리를 잡았는데 사회복무선생님이 네 마리를 더 잡아 주셨어."

상상만 해도 즐거운가 보다. 얼굴에 미소를 띤다.

"킥킥" 웃음을 참지 못한다.

"그럼 모두 몇 마리야?"

"음…"

"선생님이 개미를 그려볼게. 한 마리, 두 마리, 세 마리, 네 마리, 다섯 마리, 여섯 마리에다가 다시 한 마리, 두 마리, 세 마리, 네 마리, 모두 합치면?"

"하나, 둘, 셋, 넷, 다섯, 여섯, 일곱, 여덟, 아홉, 열. 열 마리요."

"와, 많이 잡았다. 근데 네 짝이 세 마리만 달라고 해서 줬어. 몇 마리 남았어?"

"세 마리는 너무 많은데요? 두 마리만 주면 안 돼요?"

"두 마리만 줘도 돼. 그럼 몇 마리 남는데?"

"여덟 마리요."

"근데 네 뒤에 앉은 ○○이가 와서 자기도 두 마리만 달래. 그럼 몇 마리 남아?”

“○○이 한테는 주기 싫은데….”

“그럼 누구한테 주고 싶은데?”

“선생님이요.”

“정말? 영광인데? 선생님은 개미를 좋아하지는 않지만, 그래도 특
별히 민채가 아끼는 개미를 주는 거니까 기쁜 마음으로 받을게. 선생
님에게 개미 두 마리 주면 민채에게 남은 개미는 몇 마리야?”

“여섯 마리요.”

“와! 맞아, 그런데 이 모습을 지켜보던 사회복무선생님이 친구한
테도 나누어 주고 선생님한테도 나누어 주는 민채가 멋지다고 열 마
리를 잡아 주셨어. 그럼 몇 마리야?”

“와! 그럼 개미가 진짜 많아졌네요.”

“그럼, 다른 사람에게 나누어 줬으니까 더 많이 잡아 주신거지. 사
회복무선생님이 잡아 주신 개미 열 마리까지 합치면 모두 몇 마리
야?”

“아까 여섯 마리였는데 열 마리 더 잡아주셨으니까 음… 열여섯
마리다.”

“와, 맞아!”

“지금 우리가 한 게 덧셈과 뺄셈이야. 못한다고 하더니 어려운 것
도 엄청 잘하네.”

민채는 이렇게 개미들을 그림으로 그려보고, 수로 나타내고, 식으

로 나타내고, 내게 문제도 내보면서 연산의 개념을 익혔다. 연산만 하려고 하면 책상 밑으로 들어가서 이러지도 저러지도 못하고 있었는데 개미가 나를 도와주다니. 이렇게 시작된 개미시리즈는 거기에서 그치지 않고 개미굴과 관련된 인터넷 동영상도 찾아보게 되었고, '앤트빌(개미집 짓는 도구)'도 사다가 직접 개미를 키우기에 이르렀다. 그 후 민채는 수학 울렁증을 극복했다. 지금도 수학을 썩 좋아하지는 않지만 곱셈과 나눗셈은 물론이고 분수문제도 풀어낸다.

아이들에게 공부는 재미있는 과정이어야 한다. 스스로 하고 싶은 마음이 들어야 집중해서 열심히 한다. 장애학생도 마찬가지다. 특히 장애학생들은 지적인 능력이나 감각적인 어려움으로 어려서부터 학습을 하며 반복된 실패를 경험했을 확률이 높다. 실패를 많이 경험한 학생일수록 공부에 대한 거부감이 크다. 공부에 대한 거부감을 제거하고 흥미를 느끼게 하는 열쇠는 아이들 안에 있다. 나의 수업이 재미없다고 말했던 그 제자는 그림책을 같이 읽으며 자기 마음속 이야기도 하고 나에게 마음을 열었다. 그림책에 나오는 장면들을 따라 그리면서 미술을 좋아하게 되고 통합학급 미술수업에도 적극적으로 참여하게 되었다. 표현 언어가 거의 없었던 자폐 학생은 인터넷 명작동화를 보고 또 보고, 질릴 정도로 여러 번 반복해서 보면서 말을 배웠고, 인터넷 명작동화 화면을 캡처해서 만든 책으로 글을 익혔다.

교육과정에 가르쳐야 한다고 쓰어 있는 것, 내가 가르쳐야 한다고 생각하는 것, 아이들의 수준을 잠시 뒤로 미루고 아이가 관심 있는

것, 아이가 배우고 싶은 것이 무얼까 생각하며 거기부터 시작했더니
뜻밖의 길이 보였다. 아이들로부터 시작하는 것, 이것이 진정한 개별
화교육의 시작이 아닐지 생각해본다.

나는
이런 수업이 좋다

"오늘의 요리재료는 바로 이거야. 선생님이 소리부터 들려줄게."

"이번엔 한번 만져보고 무엇인지 맞춰봐."

아이들이 검정 봉지에 들어있는 것을 만져본다. 호기심 어린 모습으로 검정 봉지를 만지는 아이가 있는가 하면 어떤 아이는 미지의 물건을 만지는 것이 두려워 손을 뒤로 빼기도 한다. 나는 이런 수업이 좋다. 내가 무엇을 할 지 미리 다 알려주는 수업보다는 아이들이 하나하나 수업의 중심으로 스스로 들어가는 수업을 좋아한다.

"이 검정 봉지에 들어있는 것은 무엇일까?"

고개를 갸우뚱하는 아이도 있고, 생각이 날 듯 말 듯한 표정을 짓는 아이도 있다.

"쌀이요."

“맞나 볼까?”

검정봉지를 뜯어 스테인리스 믹싱볼에 쏟는다.

‘촤르륵 촤르르르륵’ 쌀이 쏟아지는 소리가 소나기 소리처럼 들린다. 경쾌한 음악 같기도 하다. 이제 본격적으로 쌀을 탐색해 본다. 아이들은 손으로 만져본다. 나는 손등이나 팔뚝에 뿌려주기도 한다. 간지러운 듯 웃는 아이도 있고, 낯선 느낌을 부담스러워 하는 아이도 있다. 한참을 탐색했는데도 다들 집중을 잘한다. 어려운 설명을 이해하지 못하는 아이들도 열심히 쌀을 만져보기도 하고 소리도 들어보며 집중한다. 다시 걷으려고 하니 여기저기서 아쉬움을 표현한다. 나는 이런 수업을 좋아한다. 아이들 스스로 집중하는 수업, 다음 단계로 넘어가는 것을 아쉬워하는 수업을 좋아한다.

“선생님이 왜 쌀을 갖고 왔을까?”

“밥이요.”

“맞았어. 쌀로 밥을 지을 거야.”

“밥을 지으려면 어떻게 해야 하지?”

“……”

“잘 생각해 봐.”

“밥솥에 밥을 지어요.”

“빙고! 그럼 밥솥에 이렇게 쌀을 넣으면 되겠네.”

쌀을 밥통에 넣고 닫았는데 아무도 별 말이 없다. 밥 짓는 것을 한 번도 유심히 본 적이 없는 건지, 말로 표현을 못 하는 건지 아이들의 표정을 살핀다. 힌트가 필요하다.

"그냥 쌀을 넣으면 밥이 될까? 뭐가 더 필요한 것 같은데, 뭐가 필요할까? 엄마가 집에서 밥할 때의 모습을 생각해봐."

"아! 물이 있어야 돼요."

"맞았어. 하이파이브! 그럼 유나(가명)가 밥솥에 물을 부어보자."

"다 됐네, 이제 밥 할까? 취사 버튼을 누르겠습니다."

아, 답답하다. 어느 누구하나 안된다고 쌀을 씻어야 한다고 말하지 않는다. 알만한 아이들도 처음 밥을 지어보는 것이 신기한 듯 뚫어져라 나만 쳐다보고 있다.

"좀 전에 우리가 손도 씻지 않고 쌀을 만졌는데 이걸로 그냥 밥을 하면 어떨 것 같아?"

이제야 몇몇 아이들이 쌀을 씻어야 한다고 한다. 손을 씻고 아이들이 돌아가며 쌀을 씻어본다. 쌀을 씻는 모습도 각양각색이다. 물만 가지고 장난치는 아이, 두려운 건지 물에 손도 못 대는 아이, 손은 넣었는데 어떻게 씻어야할지 난감해 하는 아이, 쌀과 물을 휘휘 돌리는 아이. 아마도 자기 손으로 처음 밥을 지어보는 것 같다. 쌀 씻는 법을 설명해 주니, 아이들은 쌀을 씻어 드디어 밥솥에 쌀을 안쳤다. 아이들과 같이 취사 버튼을 찾아본다.

"밥이 되려면 얼마나 기다려야 할까?"

"30분이요."

"어떻게 알았어?"

“저기 30이라고 적혀 있어요.”

“와, 관찰력이 뛰어나구나! 맞아 앞으로 30분 뒤면 모락모락 맛있는 밥이 완성될 거야.”

밥이 되는 동안 아이들과 쌀로 할 수 있는 요리에 대해 알아본다.

“오늘은 쌀로 할 수 있는 요리를 할 예정인데 쌀로 할 수 있는 요리에는 무엇이 있지? 우리 한 명씩 돌아가며 이야기해 보자.”

한 명씩 이야기를 할 때는 시키는 순서가 중요하다. 어떤 질문은 대답을 잘 할 것 같은 학생부터, 어떤 질문은 기본 개념이 가장 부족한 학생부터 시켜야 모두가 참여할 수 있다. 이번 시간 질문은 개념이 가장 부족한 학생부터 시킨다. 밥, 김밥, 유부초밥, 볶음밥, 카레라이스, 주먹밥, 자장밥, 비빔밥, 계란밥, 생선초밥. 아이들의 구성에 따라 사진의 일부를 보고 맞추는 활동도 하고, ‘체험학습 갈 때 많이 싸오는 밥 요리’처럼 말로 힌트를 주기도 하면서 다양한 밥 요리를 알아본다.

20분 정도가 지나니 밥 냄새도 나고 전기압력밥솥에서 달각거리는 소리가 난다.

“와, 연기가 나요.”

“음 연기처럼 하얗게 오르는 걸 김이라고 해.”

“김은 밥 싸먹는 거잖아요?”

“맞아, 김밥을 쌀 때도 ‘김’, 밥을 짓거나 물을 끓일 때 올라오는 하얀 연기 같은 것도 ‘김’이라고 해. 이제 조금만 기다리면 밥이 되겠다.”

"오늘은 여러 가지 밥 요리 중에서 밥에 참기름 넣고, 소금 넣고, 깨소금 넣고, 동그란 모양으로 만든 다음 김자반에 굴려서 만드는 요리를 할 거야. 이런 요리를 뭐라고 할까?"

"주먹밥이요"

"딩동 딩동! 하이파이브."

나는 이런 수업을 좋아한다. 아이들이 호기심을 갖고 수업에 참여하고, 수업을 통해 스스로 생각할 수 있는 기회가 많은 수업을 좋아한다. 내가 그 모든 것을 다 가르쳐 줄 수 없기에 스스로 생각해서 이야기하고 선택하고 판단할 수 있어야 한다.

아이들과 밥짓기를 해 보면 쌀을 그냥 밥솥에 넣으면 밥이 되는 줄 아는 학생들이 생각보다 많다. 밥을 지으려면 물이 필요하다는 것을 아는 학생들도 쌀을 어떻게 씻어야 하는지, 어느 정도 씻으면 되는지, 물은 어느 정도 넣어야 하는지 물어보면 어리둥절해 한다. '선생님은 왜 쌀 씻는 법을 알려주지 않고 물어보지?' 하는 표정으로 나를 바라본다. 밥솥의 버튼 중에 어떤 버튼을 눌러야 하는지 물어보면 충분히 스스로 생각해 볼 수 있는 학생들 중에도 교사가 알려줄 때까지 가만히 기다리고 있는 경우가 의외로 많다. 아니 대부분 그렇다. 어려서부터 남이 시키는 공부만 하고, 시키는 방법대로만 학습한 결과 많은 학생들이 아주 사소한 것도 스스로 생각하기를 어려워한다.

요리수업은 다른 수업에 비해 자발적으로 생각하고 행동하는 것을 이끌어 내기가 비교적 수월하다. 아이들 대부분이 좋아하는 수업이기 때문이다. 완성된 요리의 사진을 보고 필요한 재료를 생각해 볼 수도 있고, 반대로 재료를 쭉 나열해 놓고 이 재료로 만들 수 있는 요리를 생각해 볼 수도 있다. 이 정도 경지까지 가려면 다양한 식재료를 오감을 통해 탐색하고 재료의 이름도 익히고 그 재료로 만들 수 있는 요리의 이름도 열심히 익혀야 한다. 한 일 년 정도 공을 들여야 한다. 밀가루, 소금, 설탕, 국수, 떡볶이 떡, 카레가루, 고추장, 간장, 감자, 파프리카, 피망, 마늘 등 다양한 재료를 맛보고 냄새도 맡아 보면서 이름도 익히는 요리수업은 교육의 목표가 각기 다른 모든 아이들이 즐겁게 참여할 수 있다.

요리 수업의 가장 좋은 점은 성취감을 느낄 수 있다는 것이다. 순서에 따라 하나씩 해나가다 보면 어느새 요리가 완성된다. 자기가 만든 요리를 먹는 것도 즐겁고 친구들과 나누어 먹는 것도 즐겁다. 집으로 싸가서 가족들과 함께 먹으면 왠지 돌봄만 받는 존재였는데 가족을 위해 무언가를 했다는 성취감을 느낄 수 있다.

격주로 토요일 수업을 할 때의 일이다. 보통은 요리수업에서 아이들이 좋아하는 스파게티, 샌드위치, 피자, 부침개 이런 음식을 주로 하다가 반찬을 만들기로 했다. 일상생활기술로 반찬을 만들어 보면 어떨까 하는 생각으로 시작했다. 처음 만든 반찬이 메추리알 장조림과 어묵볶음이었는데 생각보다 반응이 폭발적이었다. 엄마들의 토요일 점심 반찬 걱정을 덜어드린 것이다. 엄마랑 동생이 맛있다고 하면서 먹었다고 하는 아이도 있고, 저녁에 가족들과 함께 먹었는데 가족 모두가 맛있게 먹어서 기분 좋았다는 아이도 있었다. 자신도 가족들을 위해 무언가를 했다는 뿌듯한 마음 때문이었는지 우리반 아이들은 자기들이 좋아하는 팥빙수, 떡볶이, 토스트를 포기하고 가족들과 함께 먹을 수 있는 멸치볶음, 시금치나물, 달걀말이, 오징어채 무침 같은 반찬을 만들고 싶어 했다. 우리는 거의 한 학기동안 격주로 토요일마다 반찬을 만들었다. 어머님들은 아이들이 직접 만든 반찬도 먹어본다며, 그 반찬으로 토요일 점심을 잘 해결하고 있다고 흐뭇해 하셨다. 어떤 집은 할아버지 댁에 갈 때 아이가 만든 반찬을 싸 갔는데 반응이 뜨거웠다고 전해 주셨다. 그런 주말을 보내고 온 아이의 월요일 발걸음은 당당하기 그지없다. 그래서 나는 아이들이 자신에 대한 자부심을 경험하고 키워나가는 수업을 좋아한다.

연극 수업도 지식을 익히는 공부보다 더 큰 기쁨을 선물하는 수업이다. 특수학급 학생들이 연극을 잘 해낼 수 있을까 생각하는 분들도 있겠지만 꾸준히 연습하면 가능하다.

"아이고, 아이고, 이를 어째."

"똥, 똥, 너는 세상에서 제일 더러운 개똥이야 개똥!"

"금 나와라와라 뚝딱, 은 나와라와라 뚝딱!"

"영차! 영차! 영차! 할멈 이리 좀 와 봐요."

처음에는 기어들어가는 목소리로 겨우겨우 입을 떼던 아이들이 점점 배우로 거듭난다. 나는 이런 수업을 좋아한다. 처음에는 낯설고 어색하지만 꾸준히 연습하면 아이들 스스로가 발전하는 자신의 모습을 발견하는 수업을 좋아한다. 처음부터 긴 연극을 하는 것은 어렵다. 이야기의 재미를 느껴야 자연스럽게 감정이 나오기 때문이다. 평소에 이야기책을 함께 읽다가 재미있는 장면이 나오면 짤막한 역할극도 해보고, 등장인물의 입장이 되어 자신의 느낌이나 생각을 이야기해본다. 때로는 전문가의 도움을 받기도 한다. 교육연극을 방과후 활동으로 하기도 하고, 특수학급 운영비로 전문 강사와 협력 수업을 계획하여 아이들과 함께 하기도 한다.

연극수업을 하고 나면 조촐하나마 발표회를 한다. 가족, 통합학급 친구들, 학교 선생님들을 시청각실에 모시고 작은 발표회를 한다. 아이들도 나도 모두 긴장하며 준비한다. 음성언어표현이 힘든 학생은 등장인물을 둘로 늘여서 선생님이나 말로 표현할 수 있는 친구와 함께 한다. 원작에 강아지 역할이 1명이라면, 각색된 대본에는 강아지 1, 2가 함께 움직이는 것이다. 자연스럽게 서로가 서로를 돕게 된다. 나는 이런 수업을 좋아한다. 주로 도움을 받는 대상이었던 우리반 아이들이 동생들을 도와주고 자기보다 참여하기 힘든 친구들을 도와주면서 자신의 역할을 찾아가는 수업을 좋아한다. 처음에는 답답해하면서 짜증도 내지만 연극 한 편을 마칠 때쯤이면 5, 6학년 아이들이 동생들도 잘 돌보고 훌쩍 자라 있다.

첫 학교에서는 복지관에서 도움을 받아 시작했고, 지역 무대에도 올랐다.

"틀리면 어떡하죠?"

"대사를 다 까먹을 것 같아서 걱정 되요."

"부끄러울 것 같은데……."

대사를 다 외울 수 있을까 걱정도 많이 했지만 한두 명을 제외하고는 다른 사람의 도움 없이 대사를 외우고 무대에 섰다. 나에게도 도전이었고 아이들에게도 도전이었지만 멈추지 않고 계속하다보니 연극 한 편을 완성하게 됐고, 나와 아이들과 부모님들 모두에게 큰 추억이 되었다. 구민회관에서 공연하던 날, 반 친구들과 담임선생님들도 꽃다발을 들고 함께 축하해 주셨다.

나는 연극처럼 아이들이 가끔은 학교생활에 주인공이 되어 보는 기회를 마련해 줄 수 있는 수업을 좋아한다. 요즘도 친구들과 가족들을 초대하여 어떤 해는 연극을, 어떤 해는 음악 공연을 한다. 단독으로 하지 못할 때는 학교 방과후 발표회를 통해 하기도 한다. 통합학급에서 하면 되지 왜 따로 분리해서 발표회를 하느냐고 생각하는 분들도 있을 것이다. 하지만 통합학급에서는 우리반 아이들이 주인공이 될 수 있는 기회가 거의 없다. 그냥 참여하는 것에 의의를 두는 수준이다. 잘하던 못하던 상관없이 참여만 해도 대견한 일이 된다.

나도 처음에는 참여하는 것만으로도 충분히 의미가 있다고 생각했다. 하지만 어른들은 발표회에 참여하는 것만으로 의미를 찾을지 몰라도 아이들은 그렇지 않다는 것을 알게 됐다. 자신이 다른 친구들보다 잘 못한다는 것만 느끼고 끝나는 경우도 많다. 어른들의 생각과 달리 아이들은 자신이 잘했는지 못 했는지 느끼고, 잘했다고 생각해야 뿌듯해 하고 기뻐한다. 그래서 특수학급에서 발표회를 할 때 나는 완성도도 중요하게 생각한다. 아이들이 못할 것 같다고 움츠러들 때 함께 연습하고 격려하면서 한고비 한고비를 넘긴다. 내가 포기하지 않으면 아이들도 포기하지 않고 나아갈 수 있는 기회를 얻게 된다.

내가 좋아하는 수업은 과정의 일부분에만 참여하는 것이 아니라 처음부터 끝까지 과정을 지켜볼 수 있는 수업이다. 부분 참여의 원리를 모르는 바는 아니지만 구조화가 어려운 아이들이 부분 부분을 배워서 하나로 통합하는 것은 쉽지 않다. 가능하면 전 과정을 경험하는 것이 아이들이 실생활에 적용하는데 도움이 된다.

텃밭 수업은 봄, 여름, 가을, 겨울 한 해 동안 식물의 성장 과정과 계절의 변화를 익힐 수 있고, 시간을 들여 꾸준히 하는 것을 배울 수 있어서 내가 아이들과 기회가 될 때마다 하는 활동이다. 바로바로 원하는 것을 얻어야 하고, 기다림을 어려워하는 학생들에게 텃밭은 훌륭한 선생님이다. 아무리 토마토를 빨리 따 먹고 싶어도 때가 되어야 토마토 열매가 맺힌다. 그냥 시간을 보낸다고 해서 열매를 맺는 것이 아니라 물을 주고 정성껏 가꾸어야 많은 열매를 맺는다.

자신이 뿌린 씨앗에서 싹이 나올 때, 자기 손으로 심은 모종이 자라서 꽃을 피우고 열매를 맺을 때 아이들은 호기심과 기대에 찬 모습으로 식물을 바라본다. 첫해에는 손에 흙이 묻으면 큰일 나는 줄 알고 온몸으로 거부하던 학생들도 방울토마토를 따 먹고 줄기에 달린 땅속 감자를 수확하면서 조금씩 익숙해진다. 몇몇 아이들은 날마다 텃밭의 작물들이 얼마나 자랐는지 자기 눈으로 확인하고 싶어 한다.

한 계절을 보내고 키워서 직접 수확한 감자, 오이, 가지, 상추들을 집으로 가져가는 것은 또 다른 즐거움이다. 텃밭에서 재배한 부추로 부추전을 만들어 나누어 먹으면 평소에 채소를 좋아하지 않는 아이들도 호호 불며 맛있게 먹는다.

아이들과 오늘은 작물들이 얼마나 자랐을지, 빨갛게 된 토마토가 과연 있을지 예측하고 기대하며 텃밭으로 가는 그 시간도 나는 중요한 공부라고 생각한다.

머리로만 생각하는 것이 아니라 눈으로 보고, 직접 만져 보고, 몸을 움직여서 배웠을 때 아이들은 오랫동안 기억한다. 아이들은 스스로 집중하는 수업을 통해 배움의 재미를 느낄 수 있다. 꾸준히 노력하며 발전하는 자신의 모습을 발견하는 수업은 아이들에게 성취감을 준다. 학교생활에 주인공이 되어 보는 기회는 아이들에게 자신감을 심어 주고 아이들을 당당하게 한다. 처음부터 끝까지 과정을 지켜볼 수 있는 수업은 전체 맥락을 이해하고 다음을 예측하는 힘을 키워준다.

내가 이런 수업을 좋아하는 이유는 간단하다. 배움의 속도가 느린 아이들이 배워야 할 것은 너무 많고, 시간은 부족하기 때문이다. 지금은 초등학생이지만 학교에서 무언가를 배울 수 있는 기간은 길어야 6~12년 남짓 남았다. 그 짧은 시간 동안 교사가 모든 것을 다 가르쳐 줄 수 없다. 하나를 배우는데 많은 시간이 필요한 것을 감안하면 수업의 내용은 앞으로 학생들이 살아가는데 도움이 되는 내용으로 이루어져야 한다. 모든 것을 다 가르쳐 줄 수 없기에 스스로 생각하고 행동하는 연습을 꾸준히 해야 한다. 때로는 지루하고 힘들지만 참고 노력하며 시간을 보내면 자신이 원하는 결과를 이룰 수 있다는 것도 이 과정에서 배울 수 있어야 한다.

예전에 가르친 한 학생은 부모님이 맞벌이로 바빠서 8시나 9시 무렵 집에 들어오고 그때야 저녁을 먹곤 했다. 학교에서 밥짓기를 배운 후에는 부모님이 오시기 전에 밥을 지어 놓고 기다리거나 먼저 동생과 함께 밥을 챙겨 먹을 수 있게 되었다. 그 이후로 많은 것이 바뀌었다. 어머님은 자녀가 자신이 생각했던 것 보다 많은 것을 할 수 있을지 모른다는 희망을 갖게 됐다고 말씀하셨다. 아이가 아무 것도 할 수 없을 거라고 생각했던 자신의 모습을 떠올리며 미안한 마음이 든다고도 하셨다. 밥을 혼자서 챙겨먹을 수 있으니 늦게 퇴근을 해도 든든하다고 하셨다. 처음 스스로 저녁밥을 해놓고 부모님과 식사를 한 다음날 우리반 문을 열고 들어올 때의 그 학생의 당당한 표정, 무언가를 말하고 싶은 기대에 찬 모습을 지금도 잊을 수 없다. 나는 수업이 아이들의 가능성을 발견하는 시간이었으면 한다. 수업이 아이들이 스스로 성장하는 기회가 되었으면 한다. 부모님들이 일상을 지키고 꾸려나가느라 겨를이 없어서 미처 발견하지 못한 아이들의 잠재능력을 찾아가는 과정이었으면 한다.

여전히 수업은 나에게 어려운 숙제이다. 아이들이 배워야 할 것은 많은데 정작 가르치고 배울 시간은 적기 때문이다. 가르치고 배워야 할 그 많은 것들 중에서 무엇을 가르칠지, 어떻게 가르칠지를 선택하는 것이 교사의 일이다. 아이들 각자의 처지에서 무엇을 배우는 것이 가장 가치 있는지, 언제, 어떻게 배워야 가장 효율적일지 판단하는 것도 교사의 일이다. 그래서 교육과정을 좇아 관성적으로 수 세기를 가르치고, 따라 말하기를 가르치고, 가나다라를 가르치고 있는 것은 아닌지 늘 경계하게 된다.

아이들이 삶을 풍요롭게 살아가도록 나는 지금 제대로 준비해 가르치고 있는가? 지금 내가 하고 있는 수업이 아이에게 꼭 필요한가? 이 수업은 가치가 있는가? 묻고 또 묻는다.

안전과 도전의 경계

"안녕! 아저씨가 아이스크림 사줄까?"

한마디에 덥석 손을 잡는다. 핸드폰을 보여주니 순순히 따라 나선다. 과자를 보여주며 건네니 덥석 받아먹고는 더 달라며 뒤꽁무니를 쫓아간다.

'아휴, 이러다가는 다 따라 가겠네!'

아이들 실종 및 유괴방지 역할극을 하면서 든 생각이다. 아이스크림이라는 한마디에 해맑은 얼굴로 "아이스크림?"하면서 좀 전까지만 해도 슬금슬금 피하던, 낯선 가면을 쓴 사회복무요원의 손을 잡는다. 가면 쓴 사람이 사회복무선생님인 줄 알고 따라가는 거라면 그나마 다행이지만 '아이스크림' 때문이라면 상황은 다르다. 그나마 몇몇 똘똘한 아이들이 심각한 표정으로 "안 돼!", "안 돼", "따라가지마!"라고 말하는 것이 위안이 된다. 사정이 이러다 보니 학교나 부모님들이 아이들의 안전에 신경을 곤두세우는 것도 충분히 이해가 간다.

나조차도 열 살인 딸을 채 5분도 안 되는 거리의 슈퍼에 가끔 심부름을 보내면서도 이런저런 걱정을 하게 된다. 걱정은 여러 가지 당부로 이어진다.

"아파트에 배달 오는 오토바이 잘 보고 조심해."

"슈퍼 앞에서 길 건널 때 자동차 잘 살피고."

"내리막길에서는 뛰면 안 돼."

"요즘 아파트 단지에서 자전거 쌩쌩 달리는 오빠들 많더라. 자전거도 잘 보고."

"뛰지 말고 천천히 다녀와."

이렇게 줄줄이 당부를 하고도 조금만 늦게 오면 '올 시간이 됐는데 왜 안 오지? 내가 다녀올 걸 괜히 심부름을 보냈나.' 하는 생각에 가슴을 졸인다.

나의 이런 염려와 달리 심부름을 마치고 돌아온 딸아이는 개선장군이라도 된 것 같은 표정으로 비닐봉지를 들고 나타난다.

"두부가 큰 것도 있고 작은 것도 있었는데 뭘 살까 고민되더라고. 가만 보니까 이게 평소에 엄마가 사던 두부 같아서 사 왔어. 유통기한도 일주일 남은 거로 골라왔어. 그리고 이건 엄마 커피, 내 용돈으로 산 거야. 엄마 피곤할 때 먹으라고. 참, 거스름돈은 비닐봉지에 영수증이랑 같이 넣었어."

엄마의 걱정과는 달리 딸아이는 유통기한도 살피며 두부를 고르고 엄마 커피까지 사들고 뿌듯한 마음으로 미션을 훌륭히 마쳤다. 요즘도 가끔 슈퍼로 심부름을 보내면 흔쾌히 나서는 걸 보면 슈퍼 심부름이 주는 설렘이 있는 것 같다. 아마 어른이 된 것 같은 느낌이 아닐까 상상해 본다. 심부름을 무사히 마쳤을 때의 당당한 표정은 상장을 받아왔을 때 보다 더 의연하고 뿌듯해 보인다. 이런저런 걱정들로 내가 갔다 왔다면 아이는 그 뿌듯함을 느낄 수 없었을 것이다.

우리반 아이들도 마찬가지다. 우리반에는 휠체어를 타는 뇌병변장애 학생이 있다. 보통은 사회복무요원이나 교사와 함께 이동을 한다. 그리고 그 주위에는 휠체어를 밀어주고 싶어 하는 형들이 있다. 특수학급에서 같이 공부하는 이 형들은 동생의 휠체어를 너무 밀어주고 싶어 하고, 사회복무요원은 안된다며 실랑이를 한다. 휠체어가 무겁고, 뛰어다니는 아이들과 부딪칠 수도 있어서 안전사고를 걱정을 한다면 휠체어를 상대적으로 조심성이 부족한 아이들에게 맡기기는 어렵다. 하지만 누군가를 도와주고 돌봐주는 기쁨과 보람도 아이들의 성장을 위한 중요한 경험이다. 어떻게 해야 할까?

"안 돼. 휠체어는 어른들만 밀 수 있어. 위험해."라고 이야기하면 안전사고는 예방할 수 있지만 동생을 도와줄 수 있는 기회는 놓치게 된다. 늘 돌봄을 받는 대상으로 남게 된다. 사실 사고란 언제 어디서 발생할지 알 수 없기에 늘 조심해야 하는 것이 맞지만, 사고날 것이 두려워 아무것도 하지 못한다면, 또 아무것도 하지 못하게 한다면 아이들은 사고에 대비하는 것을 배울 수 없다. 사고가 나지 않도록 예방하는 것을 배울 기회도 없는 것이다. 오히려 어른들이 지켜보는 가운데 하나씩 익혀가는 것이 필요하다. 처음부터 혼자서 하기는 어렵다. 처음에는 어른과 함께 밀고, 좀 익숙해지면 한쪽씩 잡고 같이 밀고, 다음에는 장애물이 없는 넓은 공간에서 밀어주고, 그다음에는 교실에서 엘리베이터 앞까지 밀면서 위험한 요소를 알려주고 스스로 조심해서 행동할 수 있도록 안내해 주는 것이 필요하다. 조심조심 밀지 않으면 휠체어를 탄 동생이 다칠 수 있다고 하면 조심하려고 노력한다. 벽이나 다른 물건에 닿으면 일주일 동안은 휠체어를 밀 수 없다고 하면 혹시라도 벽에 닿을까 스스로 조심한다. 이렇게 1년을 가르치니 요즘은 혼자서도 특수학급에서 동생을 교실까지 데려다 줄 수 있는 정도가 되었다.

혼자서 데려다 주는 것을 처음 허락한 날, 나는 혹시나 하는 마음에 아이들이 엘리베이터를 타는 것을 보고 계단으로 후다닥 올라가서 살펴보았다. 동생 교실 앞에서 나를 본 5학년 학생이 "선생님 왜 왔어요? 나를 못 믿어요?"라며 서운한 표정을 짓는다. "아니, 얼마나 잘 하는지 궁금해서. 정말 의젓하게 잘 하더라. 완전 멋져, 역시 형님." 내 말이 그나마 위로가 되었는지 아이는 약간은 부끄러워하면서도 당당한 표정으로 나를 바라보았다. 휠체어를 탄 동생도 선생님보다는 형이랑 같이 가는 것을 좋아한다. 평소에는 조심성 없고 부산한 그 형님도 동생 휠체어를 밀 때는 의젓하기 짝이 없다. 앞에 다른 학생이라도 있으면 "비켜주세요."라고 말할 수 있고, 그냥 교실까지 데려다주기만 하는 게 아니라 엘리베이터 문이 열린다는 둥 4층에 다 왔다는 둥 상황을 설명하기도 하고, 공부 열심히 하라는 둥 공부시간에 장난치지 말고 선생님 말씀 잘 들으라는 둥 형님다운 잔소리를 늘어놓기도 한다. 동생은 동생대로 환하게 웃으면서 형의 당부에 답한다. 그런 아이들의 모습을 보고 있으면 흐뭇함에 나도 절로 웃음이 난다. 안전사고를 걱정해서 기회를 주지 않았다면 경험할 수 없는 흐뭇함이다.

육아휴직을 할 때의 일이다. 큰 공원 근처에 살던 때라 딸아이를 데리고 공원으로 종종 나들이를 갔다. 직업이 직업인지라 고등학교 특수학급이나 복지관에서 현장체험학습을 나온 고등학생들과 성인들이 눈에 자주 띄었다. 그런데 유독 나를 불편하게 하는 것이 있었는데 바로 이름표였다. '○○고등학교 ○○○, 연락처:010-○○○○-○○○○'. 내 눈에는 이름표가 없어도 될 것 같은 학생들도 모두 이름표를 달고 있었다. 족히 30살은 넘어 보이는 성인들도 '○○복지관 ○○○, 연락처:010-○○○○-○○○○'이라고 적힌 눈에 잘 띄는 이름표를 달고 있었다. 주변에는 공원으로 체험학습을 나온 유치원생들과 초등학교 학생들도 있었는데 이름표를 큼지막하게 달고 다니는 사람들은 유치원생들뿐이었다. 초등학교 저학년 학생들은 다른 학교와 구분하기 쉽도록 학급티나 학년티는 입었지만 이름표를 달고 다니지는 않았다. 휴직을 하기 전까지 나도 체험학습을 갈 때면 모든 학생에게 이름표를 달게 하고 점검까지 하고 갔었다. 이름표를 다는 게 안전의 시작이라고 생각했었다. 그런데 잠시 학교라는 공간에서 벗어나 일반 시민의 눈으로 보니 당연하다고 여겼던 이름표가 부자연스럽고 어색해 보였다. 이름표만큼이나 장애가 도드라져 보였다. 우리 반 아이들도 서른이 넘어서까지 가슴에 큼지막한 이름표를 달고 다니겠구나 생각하니 정신이 번쩍 들었다. 관습적으로 '이름표=안전의 기본'이라는 생각만 했지 아이들의 미래 모습까지는 미처 염두에 두지 못했음을 깨닫게 되었다.

이런 경험을 한 후로 복직을 하고 한동안은 이름표가 꼭 필요한 학생을 제외한 나머지는 이름표를 달지 않았다. 대신 선생님과 혹시 헤어지게 되면 길이 엇갈려서 못 만날 수도 있으니까 그 자리에 서서 기다리도록 가르쳤다. 도움을 요청할 때는 제복을 입은 사람이나 아이와 함께 온 어른에게 도움을 요청하도록 가르쳤다. 아이들의 수준에 따라 보호자 연락처 외우기, 학교 이름과 자기 이름 말하기를 체험학습 가기 전에 몇 번씩 연습했다. 그것도 어려운 아이들은 주머니나 가방에 학교, 이름, 연락처가 담긴 쪽지를 넣어주고 쪽지를 찾아서 보여주도록 연습했다. 신기하게도 이름표를 달고 체험학습을 갈 때보다 이름표가 없었을 때 아이들 스스로 나를 쳐다보고, 나와 멀리 떨어지지 않으려고 노력하는 모습을 보였다. 이름표가 없다보니 함께 하는 어른들도 더 긴장하며 아이들을 살피고 아이들과 함께 했던 것 같다. 문제는 이름표가 꼭 필요한 학생들은 이름표를 귀신같이 찾아서 떼어 버린다는 것이다. 다시 생각해보니 이름표가 꼭 필요한 학생들은 교사나 자원봉사자가 한 명씩 붙어서 같이 움직이기 때문에 굳이 멀리서도 눈에 잘 띄는 이름표를 할 필요가 없었다. 우리는 몇 번의 연습 끝에 이름표 없이 나들이 하는 기분으로 체험학습을 다녀올 수 있었다.

안전이 교육현장의 최대 이슈가 되면서 아이들과 체험학습을 갈 때마다 이름표를 달 것인가 말 것인가를 놓고 고민하게 된다. 장애학생 교출 및 실종예방을 위한 학교 내부 매뉴얼에 의하면 체험학습을 갈 때 지도교사의 연락처를 적은 이름표를 달게 되어있다. 물론 우리 반에도 이름표와 같은 식별장치가 꼭 필요한 학생들이 있다. 하지만 우리반 학생 중에는 학교 이름과 보호자 연락처를 말할 수 있는 학생도 있다. 매뉴얼에 따라서 이름표를 달고 가면 그만이지만 오히려 아이들에게는 자기 이름, 보호자 이름, 학교 이름, 보호자 연락처, 주소 등을 익히는 연습이 필요하다. 핸드폰이 있는 학생은 위급한 상황이 있을 때 핸드폰을 사용하여 도움을 요청할 수 있도록 연습해야 한다. 낯선 공간에 갔을 때, 사람이 많은 공간에 갔을 때, 주변을 살피고 스스로 주의를 기울이며 조심하는 것도 살아가는데 꼭 필요한 중요한 공부다.

나는 이런 고민이 들 때마다 매뉴얼이 아이들을 위한 것이 아니라 아이들을 책임져야하는 어른들을 위해 만든 것은 아닌지 생각하게 된다. 요즘은 개인정보 보호 등의 이유로 초등학생들도 가방이나 실내화주머니에 이름을 쓸 때 눈에 잘 띄지 않는 안쪽에 쓰는데 장애가 있다는 이유로 누구나 다 잘 알아보도록 큼지막하게 이름표를 달고 다니는 것이 최선인지 생각해 보아야 한다. 우리는 어느 순간에는 매뉴얼의 경계를 넘어야 한다. 아이들이 맞닥뜨리게 될 삶이 가이드라인 안에서만 움직이지 않기 때문이다. 아이들은 학교에 다니는 동안 다양한 도전을 통해 스스로의 경계를 조금씩 넓혀 가야 한다. 경계를 넓히고 사회에 나가서 스스로 판단하고 문제를 해결하도록 준비시키는 것이 교육이 아닌가?

공교육 기관에서 아이들을 가르치는 소심한 교사인 나는 이름표 대신 학교 이름이 인쇄된 학년티와 교사 연락처를 적은 놀이동산 팔찌로 타협을 했다. 나의 선택으로 우리반 아이들은 자유복장 대신 학년티를 입고 손목에 팔찌도 차게 되었다. 안전을 강조하는 입장에서는 현실적인 선택일 수 있지만 아이들의 경계는 그만큼 좁아졌다. 안전에 대한 지침과 매뉴얼이 아이들의 교육을 먼저 고려하기보다는 교사의 책임을 먼저 고려하는 자기검열이 되고 있지는 않은지 생각해보아야 한다. 아이들의 안전을 보장하기 위한 매뉴얼이 역설적이게도 아이들에게 도전의 기회를 축소하고 사회를 향한 경계를 넓혀 가는데 장애물이 되고 있지는 않은지 생각해보게 된다.

몇 년 전 근무하던 학교는 운동장이 없어서 일 년에 몇 차례씩 수영장이나 실내 스케이트장에 가서 체육활동을 했다. 실무사도 없던 때라 내가 아이들을 따라서 스케이트장에 갔다. 저마다 스케이트를 신고 아이스링크로 들어가는데, 들어가지 못하고 모여 있는 아이들

사이에 우리반 아이들이 있었다. 대여한 스케이트를 손에 들고 쭈뼛쭈뼛 서있거나 겨우 발에 걸치고 있었다. 탈 만한 녀석들은 스케이트가 꽉 조여서 발이 아프다고 하고, 나머지 두 녀석은 무섭다고 했다. 발이 아프다는 아이들에게 다시 대여소로 가서 스케이트를 바꿔오라고 보냈다. 보낸 지 한참 되었는데 오지 않아 혹시나 하는 마음으로 가 봤더니 바꿔 달라는 말도 못 하고 그 앞을 계속 왔다 갔다만 하고 있다. 평소에 심부름도 잘하는 아이들이라 별 걱정 없이 보냈는데 낯선 환경과 사람에 말도 꺼내지 못하고 있었다. '아이고, 답답해라.' 스케이트를 바꿔 신겨 다른 아이들과 아이스링크로 들여보냈는데 4명 중에 평소에도 잘 놀고 겁 없는 한 명만 발을 뗀다. 나머지는 벽을 잡고 서있다. '이런 이런, 안 따라 왔으면 큰일 날 뻔했다.' 한 명씩 손을 잡고 몇 번을 제자리에서 걷는 연습을 시킨 후에 아이스링크로 들여보냈다. 하지만 그 세 명은 수업시간 내내 아이스링크 입구 바로 옆에서 봉을 잡고 서 있었다. 넘어질까봐 다리에 힘을 주고 있었는지 다리가 아프다며 풀이 죽은 모습이다. 겨우 스케이트를 타고 들어갔던 한 학생도 얼마나 넘어졌는지 엉덩이가 아프다고 했다. 그렇게 넘어지고도 재미있었는지 "떤뗑님(선생님), 다음에 또 오자요."한다. 한 명이라도 즐거웠으니 그나마 다행이다.

앞으로도 한 차례 더 스케이트 수업이 있고, 내년에도 후년에도 계속될 활동인데 매년 스케이트 수업 때마다 봉 잡고 서 있을 모습을 생각하니 답답했다. 두려움만 극복하면 다들 재미있게 잘 탈 만한 아이들인데 어떻게 두려움을 없앨 수 있을까? 이런저런 생각을 하다가 정식으로 배워보면 어떨까 하는 생각이 들었다. 내가 가르칠 수도 없는 노릇이고 혹시나 하는 마음으로 스케이트 강습을 갔던 고려대학교 아이스링크에 사정을 말씀드렸다. 나는 ○○초등학교 특수학급 교사인데 우리반 학생들에게 스케이트 강습을 해 줄 수 있는지 여쭤봤더니 흔쾌히 강습을 해 주신다고 하셨다. 산 하나는 넘었다. 이제는 아이들과 학교에 이야기를 해야 한다. 그날 이후 의기소침해 있는 아이들에게는 어떻게 말하지? 이런 궁리 저런 궁리를 하다가 김연아 선수로 동기부여를 해보기로 했다. 김연아 선수 동영상을 보여줬다. "너무 멋지지 않니? 우리도 김연아 선수처럼 스케이트를 잘 타면 너무 멋지겠다. 너희들이 배우고 싶다면 선생님을 찾아볼게." 스케이트 타러 또 오자고 했던 아이가 손을 번쩍 들며 배우고 싶다고 한다. 다른 아이들도 싫지 않은 눈치다. 교장, 교감선생님도 내가 데리고 가는 것이 힘들어서 그렇지 아이들에게는 좋은 기회가 되겠다며 격려해 주셨다.

그렇게 아이들은 일주일에 1번씩 스케이트를 배웠다. 1년을 배우고 스케이트 대회도 나갔다. 아이들은 당당히 3바퀴를 완주하고 메달도 받았다. 다음 해 학교에서 스케이트 수업을 갔을 때 아이들은 다른 친구들과 어울려서 즐겁게 스케이트 수업에 참여했다. 같이 간 선생님들이 아이들의 스케이트 타는 모습을 나보다 더 대견하고 흐뭇하게 바라보셨다. 전년에 스케이트장에서 망부석처럼 서 있던 아이들의 모습을 기억하신 어떤 선생님은 스케이트를 배운다는 이야기는 들었는데 저렇게 잘 탈 줄은 몰랐다며 아이들을 다시 봐야겠다고 하셨다. 사실 처음 2~3개월은 저렇게 배워서 스케이트를 탈 수 있을까 싶을 정도로 여전히 강사선생님이 손을 잡아줘야 겨우 한 발짝 디딜 수 있었다. 아이들도 힘들어하고 지루해 하는데 괜히 시작했나 싶은 마음도 들었다. 한 학기가 지나서야 혼자서 걷는 수준이 되었다. 그런데 신기한 것은 걷기 시작하니 아이들의 실력이 급속도로 느는 것이 눈에 보였다. 아이들이 즐기면서 타는 모습도 눈에 보이기 시작했다. 재미를 붙이니 강습시간이 끝나고도 한 바퀴만 더 돌고 가면 안 되냐고 이야기한다. 처음에는 강사선생님이 3번 왕복하라고 하면 1번만 하겠다고 우기던 녀석들이 5번 왕복하고 앉아서 쉬라고 해도 다른 친구가 끝날 때까지 더 탄다.

몇 년 만에 고등학생이 된 그때의 쌍둥이 제자들을 만났다. 얼마 전에 학교에서 롯데월드 아이스링크로 현장학습을 갔는데 자기들이 실력을 보여줬다며 뿌듯해 한다. 그 이야기를 들으니 나도 뿌듯했다. 역시 몸으로 배운 것은 오랫동안 자산으로 남는다.

지금은 이렇게 웃으면서 이야기하지만 그 당시 걱정이 없었던 것은 아니다. '혹시 스케이트를 타다가 넘어져서 크게 다치면 어떡하지? 스케이트 날에 손이라도 다치면? 내 차로 가는데 괜찮을까? 괜히 일을 또 벌이는 걸까?' 이런저런 고민이 들었지만 사고는 집에서든 어디서든 날 수 있고, 사고를 걱정한다면 아무것도 할 수 없을 것 같았다. 다행히 아이들은 큰 사고 없이 일 년 동안 스케이트 수업에 참여했고, 처음에는 발도 못 떼고 가만히 서있기만 하던, 등 떠밀려 겨우 아이스링크에 들어갔던 아이들이 나중에는 나오기 싫다고 말할 만큼 스케이트에 재미를 붙였다. 아마 나중에 커서도 더운 여름에 시원한 아이스링크에서 우아하게 더위를 식힐 수 있을 것이다. 아이들은 좋은 취미와 더불어 자신감을 덤으로 얻었다. 그 후로 무언가 힘들어서 또는 어려워서 못하겠다고 할 때, 스케이트도 처음에는 겁나고 힘들었지만 꾸준히 시간을 들여서 노력했더니 탈 수 있었던 것처럼 이것도 꾸준히 하면 처음에는 힘들어도 나중에는 잘할 수 있을 거라고 이야기하면 도전하는 모습을 볼 수 있었다.

만약 내가 이런저런 걱정으로 고민만 하다가 멈췄다면 아이들은 기회를 얻지 못했을 것이다. 특수교사는 그런 점에서 참 어렵다. 교사의 선택이 아이들의 경계와 맞닿아 있는 경우가 많다. 순간마다 나의 판단에 따라 아이가 세상과 한 발짝 더 만나는 기회가 생기기도 하고, 세상을 경험할 기회가 그 자리에서 멈추어지기도 한다. 아이마다 한계가 다 다르고 상황이 달라서 멈춰야 할 때도 다르고 나아가야 할 때도 다 다르다. 그간의 경험에 따르면 아이들은 내가 믿어주고 기회를 주면 내 생각보다 훨씬 더 잘 해내고, 그 경험을 통해 성장하고 자신감도 갖게 된다.

아이들이 자기의 삶의 경계를 점점 넓혀갈 수 있도록 교사는 기회를 주어야 한다. 안전이란 이름으로 아이들의 도전을 차단하는 게 아니라 안전하게 도전하고 실패를 통해 배울 수 있는 환경을 만들어 주는 것이 진정한 안전이 아닐까?

통합, 교육,
특수, 교사

"통합교육이 장애학생들에게 도움이 되나요? 특수학교에 가서 장애학생에게 맞는 교육을 받는 것이 더 도움이 되지 않을까요?"

"선생님은 통합교육이 일반학생들에게도 도움이 된다고 이야기하지만 그건 이론일 뿐이에요. 교실에서 빽빽 소리를 지르고 수업시간에 뛰쳐나가서 수업을 할 수 없어요. 한번 뛰쳐나가면 우리반 아이들이나 내가 또 찾으러 가야 하고, 비장애 학생들의 수업권은 누가 보장해 주나요? 만약 선생님 자녀가 우리반이어도 그렇게 이야기하시겠어요?"

"선생님, 민규가 화나면 연필이나 가위를 던지고 아이들을 밀치는 바람에 불안해 죽겠어요. 민규 때문에 우리반 분위기가 너무 안 좋아요. 애들한테 민규를 이해해 주자고 말은 하지만, 내가 생각해도 더 이상 어떻게 이해해 줄 수 있을지 모르겠어요."

"지우는 교실에서는 멍하니 앉아만 있어요. 내가 뭐를 어떻게 도와 줘야 할지 모르겠어요. 내가 지우만 볼 수는 없잖아요."

이런 이야기를 하는 선생님들께 "통합교육은 내가 불편하다고 안 할 수 있는 것이 아니에요. 장애학생들의 교육권은 당연한 권리라고요."라고 이야기하면 답이 되고 설득이 될까? 아니면 책에 나오는 대로 "통합교육을 통해 장애학생은 비장애 학생과 함께 지내며 사회성이 향상되고 언어적인 자극을 받으며 미래에 사회에서 살아갈 준비를 한답니다. 비장애 학생에게는 나와 다른 친구를 이해하고 다른 사람의 권리를 존중하는 것을 배우는 소중한 기회가 된답니다."라고 말하면 통합학급 교사가 "아, 그렇군요."라고 수긍할까?

나는 이런 경험을 하며 통합교육에 대해 다시 고민하게 되었다. 처음에는 나에게 대놓고 이런 말을 하는 선생님들이 참 야속했다. 통합교육이 정말 쉽지 않다고 느꼈다. 이론적으로는 당연하고 유용한 통합교육이 학교에서는 왜 힘든 걸까? 권한도 거의 없는 특수교사에게 이것도 해야 하고, 저것도 해야 한다고 이야기하는 교육청도 무책임해 보였다. 때로는 억울하고 화가 나기도 했다. 그냥 특수학급에서 우리반 아이들과 재미있게 수업만 했으면 좋겠다고 생각하기도 했다. 하지만 일반학교에서 특수교사로 근무하는 이상 이 문제는 피할 수 없는 문제다. 이 문제를 풀지 못하면 특수교사를 계속할 수 없을 것 같았다. 통합교육에 대해 근본부터 다시 고민하게 된 이유이기도 하다.

덕분에 통합교육이 장애학생에게 도움이 되는지, 비장애 학생에게
도 도움이 되는 건지 곰곰이 생각해 보게 되었다. 일상생활에서도 교
사나 부모의 말을 이해하기 어려운 아이들이 5학년, 6학년 교실에서
이루어지는 수업 내용을 꾸역꾸역 들으며 앉아 있는 것이 장애학생
에게 얼마나 의미가 있을까? 거의 날마다 수업 시간이면 갑자기 크게
소리를 지르는 아이, 엉엉 울며 의자에서 벌떡 일어나 문을 쾅 닫고
뛰쳐나가는 아이, 자기의 화를 참지 못하고 물건을 던지거나 밀치는
아이와 한 반이 되는 것이 비장애 학생에게는 어떤 의미일까? 장애학
생의 처지에서, 또 비장애 학생의 눈으로 생각해 보기도 하였다. 장애
학생의 부모 입장에서, 또 비장애 학생의 부모 입장이 되어 생각해 보
기도 하였다. 통합학급 교사의 처지에서도 생각해 보았다.

장애가 있는 주아(가명)를 기준으로 다양한 사람들의 처지와 생각
을 해봤더니 각각의 입장에 따른 생각은 충분히 이해할 만했다. 주아
부모님의 관점에서는 장애가 있더라도 가까운 일반학교에서 아이에
게 적절한 수업을 받게 하는 것은 당연히 보장된 권리라고 생각할 것
같았다. 주아의 처지라면 자신이 가진 특별한 특성은 고려되지 않고
수업 내용은 도통 무슨 말인지 모르겠고, 이런 자기의 답답한 마음도
몰라주고 진행되는 통합학급 수업은 너무 답답하고 힘들다고 생각할
것 같았다. 같은 반의 비장애 학생인 친구의 입장에서는 도대체 왜 주
아는 수업시간마다 소리를 지르거나 우는지 궁금하기도 하지만, 늘
정신없는 교실 상황이 때로는 불편하고 때로는 짜증 날 수 있다는 생

각이 들었다. 언제 밀칠지 모르는 친구와 한 반에서 공부하는 것이 꽤 긴장될 것 같았다. 비장애 학생의 학부모라면 주아가 날마다 소리를 지르고 운다고 하는데 수업은 제대로 될지, 아이 학교생활에 지장은 없을지 걱정되기도 할 것 같았다. 담임교사의 입장이라면 기왕 통합학급을 맡아야 한다면 문제행동이 조금이라도 덜한 학생이면 좋겠다는 생각이 들 것 같았다. 특수교사인 나도 어떤 학생들은 감당하기 힘들 때가 있으니 말이다.

각각의 처지에서 생각하다보니 통합교육에 대한 나의 생각은 무엇인지 돌아보게 되었다. 이론이나 당위를 넘어, 일관된 나의 관점과 태도를 먼저 분명히 정리할 필요가 있었다. 그전까지는 대하는 상대방에 따라 이야기하고 각각의 상황을 해결하기에 바빴지만, 정작 일관된 나의 입장이나 태도, 기준이랄 것이 분명하지 않았다. 담임교사가 불만을 이야기하면 그것을 해결하느라 움직이고, 학부모가 불만을 이야기하면 이번에는 학부모의 관점에 따라 불만을 해결하기 위해 움직이고, 우리반 아이가 교실에서 문제를 일으키면 그것을 수습하느라 움직이고, 통합학급 친구들이 불만을 제기하면 그것을 해결하기 위해 움직이느라 이리저리 바쁘기만 했다. 통합교육에 대한 일관된 목표나 태도 등 근본적인 접근은 못하고 있음을 깨닫게 되었다.

통합교육에 대한 나의 견해는 무엇인가? 특수학급에서 근무하는 교사로서 나의 일관된 목표와 관점은 무엇인가? 특수학급 교사로 근무하다보면 통합교육에 대한 근본적인 고민을 깊이 있게 해볼 시간이 턱없이 부족하다. 수업과 학교 일 외에도 국회의원 요구자료 작성, 치료교육 지원, 특수학급 방과후 학교 운영, 연차보고서 및 각종 통계 작성, 사회복무요원 복무관리 등 업무가 차고 넘친다. 학부모들에게 안내해야 할 사항도 많고, 학생마다 수준도 제각각, 학년도 제각각, 담임교사의 성향도 제각각인 상황에서 통합교육도 지원해야 하고, 주당 20~25시간의 수업도 해야 한다. 이렇게 매일매일 열심히 부지런히 많은 일을 처리하지만, 일관된 관점이나 목표가 없으면 그 일들이 뭉쳐져서 시너지 효과를 내지 못하고 하나하나 흩어져 버리고 만다. 그래서 시간을 내서라도 고민하고 생각을 정리해 자신의 견해나 목표를 세우는 것이 무엇보다 중요하다.

나의 목표와 관점을 정리하기 전까지 나의 초점은 모두 우리반 아이들에게만 집중되었었다. 무엇을 가르칠 것인가? 어떻게 가르칠 것인가? 어떻게 하면 학교생활을 잘할 수 있도록 도와줄 수 있을까? 그러다 보니 자연히 통합학급 담임선생님께도 이것저것 부탁하는 상황이 많아졌다. '자리는 어디쯤 앉았으면 좋겠다. 짝꿍은 이런 성향의 아이였으면 좋겠다. 알림장 검사는 꼭 부탁드린다. 그림으로 된 자료나 사진을 제시해주면 이해를 잘할 것이다.' 당시에는 내가 교실 문을 열고 들어가면 왠지 부담스러워하던 선생님들의 어색한 시선을 느꼈다. 나를 동료 교사로 인정하지 않고 귀찮아하는 것처럼 보였다. 지금 생각해 보면 담임교사로서는 학부모가 한 명 더 있는 느낌이 아니었을까 싶다. 부탁과 조언 사이에서 내가 담임교사에게 하는 말들이 자신의 부족한 부분을 지적하고 있다고 느낄 수도 있다는 생각은 교직 경력 10년이 지난 후에나 들었다.

통합학급 아이들에게도 마찬가지였다. 내가 통합학급 학생을 분류하는 기준은 한 가지였다. 우리반 아이에게 친절하고 잘 도와주는 학생 아니면 괴롭히거나 무시하는 학생. 통합학급 학생들도 자라는 과정에 있는 똑같은 어린이라는 생각도 교직경력 10년이 지난 후에야 했던 것 같다. 괴롭히는 아이들도 아픔이 있는 아이일 수 있다는 생각, 선생님의 관심이 필요한 학생은 우리반 학생 외에도 많이 있다는 생각, 통합교육을 진정으로 잘 하려면 통합학급 아이들의 교육목표도 염두에 두어야 한다는 생각을 그때는 미처 하지 못했다. 우리반 아이들이 관계에 미숙하고 실수를 하듯이 통합학급 학생들도 미숙하고 실수할 수 있다는 생각, 교사는 학생들의 실수를 실패로 보지 말고 배움의 기회로 만들어 주어야 한다는 생각을 그때는 하지 못했다.

몇 년간 고민을 이어간 끝에 나의 목표와 관점을 정리할 수 있었다. 의외로 간단한 결론이었다. 우리반 아이들과 함께 한 사람들이 불편했다기보다는 함께 한 시간이 좋은 추억으로 남았으면 좋겠다는 것이다. 통합학급 담임교사도, 통합학급 친구들도, 통합학급 학부모님들도, 사회복무요원도, 대학생 봉사자도, 관리자들도, 마찬가지로 우리반 아이들도 초등학교에서 친구들과 보낸 시간이 힘들지 않고 즐거웠으면 좋겠다는 바람을 갖게 되었다. 우리반 아이들의 부모님도 자녀로 인해 힘겨울 때도 있겠지만 그래도 자녀로 인해 웃을 수 있었으면 좋겠다는 생각을 하게 되었다.

통합교육의 경험이 긍정적인 기억으로 남았으면 좋겠다고 생각을 정리하고 나니 일반학교에 특수교사로 배치된 나의 역할에 대해 좀 더 진지하게 고민하게 되었다. 우리반 아이들에게만 머물러 있던 나의 고민과 관심이 통합학급을 운영하는 동료 교사와 통합학급 아이들, 학교 문화로까지 넓어졌다.

학교 교사들에게 특수교사가 '학교에 상주하는 장애학생의 학부모'같은 존재가 아니라 동료가 되려면 어떻게 해야 할지 고민하게 되었다. 우선 부탁만 하는 처지에서 벗어나야 했다. 무언가를 더 해야 한다고 통합학급 교사에게 이야기하기보다는 통합학급 교사의 어려움을 나누어 져야 하는 게 아닐까라는 생각이 들었다. 장애학생과 비장애 학생이 잘 어울리지 못하고 갈등하는 상황이 반복되면 이렇게 해보라고 조언하는 대신에, 시간을 들여 아이들의 관계를 개선할 수 있는 실질적인 방법을 함께 찾으며 문제를 풀려 했다. 통합학급 수업에 들어가 보면 우리반 아이들 외에도 정서나 학습에 특별한 관심이 필요한 아이들이 눈에 띈다. 그 아이들에 대한 통합학급 선생님의 고민도 함께 나누고자 했다. 통합학급 담임교사와 함께 고민을 나누면서 장애이해 수업이 자연스레 일회성을 넘어, 장기적인 친구관계 개선을 위한 활동이나 개개인의 다양성을 이해하고 존중하는 수업으로 폭이 넓어졌다. 상대적으로 특수교사는 정서나 학업에 힘들어하는 학생들을 주로 만나고 공부하고 관심도 있기에 서로 의견을 나누다 보면 의외로 좋은 열쇠를 찾게 되기도 한다. 동료란 일방적으로 부탁을 하는 사이가 아니라 서로 의지하고 도움을 주면서 만들어지는 관계임을 그제야 깨닫게 되었다.

통합학급 아이들도 우리반 아이의 친구라는 관점이 아니라 한 명 한 명 개성 넘치게 자라나는 학생으로 바라보게 되었다. 우리반 아이를 기준으로 '잘 해주는 아이, 괴롭히는 아이, 관심 없는 아이'에서 축구를 좋아하는 장난기 많은 아이, 다른 친구와 공감을 잘하고 성격이 밝은 아이, 반항아처럼 보이지만 알고 보면 마음이 여린 아이, 자기감정에 솔직한 아이, 다른 사람에게 인정받고 싶어 하는 아이처럼 하나하나의 모습으로 나에게 다가왔다.

우리반 아이의 친구로 대할 때와 개별적인 특성이 있는 한 명 한 명의 아이로 대할 때 아이들은 달랐다. 신기하게도 나를 대하는 통합학급 아이들의 태도가 변했다. 우리반 아이의 친구로 대할 때는 나를 우리반 아이의 이모나 아이를 보조하는 사람으로 여기던 아이들이 이제는 나를 학교 선생님으로 생각하는 것이 느껴졌다. 먼저 와서 반갑게 인사하고, 가끔은 속상한 일도 털어 놓고, 지나가다 만나면 물어보지도 않았는데 우리반 아이의 교실에서의 모습을 들려주기도 했다. 돌이켜 보니 우리반 아이의 친구로 아이들을 대할 때는 주로 부탁을 하거나 꾸짖는 경우가 많았고, 그런 모습이 나를 우리반 아이의 이모쯤으로 여기게 했던 것이 아닌가 싶다. 내가 아이들을 보는 관점이 변하자, 아이들도 나를 보는 관점과 대하는 태도가 바뀌는 중요한 변화가 나타났다.

전에는 통합학급 수업을 계획할 때도 우리반 학생의 흥미와 교육적인 요구에 초점을 맞추었지만, 이제는 우리반 아이의 교육적 요구에 더해 통합학급 학생들의 교육적 요구도 함께 충분히 고려하여 수업을 계획한다. 당연한 이야기이지만 우리반 아이에 대해 초점을 맞춰 이야기할 때보다 자신들의 이야기를 하며 장애학생에 대해서도 함께 생각해 볼 때 더 수업에 몰입하고 집중한다. 다양성에 대한 접근도 장애에 초점을 맞추던 것에서 벗어났다. 아이들 각자를 다양한 개성을 가진 존재로 인정해 줄 때, 장애인권에서 확장하여 보편적인 인권을 이야기하며 아이들의 인권을 존중해주고 이해해줄 때 공감도 높아졌다. 경사로 등의 편의시설을 장애인 편의시설이 아니라 유니버설 디자인으로 접근할 때, 장애학생의 문제행동에 초점을 맞추지 않고 누구나 갈등의 상황에 직면하여 갈등을 풀어가는 방법들을 스스로 생각해 보도록 할 때, 학생들은 더 수업에 진지하게 참여했다. 서로를 다양한 존재로 바라보고 존중하는 분위기가 조성되자 자연스레 우리반 아이의 다양성도 인정되고 수용되었다.

특수학급 교사의 정체성은 무엇인가? 통합교육은 무엇인가? 형식적인 통합교육이 아니라 서로의 마음을 나누는 통합교육이 되려면 어떻게 해야 하는가? 통합교육이 장애학생뿐만 아니라 모두를 위한 통합교육이 되려면 어떻게 해야 할까?

통합교육을 장애가 있는 학생에 초점을 맞춰 보다가 주변을 둘러싼 모두의 처지와 관점에서 보게 되면서 나는 특수교사이기 전에 교사라는 분명한 정체성을 찾게 되었다. 나의 시야는 장애학생에서 모든 학생으로 넓어졌다. 동료 선생님들과 우리반 학생뿐 아니라 모든 학생에 대해 이야기하게 되었으며, 우리반 아이들뿐 아니라 모든 아이들과 이야기 나눌 수 있게 되었다.

나는 통합교육의 성공은 금방 눈에 보이지 않는다고 생각한다. 작지만 긍정적인 경험이 오랜 시간 동안 차곡차곡 쌓여서 아이들이 성인이 되었을 때야 비로소 드러난다고 믿는다. 우리반 학생과 한 교실에서 공부한 학생이 성인이 되고, 부모가 되었을 때 자녀가 장애학생의 짝이 된다면 아이에게 이렇게 편안하게 이야기 해주는 어른으로 자랐으면 좋겠다.

"엄마도 초등학교 다닐 때 너처럼 도움이 필요한 친구와 짝이 된 적이 있었거든, 처음에는 낯설고 어색했어. 하지만 1년 동안 교실에서 함께 지내다 보니 재미있는 일들도 많았어. 우리 딸에게도 그런 기회가 오길 바래."

우리반 학생들을 만난 사회복무요원, 대학생 자원봉사자들이 나중에 사회로 진출했을 때 집 주변에 특수학교가 생긴다고 하면 그냥 지켜봐 주는 사람이 되었으면 좋겠다. 적극적으로 지지해주면 더욱 좋겠지만 말이다. 우리반 아이를 맡았던 담임선생님들이 다른 학교에 가고 다른 통합학급을 맡게 되더라도 처음 통합학급 담임교사가 될 때보다는 편안한 마음으로 통합학급을 맡았으면 하는 바람이 있다.

우리반 아이와 함께 했던 시간을 떠올리며 힘들어하기보다는 좋았던 추억, 재미있던 경험을 더 많이 떠올릴 수 있었으면 좋겠다. 비장애 아이들의 부모님도 장애인과 약자를 바라보는 자녀의 생각과 태도에 흐뭇하게 미소 짓는다면 그것으로 나는 충분히 행복할 것이다.

우리가 장애인의 인권에 관해 이야기하고 차별금지에 관해 이야기한 지 짧게 잡아도 20년은 족히 흘렀다. 통합교육이 본격적으로 교육 현장에 뿌리내린 지도 20여 년이 흘렀다. 20년 전에 통합교육을 경험한 학생들이 지금은 30대가 되었을 것이다. 지금의 30대 이하는 어떻게든 통합교육을 받았거나, 최소한 영향을 받은 세대들일 것이다. 얼마 전 서울에서 특수학교 설립을 지역주민들이 반대하여 크게 사회적 이슈가 되었다. 장애학생의 부모들이 무릎을 꿇으면서까지 주민들을 설득하고 호소한 일이 신문이나 텔레비전 뉴스에 크게 다뤄지는 것을 보면서 그동안 통합교육의 실행과 방향이 장애 관련 종사자만 고립되어 목청 높인 원칙은 아니었는지 반성도 되었다. 지금 우리가 하는 통합교육이 결실을 맺어 20년 후에는 특수학교가 생기는 것이 아무렇지도 않게 받아들여지기를 꿈꾼다.

우리 모두에겐
시간이 필요하다

특수학급에 신규 발령받은 선생님들과 이야기를 나눌 시간이 있었다. 학급을 운영하는 데 있어 어려움을 나누는데, 많은 선생님들이 특수교육실무사와의 관계가 생각보다 쉽지 않다고 했다. 자신보다 실무사선생님이 아이들에 대해 더 많은 정보를 갖고 있고 아이의 행동 특성도 더 잘 파악하고 있는 것 같아 위축된다고 했다. 어떤 선생님은 실무사선생님이 자신을 가르치려고 하는 것 같아서 언짢다고도 했다.

특수교사에게 실무사선생님과의 관계는 중요하지만 그만큼 어렵기도 하다. 비단 신규교사뿐 아니라 경력 있는 교사도 마찬가지다. 특히 학교를 새로 옮기면 염려되고 긴장하게 되는 지점이기도 하다. 공립학교 교사는 5년 정도의 주기로 학교를 옮기는 데 반해 대부분의 실무사는 특별한 사유가 없는 한 같은 학교에 계속 근무한다. 그러다

보니 신규교사나 전근 온 특수교사보다 실무사가 아이들에 대한 정보도 더 많고 부모님과의 친밀감도 높을 수밖에 없다. 거기에 더해 아이들까지 실무사선생님을 더 따르는 것 같으면 특수교사로서는 위축될 수밖에 없다.

하지만 가만히 생각해보면 교사보다 아이들을 오랫동안 만난 실무사가 아이들에 대해 많은 정보를 가진 것은 당연한 일이다. 특수교육실무사가 교사보다 재능이 있거나 더 전문적이어서가 아니라 아이들과 오랜 시간을 보냈으니 아이에 대해 더 잘 아는 것은 당연하다. 처음 발령 받은 교감선생님들도 교무실무사나 행정실무사보다 실질적인 행정 처리는 미숙한 경우가 많다. 초임 교감선생님들이 실무사들에게 세세한 것들에 대해 물어보는 모습을 흔히 볼 수 있다. 교무실무사가 실질적인 일처리의 세부적인 사항을 잘 알고 있다고 해서 교감선생님의 역할을 대신할 수는 없다. 세세한 정보를 바탕으로 일을 결정하고 진행하고 책임지는 것은 교감선생님의 몫이기 때문이다.

신규교사로 학교에 처음 발령을 받고 한창 정신이 없는데 아이들 이외에 자신이 신경써야 할 관계가 있다는 것은 힘든 일이다. 게다가 특수교육실무사는 신규교사보다 나이가 많고 그 학교에 오랫동안 있었던 경우가 대부분이다. 이런 문제는 조급하게 마음을 먹을수록 더 힘들고 어려워진다. 그냥 있는 그대로를 받아들이는 편이 낫다. 그리고 천천히 하나씩 해결해 나가면 된다. 시간이 필요하다. 아이들을 알아갈 시간, 관계에 익숙해질 시간. 경력이 많은 교사에게도 시간이 필요한 것은 마찬가지이다.

　새로운 학교에 발령을 받으면 아이들이 낯선 게 당연하다. 아이들의 행동 특성이나 성향을 파악하려면 적지 않은 시간이 필요하다. 특수교육실무사가 가진 정보들을 빨리 받아들여야 아이들을 빨리 파악한다. 학교의 전체 분위기도 빨리 파악할 수 있다. 이를 통해 학급 운영의 틀을 만들고 전체적인 그림을 그리고 계획하고 실행하는 것은 특수교사의 몫이다. 조급한 마음으로 서두를 필요가 없다. 오히려 자신이 아직은 학교가 낯설고 아이들을 알아가는 중이니 많이 도와달라고 하는 것이 자연스럽다.

　반대로 아이들을 기피하거나 힘들어하는 특수교육실무사도 있다. 실무사가 어떤 아이는 힘들어서 못 맡겠다고 한다거나, 아이에게 너무 나무라듯이 말하거나 통합학급에서의 이야기를 여기저기 이야기하고 다녀서 곤란을 겪기도 한다. 실무사가 힘을 보태도 해야 할 일이 많은데, 오히려 에너지가 분산되니 참으로 난감하다. 그렇다고 뾰족한 답이 있는 것도 아니다. 그래도 장애아를 돌보려고 특수교육실무사라는 일을 선택한 그 진심을 믿어야 건설적인 해법을 찾아갈 수 있다.

　나도 비슷한 경험을 한 적이 있다. 당시 우리 학교는 정식 보조원(그 당시는 보조원이라고 불렀음)을 배치 받지 못하고 시간제 보조원을 배치 받았다. 자식도 어느 정도 키우고 열정이 넘치던 보조원 선생님은 다행히 우리 학교에서 가장 큰 소리로 자주 우는 선재(가명)를 아들 같다며 예뻐하셨다. 즐겁게 학교생활에 적응하는 것처럼 보였던 보조원 선생님의 얼굴에 그늘이 보이기 시작했다. 그렇게 며칠이 지났을까?

"선생님, 저 태민(가명)이 수업에 못 들어가겠어요."

내 눈에는 품성도 선하고 너무 예쁘고 사랑스러운 아이라 의외였다. 가정에서 돌봄이 부족하여 몸에서 안 좋은 냄새도 나고 잘 씻지 않아 항상 손등이 빨갛게 트는 아이라 선생님도 안쓰럽게 생각하며 핸드크림도 발라주고 살갑게 챙겨주던 아이인데 갑자기 그렇게 말씀하는 이유를 알 수 없었다. 이유를 들어보니 얼마 전에 태민이 머리에 이가 있다고 말씀드렸는데 그 후부터 태민이가 꺼려진다고 하셨다. 그러면서 죄송하지만 보조원을 그만두겠다고 하셨다. 갑자기 머릿속이 복잡해졌다. '이건 뭐지? 이런 이유로 수업보조를 못 들어가겠다는 게 말이 되나?' 이런저런 생각이 스치고 지나갔다. 힘들게 겨우 뽑은 보조원을 다시 뽑을 생각을 하니 막막하기도 하고 그렇게 아이들을 예뻐하던 분이 그깟 머릿니로 그렇게 말씀하시는 것이 이해하기 어려웠다. 하루 더 생각해 보자고 말씀드리고 고민에 들어갔다. 어떻게 할까? 그동안 근무를 태만히 한 것도 아니고, 처음으로 시작한 시간제 보조원 일이지만 아이들에게 마음을 주려고 한 보조원 선생님의 모습이 떠올랐다. 아침마다 웃는 얼굴로 즐겁게 출근하시던 모습도 생각났다.

태민이 수업은 내가 들어가고 대신 내가 들어가던 선재 수업을 보조원 선생님이 들어가는 것으로 결정을 내렸다. 선생님은 머뭇거리

셨지만 우선 그렇게 해 보기로 했다. 오랜 고민 끝에 나는 새로 보조원 일을 시작한 선생님께 시간을 드리고 싶었다. 장애 아이를 지원하는 일과 익숙해질 수 있는 시간, 아이들과 친해질 수 있는 시간, 자신의 선입견을 조금씩 깰 수 있는 시간을 드리고 싶었다. 나도 아이들을 만나면서 아이들을 알아가고 나의 부족한 부분을 깨닫는 데는 시간이 필요했듯이 선생님도 시간이 필요한 건 아닐까 하는 생각이 들었다. 다행히 선생님은 한 달쯤 지나고 다시 태민이와 가까워지셨다. 같이 점심도 먹고 예전처럼 손에 핸드크림도 발라주고, 태민이가 늦게 집에 가는 날이면 동화책도 읽어 주셨다. 우리는 그렇게 얼마 남지 않은 2학기를 보냈다. 선생님은 다음 학기에 그만두셨다. 그만두면서 그 때 일을 생각하면 자신이 부끄럽다고 하셨다. 아이들과 마무리를 할 수 있는 기회를 주어 감사하다고도 하셨다. 태민이에게도 미안했다고 하셨다. 그때 내 결정이 정답은 아니다. 내 결정이 틀렸다고 말하는 특수교사들도 있을 수 있다.

나는 사회복무요원이 새로 오거나 우리 아이들을 낯설어 할 때, 그때를 생각하곤 한다. 어쩌면 시간이 필요한 것이 아닐까? 서로 익숙해지고 서로를 알아가고 자신의 일상 속으로 아이들이 편안하게 들어올 시간이 필요한 것은 아닐까? 하는 생각을 하면서 조금은 여유를 갖고 지켜본다. 운이 좋았던 건지 모르겠지만 아직까지는 그러면 대부분은 아이들과 서서히 익숙해진다. 어떤 사람은 한 달이 걸리고, 어떤 사람은 6개월이 걸리기도 한다. 아이들과 익숙해지고 정을 나누다 제대를 할 때쯤이면 대게는 아쉬워한다. 제대 후에도 가끔 아이들을 보러 학교에 찾아오기도 한다. 아이의 수학여행에 동행을 부탁하면 흔쾌히 시간을 내서 함께 해주기도 한다.

나도 가끔 아이들 수업보조를 들어간다. 시간표를 짜다 보면 서너 명에게 동시에 통합학급 수업보조가 필요할 때가 있다. 실험도구를 다루는 과학, 활동 수업이 많은 영어, 어디로 튈지 몰라 조심스러운 체육, 혼자서 만들고 그리는 것이 어려운 학생의 미술시간이 겹치면 나도 수업보조를 들어가게 된다. 수업에 들어가 보면 통합학급 수업을 보조하는 일이 생각보다 쉽지 않음을 실감한다. 가끔은 수업보조보다 준비 과정이 필요하더라도 차라리 담임교사와 함께 하는 협력수업이 더 수월하다고 느껴질 정도다. 협력수업에서 담임교사와 나는 교사로서 동등한 역할을 한다. 하지만 통합학급 수업보조는 수업을 진행하는 교사의 수업 흐름을 방해하지 않으면서 장애학생이 수업에 잘 참여할 수 있도록 도와야 한다. 목소리를 크게 내어서도 안 된다. 내가 혹시나 다른 아이들의 시야를 가리지는 않는지 계속 주변을 보며 조심하게 된다. 보조하는 아이가 크게 소리라도 지르거나 울면 당황스럽기 그지없다. 물론 특수교사들은 아이를 가까이에서 자주 보기 때문에 사전에 그런 행동이 나올 것 같으면 얼른 주의를 다른 곳으로 돌리거나 예방조치를 하기도 하지만 그렇다고 매번 아이의 행동을 막을 수는 없다. 다른 곤란한 경우는 특수교사가 보조하고 있는데도 수업 참여를 거부하는 상황이다. 입이 찢어져라 소리까지 내며 하품을 하고, 아무것도 하지 않고 엎드려 있으려고 하면 나는 순식간에 무능한 교사가 되고 만다. 그래서 나는 통합학급 수업보조를 들어가는 날에는 아침부터 우리반 아이에게 오늘은 선생님이 영어 시간에 들어갈 예정이고, 같이 공부하는 것이 너무 기대 되고, 재미있게 수업에 참여하면 너무 행복하고 자랑스러울 것 같다며 다소 과장된 표정과 말투로 호들갑을 떨며 기대감을 표현한다. 때로는 수업시간에 열심히 참여하면 선물을 주겠다며 부끄럽지만 선물 공세를 퍼붓기도 한다. 그만큼 통합학급 수업에 들어가는 일은 긴장된다.

이렇게 진땀나는 통합학급 수업보조이지만 도움이 되는 면도 있다. 우선 통합학급 분위기를 잘 알 수 있다. 통합학급 분위기를 잘 알면 여러모로 도움이 된다. 담임선생님과 반 분위기를 잘 알아야 그 반의 특성에 맞게 우리반 아이를 지원할 수 있기 때문이다. 조용히 수업이 진행되는 반은 그것에 맞게, 모둠 활동을 많이 하는 반은 그것에 맞게 지원을 해야 수업에 참여하기 수월하다.

특수교육 전문가로 교육받고 훈련받으며 다양한 경험을 축적한 특수교사에게도 통합학급 수업보조는 이렇게 신경 쓰이고 긴장되는 일이다. 그런데 특수교육실무사와 사회복무요원의 처지에서는 어떨까? 특수교사보다 더 어려울 것이다. 수업보조를 들어가 보면 특수교육실무사나 사회복무요원이 수업보조의 어려움을 이야기할 때, 보다 구체적인 해결방안을 제시할 수 있다. 구체적으로 의견을 나누다보면 실무사와 사회복무요원에게 실질적 도움을 줄 수 있다. 아이를 중심에 두고 팀의 의사소통이 활발해지기도 한다. 덤으로 실무사선생님이나 사회복무요원의 고충을 진심으로 이해할 수 있게 되는 장점도 있다. 상대방이 겪는 어려움을 몸으로 느끼고 기꺼이 공감할 수 있다면 사람을 움직이고 신뢰를 쌓아가는 것이 그렇게 어려운 일만은 아니다.

이제는 조금 편안하고 넉넉한 마음으로 실무사선생님들을 만나면 어떨까? 전근 간 학교 실무사선생님이 나보다 아이들에 대해 더 많이 알고 있다면 마음의 여유를 갖고 편안하게 물어보자. 아이들과 특수학급 일에 경험이 많고 능숙하면 나에게도 우리 아이들에게도 꼭 필요한 사람이 아닌가?

아이들의 통합학급에서의 상황이 궁금하다면 적응 기간에 통합학급 수업에 참여해 보자. 기회가 되면 일주일에 한 번이나 한 과목 정도는 통합학급 수업에 아이와 함께해 보자. 아이와 통합학급 친구들에 대해서도 더 잘 알게 되고 실무사선생님이나 사회복무요원에게 수업시간 참여에 대한 구체적인 조언도 할 수 있을 것이다. 반대로 실무사선생님이나 사회복무요원이 힘들어하는 학생이 있다면 함께 고민을 나누고 가끔은 자신의 수업도 보여드리며, 어떻게 중재를 하면 좋을지 아이디어를 제공해 보자. 함께 어려움을 해결하려고 노력하는 모습은 서로의 신뢰를 쌓는데 도움이 된다.

점점 특수교사가 협력해야 할 사람들이 많아진다. 통합학급 선생님과 아이들, 학부모, 관리자, 우리반 아이들, 특수교육실무사, 사회복무요원, 자원봉사자, 방과후 활동 강사, 장애학생 모니터 인력(학교의 사정으로 충분히 통합학급 수업을 지원할 수 없을 때 부모님이 개인적으로 자녀의 통합학급수업지원을 위해 학교에 파견하는 인력), 활동보조인 등 다양하다. 어떨 때는 동사무소 사회복지 담당 직원과도 협력해야 한다. 다른 사람과 함께 뜻을 맞추고 일하는 것은 어려운 일이다. 특히 서로의 입장이 다를 때는 더 어렵다.

나도 협력해야 하는 사람이 많아지는 것이 힘겹게 느껴질 때가 있다. 아마 발령받은 지 얼마 되지 않은 젊은 교사라면 더 어렵게 느껴질 것이다. 하지만 앞으로 협력해야 할 사람들은 점점 더 늘어날 것이다. 우리 아이들에 대해 알아가고, 익숙해지고 가르치는 일 만큼이나 협력하는 사람으로서 특수교사의 역할도 강조될 것이다. 앞으로 전공책 대신 『대화의 기술』이나 『인간은 어떻게 서로에게 공감하는가?』와 같은 책을 읽어야 할지도 모르겠다.

특수교사가 한 명이나 두 명 뿐인 일반학교에서 특수교사 혼자서 할 수 있는 일은 많지 않다. 통합교육을 잘 하기 위해서는 협력할 수 있는 팀을 잘 만드는 것이 중요하다. 특수교사는 특수교육팀을 이끌어 가는 리더이다. 특수교사는 자신감을 갖고 팀의 리더로서 협력하는 사람들의 어려움을 공감하고 이해하려고 노력해야 한다. 통합교육의 성과를 함께 나누고 우리와 협력하는 사람들이 스스로 일의 보람과 가치를 찾아갈 때 공동의 목표를 가진 진정한 한 팀으로서 힘을 발휘할 수 있지 않을까?

통합교육은
좋은 경험의 합이다

꼬박 3시간을 걸었다. 도무지 속상하고 분이 풀리지 않았다. 분을 이길 다른 도리가 없어 그렇게 무작정 걸었다. 마음이 답답했다. 나도 모르게 눈물이 나왔다. 눈물을 멈추려고 해도 멈춰지지 않았다. 3시간을 걸었는데 피곤하기는커녕 점점 정신이 또렷해졌다. 오후에 있었던 통합학급 선생님과의 대화가 내 마음을 무겁게 짓눌렀다.

"경민(가명)이는 열 번을 튕겨 줘도 한 번을 튀어 오르지 못하는 공 같은 아이예요. 경민이 때문에 반 아이들이 얼마나 피해를 보는 줄 알아요? 그런 애가 특수학교에 다녀야지 왜 일반 학교에 다녀서 아이들에게 피해를 주고 그래요?"

경민이는 우리반 아이 중에서도 가장 예쁜 아이였다. 품성도 착하고 싹싹했다. 게다가 잘 웃는 아이였다. 남에게 싫은 소리 한번 할 줄 모르고 선생님 말씀은 무조건 지켜야 하는 줄 아는 아이다. 그런 경민이가 반 친구들에게 무슨 피해를 준다는 걸까? 나는 너무 화가 난 나머지 나보다 족히 20년은 더 학교에서 근무했을 법한 선생님께 큰 소리를 내었다.

"선생님 그렇게 말씀하시면 안 되죠."

"이 선생이 아직 신규교사라 잘 몰라서 그러는 것 같은데, 나 정도 경력이 되면 한 번만 튕겨줘도 열 번을 튀어 오르는 아이인지 열 번을 튕겨줘도 한 번도 못 튕겨 오르는 아이인지 알 수 있어요."

"그런 게 경력이라면 제가 신규교사인 것이 다행이라고 생각합니다."

"그렇게 안 봤는데 젊은 사람이 버릇이 없네."

평소에 별로 흥분하지 않고 감정을 잘 드러내지 않는 편인데 그날은 나도 모르게 언성이 높아졌다. 그리고 그 선생님께 경민이 어머님에게 특수학교로 전학 가라고 말하면 법을 위반하는 거라고 으름장을 놓고 교실을 나왔다. 심장이 벌렁벌렁 뛰었다. 너무 분하고, 속상하고, 화가 났다. 그렇게 무작정 걷다보니 해가 졌다.

20년 가까이 지난 신규교사 시절 이야기이지만 다시 떠올리는 것만으로도 속상하다. 지금이라면 그렇게 이야기했을까? 그때는 그래야 한다고 생각했다. 나는 장애학생의 권리 옹호가 특수학급 교사의 가장 큰 책무라고 생각했다. 지금도 그 생각의 줄기는 변함이 없다. 그러나 지금의 내게 통합학급 교사가 똑같이 말한다면 그때처럼 속상하고 화가 나겠지만 다르게 행동할 것이다. 내가 그렇게 주장한다고 통합교육의 결과가 나아지는 것은 아니기 때문이다.

그날 이후로 그 선생님은 나에게 경민이에 대한 어떠한 불만도 이야기하지 않았다. 경민이 어머니께도 특수학교로 전학 가라는 말씀도 하지 않았다. 그렇다고 경민이가 그 반에서 잘 지낸 것도 아니었다. 경민이는 선생님의 따뜻한 눈길 한 번 받지 못하고 일 년을 보냈다. 담임선생님이 경민이에게 냉랭하니 아이들의 눈길이 따뜻할 리 만무했다. 경민이는 내가 자기 대신 싸워줘서 고마웠을까? 경민이는 법으로 보장된 통합교육을 받은 것일까?

특수교사가 된 후 그때 처음으로 통합교육이 참 어렵다는 생각을 했다. 통합교육은 권리이고 철학이라고 한다. 전공 책에서 우리는 그렇게 배웠다. 이론적으로는 장애학생도 집에서 가까운 학교에 다니는 것이 당연한 권리이고, 누구도 교육받을 권리를 침해해서는 안 된다. 그러나 당위성으로 통합교육을 주장한다면 겉으로는 문제가 없는 것처럼 보일지 몰라도 근본적인 변화에는 한계가 있다. 통합교육은 한편으로는 사람들의 생각을 변화시키고 행동을 변화시켜야 가능한 교육이다. 당위로 사람들이 설득되고, 좋은 말이면 사람들이 금방 동의하고 변할 것이라는 믿음은 현실과 거리가 멀다. 세상 물정 모르는 소리이거나 인간에 대해 잘 모르는 철부지 같은 소리일지 모른다.

모든 사람이 통합교육을 권리이자 정당하고 마땅하다는 신념을 갖고 있지는 않다. 모두 알다시피 우리가 살아가는 실세계에서 사람들의 철학은 쉽게 바뀌지 않는다. 철학이 아니라 작은 신념이나 사고방식, 생각의 패턴 하나를 바꾸는 것도 어렵고 어렵다. 다른 사람이 아니라 당장 내 몸무게 몇 킬로그램 줄이는 것도 얼마나 많은 식사조절과 운동 등 노력이 필요한지 생각해보면 금방 알 수 있다. 하물며 누군가가 가진 생각이나 행동을 바꾸도록 하는 일은 녹록치 않다. 교육자나 학부모들이 오랜 세월에 걸쳐 쌓아온 사고의 패턴이나 신념체계, 철학을 바꾸는 것은 말 한두 마디로 금방 해결될 문제가 아니다. 사람의 생각은 살아가면서 자신이 직접 경험하고, 책이나 다른 사람을 통해 배워가면서 조금씩 형성된다. 가치관이나 사고방식이 이미 형성되어 있는 상태에서는 변화시킬 수 있는 경험이 필요하고, 새로 익히고 배워서 마음이 움직여야 겨우 조금 변화되는 것이다.

누군가는 통합교육은 프로그램이 아니며, 한 번의 경험이 아니라고 한다. 맞는 말이다. 하지만 그렇다고 해서 통합교육을 위한 프로그램이 필요 없다거나 한 번의 경험이 필요 없는 것은 아니다. 마음을 조금씩 움직일 수 있는 경험들이 쌓여야 생각이 바뀌고 태도가 바뀌기 때문이다. 아이들에게 장애가 있는 친구를 차별하면 안 된다는 것을 가르쳐 주는 것만큼이나 장애가 있는 친구와 좋은 추억을 쌓을 기회를 제공하는 것이 중요하다. 그래야 장애가 있는 친구와 한 반을 하는 것을 특별하게 생각하거나 불편하게 생각하지 않고 자연스럽게 받아들이게 된다. 물론 내가 불편하다고 해서 남의 권리를 침해해서는 안 된다는 것을 아는 것은 매우 중요하다. 하지만 여기에 그쳐서는 안 된다. 아이들은 머리로 아는 것보다 실제로 자신이 경험하면서 습득해야 오래가기 때문이다.

뭔가 변화하려면 변화를 시작할 자극이 필요하다. 긍정적인 경험들과 그 경험에서 얻는 즐거움, 생각들이 차곡차곡 쌓여야 변화가 시작된다. 아이들의 변화가 내면화되면 자연스레 말과 행동으로 드러나고 우리는 눈과 귀로 변화를 알아볼 수 있다. 임계점을 넘을 때까지 꾸준히 쌓아가려면 많은 시간과 노력, 다양한 프로그램과 경험이 필요하다. 그 과정에서 교사와 어른들은 아이들이 편견을 갖지 않고 자신의 언어로 이해할 수 있도록 도와주어야 한다.

처음에는 이런 생각을 하지 못했다. 내게는 너무나도 당연한 장애 학생들의 교육받을 권리가 통합학급 교사, 비장애 학생의 학부모, 학교 관리자 들을 설득하고 부탁해서 해결해야 하는지 이해하기 어려웠다. 특수교사는 항상 다른 사람들에게 부탁하고 머리 숙여야 하는 것인지 억울한 생각도 들고 자괴감을 느끼기도 했다. 열 번을 심사숙고하여 부탁해도 늘 좋은 소리만 돌아오는 것은 아니었다.

"수련회에 가서 혹시 사고라도 나면 어떡해요? 비장애 학생 중에도 몸이 약한 학생들은 수련회에 불참하기도 하는데 꼭 수련회에 참여해야 하나요?"

"제가 같이 따라가면 어떨까요?"

"그럼 학교에 있는 특수반 아이들은 누가 돌보죠?"

"그러면 수련회에 함께 갈 자원봉사자를 구해 보도록 하겠습니다."

"낯선 사람을 잘 따를까요? 부모님이 따라가시면 어때요?"

"부모님이 따라가는 것은 좋은 방법이 아닌 것 같습니다."

이쯤 되면 오만가지 생각이 다 든다. 비장애 학생들은 당연히 가는 수련회인데 왜 장애학생들은 이렇게 허락을 구하고 가야 하는 걸까? 왜 장애학생의 부모는 학교의 일상적인 교육활동에 아무렇지 않게 동행을 권유받는가? 사고는 언제나 일어날 수 있는 거 아닌가? 사고를 예방하도록 노력하는 것이 필요하지 사고가 날까 봐 시도조차 하지 않는다면 우리는 무엇을 할 수 있는 것인가?

하지만 내가 이렇게 툴툴댄들 아무것도 달라지는 것은 없다. 우리 반 아이가 수련회에 무사히 다녀오고, 즐겁게 참여해야 변화의 여지가 생긴다. 아이가 잘 참여하고 온 경험은 아이에게는 자신감과 즐거움, 친구들과 함께한 추억 하나를 남기게 될 것이다. 통합반 친구들에게는 장애가 있는 친구도 학교행사를 당연히 함께 하는 것이라는 생각을 하게 할 것이다. 그리고 그 경험은 아이들에게 장애가 있더라도 조금만 지원을 해주면 충분히 함께할 수 있다는 중요한 판단 근거로 쌓일 것이다. 통합학급 선생님은 장애가 있는 학생과 함께 수련회에 참여하는 것에 대한 걱정을 앞으로 덜 하게 될 것이며, 특수교사인 나도 우리반 아이가 잘 다녀와야 다음에도 이런 상황이 닥쳤을 때 보다 자신감 있게 상황을 낙관하며 주변 사람들을 설득할 수 있다. 구체적인 성공 경험부터가 시작이다.

이런 상황이 닥쳤을 때 정신을 바짝 차리지 않으면 마음에 상처를 받거나 분노하게 된다. 목적을 분명히 하고 원만하게 우리반 학생을 수련회에 보내야만 한다. 우선 관리자나 담임선생님께는 학생과 부모가 원한다면 학교에서는 당연히 참여 방안을 마련해야 한다고 법에 명시되어 있다고 말씀드리는 것이 필요하다. 아이의 교육을 보장하는 것이 학교와 교사의 일이라는 것을 분명히 하는 것이 아이의 참여를 전제로 다양한 대안을 만들어가도록 이끈다. 동시에 우려하는 부분을 하나씩 제거해 나가야 한다. 장애학생이 혼자 가는 것을 걱정한다면 특수교사나 다른 사람이 따라갈 수 있는 방안을 마련해야 한다. 낯선 사람과 잘 지낼 수 있을지 걱정한다면 사전에 낯을 익히는 방법을 마련할 수 있다. 수련회 전에 미리 와서 아이를 만나고 서로 인사할 시간을 갖는다거나 아이에게 미리 사진을 보여주면서 설명할 수도 있다. 요즘은 동영상도 가능하니 양해를 구하고 동영상으로라도 서로 인사를 나눌 수도 있다. 꼭 특수교사가 가야 안심이 되는 상황이라면 다른 학생들의 통합학급 담임선생님께 양해를 구하는 것도 필요하다. 쉽지는 않다. 하지만 하나하나 해결하다 보면 뿌듯한 마음도 들고 보람도 있다. 한 번의 구체적인 성공사례가 만들어지면 다음부터는 관리자부터 일반교사까지 모두 아이의 참여를 당연하게 생각하고 어떻게 방안을 만들 것인지부터 출발하게 된다. 통합교육의 출발선이 앞당겨지는 것이다.

몇 년 전부터 초등학교 3~4학년이 '생존 수영' 수업을 의무적으로 받게 되었다. 지적장애 학생들이나 발달장애 학생들의 수영 수업에는 사회복무요원이나 실무사선생님, 또는 내가 참여하기도 했다. 그런데 뇌성마비가 있어 휠체어를 타고 다니는 3학년 남학생의 수영 수업에 제동이 걸렸다. 아이의 수영 수업에 사회복무요원과 남자 자원봉사대학생이 함께 참여하는 것을 전제로 계획서를 내었더니 수영장 측에서 규정상 안전 문제로 수영 강사나 인명구조요원 전문자격증을 소지한 강사가 함께 참여해야만 수영 수업이 가능하다고 했다. 나에게 직접 이야기를 하지는 않았지만 아이의 참여에 부정적인 이야기도 들렸다. 비장애 아이들도 천식이나 아토피를 이유로 수영 수업에 참여하지 않는 경우가 있는데 다리에 힘이 없어서 뒤에서 기대다시피 잡아줘도 겨우 몇 발자국 걷는 아이가 수영 수업에 꼭 참여해야 하냐는 것이다. 하지만 내 생각은 단호했다. 초등교육은 의무교육이다. 할 수 있는 데까지는 해 봐야 한다. 다른 아이들에게 생존 수영이 필요하듯이 우리반 아이도 생존 수영이 필요하다. 어쩌면 더 절실하다. 아직 시도해 보지 않았을 뿐 아이가 할 수 있을지 없을지는 아무도 알 수 없다. 과연 인명구조 자격증이 있는 사람을 구할 수 있을까 걱정이었는데 여기저기 수소문 끝에 장애학생들에게 수영을 가르쳐 본 경험이 있는 분을 구할 수 있었다. 다행이었다.

수영 수업 첫날, 수영 수업에 동행했던 사회복무요원이 용민(가명)이가 즐겁게 참여하고 있다는 소식과 함께 사진 몇 장을 보내왔다. 환하게 웃고 있는 모습이 기분 좋아 보였다. 네 번째 수영 수업쯤 되었을까? 학교로 돌아온 사회복무요원이 잔뜩 흥분한 표정으로 동영상을 보여줬다. 땅에서는 혼자서 자기 다리를 움직이지도 못하는 용민이가 킥판을 배에 두르고 배영 자세로 물 위에 떠서 어설픈 발차기지만 두 발을 모았다가 밀면서 앞으로 나아가고 있었다. 내 눈으로 보면서도 믿기 어려웠다. 가슴이 벅차올랐다. 특수학급 식구들이 모두 모여 신기해하며 동영상을 몇 번이고 돌려보았다.

이 멋진 영상을 특수학급 식구들만 보기에는 너무 아까웠다. 그래서 용민이와 어머니에게 동의를 얻어 교직원 대상 장애이해 수업에 상영하기로 했다. 통합교육의 힘에 대해 간단히 이야기하고 동영상을 틀었다. "어머, 어머, 어머… 와!", "아이고 잘 한다.", "쟤가 그 4반에 휠체어 타고 다니는 아이 맞지? 멋지다." 이런 응원의 말들이 곳곳에서 들려왔다. 채 2분이 되지 않는 동영상이 끝났을 때 교장선생님을 비롯한 선생님들 모두가 손뼉을 쳤다. 용민이의 멋진 도전을 그 자리에 앉은 모두가 한마음으로 축하해줬다.

우여곡절이 없었던 것은 아니다. 수영 수업은 비용을 산정해 학교 운영위원회의 심의를 받아야 하는데 동행하는 사람이 여러 번 변경되면서 학년 부장님이 여러 차례 고생하셨다. 강사 문제를 해결하려고 특정 요일로 고정하고 싶었지만 동일과목 수업 결손으로 그것도 마음대로 되지 않았다. 세월호 사건 이후로 안전규정이 강화되고 안전사고에 대한 학교의 책임이 커지면서 교감선생님의 걱정하는 시선도 있었다. 나도 막판까지 강사가 구해지지 않아서 애를 많이 태웠다. 하지만 어렵고 힘들다고 중간에 멈추지 않고 마지막까지 한 발짝 한 발짝 가다 보니 뜻하지 않게 좋은 결과가 있었다.

다음 날 용민이에게 선생님들이 네가 수영하는 모습을 보고 '용민이 짱 멋지다.'고 했다고 전했더니 수줍은 듯이 웃음을 짓는다. 쑥스럽지만 싫지 않은 모습이다. 용민이는 그때 그 인연으로 지금도 수영을 하고 있다. 이제는 학교 안의 누구도 손에도 힘이 없고 다리에 힘이 없어서 휠체어를 타는 용민이가 수영 수업에 참여하는 것이 가능할까를 의심하지 않는다. 아마 용민이의 동영상을 함께 본 선생님들은 앞으로 다른 학교에서 용민이 같은 뇌성마비 학생을 만나 수영 수업에 함께 참여해야 한다면 그 영상을 떠올리며 마음으로라도 응원해 주지 않을까? 선생님들도 그 동영상을 보면서 통합교육에 대해 긍정적인 방향으로 한 단계 올라선 중요한 계기가 되지 않았을까 싶다. 더 이상 장애학생이라고 할 수 없다거나 배제하는 것이 아니라, 참여를 보장하려고 함께 머리를 맞대고 노력하는 계기가 되었기를 기대해 본다.

통합반 아이들의 반응도 좋았다. 수영 수업을 시작하기 전에 "용민이도 수영할 수 있어요?", "용민이도 수영 같이 가요?"라고 묻던 친구들을 복도에서 마주쳤다. "선생님, 용민이가 수영을 하더라고요.", "다리도 막 움직여요." 하며 나에게 자랑이라도 하듯이 이야기한다. 이 아이들은 용민이를 통해 자연스럽게 하나를 배웠다. 장애가 있는 친구도 지원을 해주면 우리가 하는 모든 활동에 즐겁게 참여할 수 있다.

나도 많이 배웠다. 때로는 맘이 상해도, 불합리해서 화도 나고 중간에 멈추고 싶어도, 포기하지 않고 묵묵히 일을 만들어가다 보면 솟아날 구멍이 생긴다는 것. 그리고 통합교육의 성공적이고 즐거운 경험 하나 하나가 쌓여서 사람들의 마음을 조금씩 움직일 수 있다는 것. 우리반 아이들의 도전을 나만 응원하는 것이 아니라 선생님들과 친구들 모두 응원할 마음의 준비가 충분히 되어 있다는 것을 말이다.

통합교육은 권리이자 이념이고 철학이다. 그러나 통합교육은 선언이나 교과서 안의 텍스트가 아니다. 사람들은 말로는 마땅하다고 말하거나 맞는 말이라고 이야기하지만 현실로 닥치면 벽이 얼마나 높은지 실감할 수 있다. 특수학교를 설립할 때마다 주변 주민들이 들고 일어나는 것만 봐도 알 수 있다. 현실은 그렇다. 종종 우리는 주장과 설득으로 통합교육이 될 것이라 꿈꾸지만 현실은 말처럼 그리 간단하지 않다. 통합교육은 우리가 학교에서 매일 부대끼며 실현해야 하는 구체적인 현실이다. 현실이 혁명처럼 한 순간에 바뀔 수는 없다. 아직도 장애학생의 부모님, 장애관련 교수님이나 전문가를 자처하는 사람들의 눈에는 학교 현장의 통합교육이 기대에 한참 못 미칠 것이다.

하지만 전국 곳곳에는 통합교육의 즐거운 경험을 하나하나 만들어가고자 노력하는 많은 선생님들이 있다. 그런 경험을 만들어간 선생님들의 노력 덕분에 학교 현장은 만족스럽지는 않더라도 20여 년 전과 달라졌다.

내가 느낀 통합교육은 지식을 전수하는 교육이 아니다. 삶의 기술을 가르치는 것이고, 아이를 둘러싼 모든 사람들의 생각과 태도를 바꿔가는 교육이다. 생각과 태도를 바꾸는 일은 산을 옮기는 것처럼 어렵다. 날마다 뜨는 한 삽을 보면서 무기력함을 느끼기도 하지만 계속하다 보면 옆에서 같이 삽을 들어주는 사람들이 생긴다. 어느 순간에는 계단이 만들어져 있는 것을 보게 되기도 한다. 선생님들이 날마다 옮기는 한 삽이 조만간 산을 쌓고, 산에 오르는 계단을 만들 것이라 믿는다. 이런 노력이 통합교육을 한 계단 한 계단 정상으로 나아가게 하는 발판이 되지 않을까 기대해본다.

시행착오라도
기꺼이 함께

부경희

초등학교 특수학급에서 10여 년 근무했고 특수교육지원센터에서 학부모 상담과 진
단평가를 담당한 지 7년이 되었습니다. 특수교육을 전공했고 아이들을 가르치면서
우리 아이들의 심리 정서에 관심을 가져 심리학 박사학위를 취득하였습니다. 특수교
육 대상자 학부모 집단상담 및 개인상담을 꾸준히 진행하고 있으며 우리 아이들과
오랫동안 함께, 즐겁게 걸어가고 싶은 바람을 가지고 있습니다.

폭력적인 진단 과정

특수교육지원센터에 근무하다 보니 여러 가지 어려움을 겪고 있는 부모님들을 만나게 된다. 아이를 잘 키울 수 있는 좋은 방법을 찾고자 학부모 집단상담에 참석했다고 짧게 자기소개를 했던 5세 민수의 어머니도 그중 한 분이다. 선이 굵고 시원시원한 인상이었지만 어딘지 많이 긴장하고 불안해 보였다. 결혼하면서 남편과 함께 식당을 운영했지만 작년에 아이가 장애 진단을 받은 이후 식당은 남편에게 맡기고 아이 치료에만 전념하고 있다고 하셨다. 병원에서 장애 진단을 받고 1년이 넘는 시간 동안 치료에 모든 걸 쏟아부으면서도 아이가 과연 일반 아이 수준으로 나아질까 매일 생각한다고 하셨다. 그런데, 왠지 모르게 어머니 말에서 깊은 분노와 화가 느껴졌다. 화가 많이 나신 느낌이 드는데, 최근에 크게 분노를 느꼈던 일이 있었냐고 묻자 어머니는 순간 멈칫 하시더니 처음으로 병원에서 장애 진단을 받는 과정을 떠올리셨다. 분노의 대상은 다름 아닌 1년 전 대학병원에서 아이의 진단평가를 담당했던 의사였다. 의사는 심드렁한 말투로 아이의 미래를 결론내버렸다고 한다. "아이가 자폐네요. 아마 평생 말을 못할 거예요."

병원에서 검사결과를 듣는 심정은 아무리 가벼운 질병이여도 불안하기 마련이다. 하물며 수많은 고민과 주저함 속에 대면했던 의사의 그 한마디는 부모에게는 그야말로 청천벽력으로 느껴졌을 것이다. 심지어 발달에 지연이 있고 그것이 '장애'라는 단어까지 연결이 된다면 그야말로 숨이 헉하고 멎는 심정일 것이다.

1년 전의 기억을 떠올리면서 어머니는 흥분한 목소리로 내년까지 죽어라고 치료를 해서 반드시 그 의사를 찾아가겠다고 하셨다. 그 의사 앞에서 보란 듯이 말을 하는 아들의 모습을 보여주겠다고 울분을 토하셨다. '의사 당신이 틀렸다고, 당신이 얼마나 나에게 잔인한 잘못을 저질렀는지 보여주겠다'고 말하는 어미의 그 절절한 마음이 전해져왔다. 말하던 어머니도, 듣고 있던 다른 어머니들도 한동안 무거운 침묵 속에서 아픔을 나눌 수밖에 없었다.

센터에서 많은 부모님을 만나봤지만 그 어느 부모님도 진단평가 과정에서 따뜻한 위로와 격려를 들었다고 하신 분은 거의 없다. 짧은 진료 시간으로 유명한 우리나라에서 조금은 추측 가능한 부분이지만 그런 폭력적인 경험에 대해 생생한 이야기를 듣고 보니 쉽게 상담을 이어나가기가 어려웠다. 시간이 좀 지나고 다른 어머님들의 피투성이 같은 경험도 이어졌다. '왜 이렇게 늦게 왔느냐?', '그동안 무엇을 했느냐?', '부모가 아이를 세심하게 살피지 못했다' 등등.

더 심각한 문제는 처음 진단을 하는 의사와의 장면은 본격적인 고통의 시작에 불과하다는 데 있다. '아이가 왜 그러냐?', '엄마가 좀 지도를 해야 하지 않겠냐?', '병원에는 가봤느냐?', '아이가 좀 이상하다', '집에 다른 가족들도 그러는 건 아니냐?' 등등. 평범하지 않은 아이의 행동과 말투에 대한 주변의 다양한 반응으로 인한 상처들은 끝이 없는 어두운 터널처럼 어머니들을 짓누르고 있는 현재 진행형이다.

학교 교육활동과 관련된 이런저런 민원들을 상담하다보면 종종 장애 학부모님들이 피해의식이 많다는 이야기를 듣게 된다. 피해의식을 갖고 있어서 조심스럽고, 어렵고 소통이 힘들다는 이야기가 들린다. 그런데 진단과정에서부터 이런 폭력적인 경험들을 무수히 겪고도, 일상생활에서 많은 어려움을 겪고도 피해의식이 없기를 바란다는 것이 과연 공정한가? 아니 가능한 일일까?

20년이 넘는 시간동안 많은 장애 아이의 부모님들을 만나면서 점점 내 자신을 되돌아보게 된다. 예전에는 '어떻게 하면 부모님들의 생각을 바꿀 수 있을까?' '어떻게 하면 부모님들의 시선을 균형 있게 변화시킬 수 있을까?' 하는 생각에 몰두했다면 요즘은 그러한 자세 자체가 '내 욕심'이었다는 생각을 하게 된다. 스스로가 상처투성이가 되어 있는 것도 모른 채 아이만을 바라보고 전력 질주를 하는 부모님들

에게 우리는 너무 쉽게 그 고통에서 의연해지고 균형감각을 찾으라
고 주문하는 것은 아닐까?

그 상처들은 머리로 정리되고 이성적으로 처리되는 것이 아니다.
아마도 충분히 많은 시간과 충분히 많은 따뜻함과 지원을 경험할 때
아물고 딱지가 생기면서 비로소 새로 세포와 살이 생기고 유연한 근
육과 굳은살이 만들어지는 것이 아닐까? 그렇다면 우리는 최선을 다
해 충분히 많은 시간과 충분히 많은 따뜻함과 지원을 건네는 데 충실
하면 그것으로써 족하다. 왜냐하면, 누구보다 학부모 자신이 균형 있
는 부모가 되기를 간절히 바라는 사람일 것이기 때문이다.

부모 '상담'이
시작이다

특수교육지원센터에 근무하기 시작한 첫해부터 학부모 집단상담을 계속 운영하고 있다. 집단상담은 다른 사람들의 이야기 속에서 자연스럽게 자신을 비춰보며 깊게 이해해보는 과정으로 매우 효과적인 상담 방법의 하나로 손꼽힌다. 나만 힘들다는 사회적 고립감에서 벗어나 마음을 열고 친밀한 관계를 경험하는 것 자체가 매우 큰 치유 경험이 된다. 그리고 서로 도움을 주고받는 경험을 통해 집단상담을 마친 뒤에도 함께 의지하는 지지그룹이 되기도 하여 지금까지 꾸준히 사랑받는 프로그램으로 운영되고 있다.

집단상담을 하다보면 여러 가지 어려움을 겪고 있는 부모님들을 만나게 된다. 그 중에는 우리 아이의 문제뿐만 아니라 형제자매, 부부 간의 문제, 학교에서 경험하는 어려움도 있다. 우리 아이들의 학부모들은 힘든 진단 과정을 거치면서 아이가 어려움을 겪는 부분을 치료하거나 교육하는데 정신없이 몰두하게 된다. 그 사이 친구, 이웃, 배우자를 비롯하여 다른 가족들과의 관계까지 소원해질 정도로 모든 것을 미루고 그야말로 온통 아이만을 위해 '전력 질주'를 하는 것 같다. 바쁘게 달리느라 놓치게 되는 것들을 함께 찾아보고 속도와 방향을 적절하게 함께 유지해보는 것이 어쩌면 집단상담의 목표와 내용일지도 모르겠다.

작년에 집단상담에서 만났던 현지(가명)의 어머님이 생각난다. 자신의 인생에서 아이의 장애는 상상도 못 했던 일이기에 자신의 인생 자체가 실패처럼 느껴진다고 했다. 그래서 모든 관계를 접은 채 병설 유치원 특수학급에 다니는 아이에게만 집중하고 있다고 말씀하셨다. 최근에 어려웠던 점이 무엇인지 여쭤봤더니 아침에 경험한 일이라며 들려주셨다. 같은 유치원의 학부모들이 자기에게는 같이 가자고 권하지 않고 그들끼리만 차를 마시러 가는 것 같았다며 눈물을 흘리셨다. 같은 유치원 엄마들이지만 비장애 아이의 엄마들 앞에서 스스로 작아지는 여린 모습과 어머니의 아픔이 고스란히 전해졌다. 날개가 비에 흠뻑 젖어 어쩔 줄 몰라 이리저리 서성거리는 조그마한 새의 모습이 겹쳐졌다. 어머니의 자그마한 체구가 그날따라 더 작게 느껴졌다. 비슷한 경험이 있다는 다른 어머니의 이야기와 함께 하나하나 찬찬히 함께 살펴보니, 그 어머니를 일부러 빼려고 했다고 보기는 어려웠다. 문제는 스스로 작아지는 그 마음이었다.

집단상담을 하면 할수록 진단에서부터 일상생활에서의 소소한 어려움까지 하루에도 몇 번씩 온몸으로 겪어내야 하는 우리 부모님들의 아픈 심정을 헤아릴 수조차 없다. 매일 아침, 정해진 시간에 아이를 준비시켜 학교를 보내는 일만 해도 보통 일이 아니다. 손님처럼 어렵고 조심스러운 마음으로 학교 정문을 통과하게 되고, 마주치는 또래들이 건네는 한마디 한마디에 마음이 철렁하기 쉽다. 불안한 마음에 학교 근처를 맴돌게 되고, 혹시나 하는 마음에 핸드폰을 손에서 놓지 못한다. 수업이 끝나면 선생님들의 표정을 살피게 되고 선생님이 건네는 짧은 말 하나에도 마음이 획획 휩쓸린다. 아이와 잠깐 외출할 때에도 자신도 모르게 마주치는 사람들의 눈치를 살피게 되고 혹시나 모를 아이의 돌발행동 때문에 낯선 식당, 낯선 환경은 엄두를 내기도 어렵다. 어쩌면 하루하루가 스트레스이고 막막한 도전으로 느껴질 수 있을 듯하다.

하지만 학부모들이 이러한 어려움을 토로하고 도움을 받을 수 있는 곳은 그리 많지 않다. 특수교육이나 치료와 관련된 정보들은 특수교육지원센터도 있고, 복지관도 있고, 인터넷이나 책을 통해서도 얻을 수 있지만 부모님들이 겪게 되는 정서적인 어려움을 함께 나누고 위로받고 충전할 수 있는 곳은 거의 없다고 해도 틀린 말이 아니다.

서로 다른 개성을 중시하는 서양과는 달리 우리 사회는 동일성을 선호하며 타인의 시선을 의식하는 관계 중심 문화다. 때문에 개성 있는 우리 아이를 키워내는 것은 매우 어려운 일이다. 그래서 부모님들께 제일 먼저 권해드리고 싶은 것이 엄마 또는 아빠의 심리 상담이다. 왜냐하면, 우리 세대는 자라면서 장애에 대해 적절한 교육을 받거나 경험을 해본 적이 거의 없어서 혼자 그 무게를 감당하는 것은 절대적으로 어려운 일이기 때문이다. 그로인해 불안하고 우울해지기 쉽다. 고립된 느낌으로 너무 많은 시행착오를 경험한다. 그런 상태에서 아이들의 치료에 매진하다보면 균형이 깨지기 쉬워서 아이들의 기능 향상에만 초점을 맞추기 쉽고 그만큼 아이들의 정서부분은 놓치기 쉽다.

물론 아직까지도 우리 사회는 상담 문화가 보편적이지 않다. 자신의 마음을 살펴서 자신을 있는 그대로 수용하고 존중하고, 마음을 다독거리면서 풀어가기보다는 이렇게 저렇게 해야 한다는 당위로 자신을 재촉하고 달려가게 한다. 그러나 우리 아이들의 어려움은 단기간에 극복해야 할 문제가 아니라 장기적이고 마음으로 수용해야 하는 문제다. 이런 바탕이 없으면 그런 당위성은 출구가 없는 무거운 압력이 되어 불필요한 죄책감만 만들어 낼 뿐이다.

불안이나 공포는 실체를 정확히 알기 어려운 뿌연 안개 속에 있을 때 더 거대해 보이고 무서워 보이는 법이다. 전문가의 도움을 받아서 너무 두렵고 낯선 '장애'라는 것에 압도되지 않고 조금은 거리를 두고 전체를 바라보는 것이 필요하다. 건강한 방향으로 생각해보는 경험만으로도 우리 아이를 위한 최고로 튼튼한 기초공사가 될 수 있다. 실제로 부모 상담은 초기 1년 아니 6개월만 해도 큰 골격을 잡게 되기 때문에 효과도 매우 좋은 편이다. 다행히 장애 학부모 단체나 기관, 지역 복지관, 특수교육지원센터에서도 부모 상담 프로그램이 확대되고 있으니 선생님들께서 구체적인 정보를 건네주시는 것도 큰 도움이 될 수 있을 것이다.

장애라는 무게에 압도되어 깨지기 쉬운 마음의 균형을 찾고, 일상에서 겪게 되는 많은 스트레스와 어려움에 대해 조금 더 지혜롭고 담대해지는 것, 마음에 햇살과 바람이 들고나갈 여유를 키워나가는 것, 그것이 우리 어른들이 상담을 통해 얻어야 할 것이라고 생각된다. 행복하려면 행복한 사람 옆에 있는 것이 제일 좋은 방법 중에 하나라고 이야기하는 것처럼 어른들이 안정되고 여유로운 모습을 갖게 된다면 우리 아이들은 자연스럽게 안정되고 여유를 닮아갈 것이다.

오늘은 운이 좋게도 참으로 존경스러운 두 분의 부모님을 만났다. 한 분은 6세 자폐아동을 키우면서 자폐 성인 모임까지 다녀보신 분으로 어머니가 여유와 큰 시야를 갖고 계셨다. 성인들의 모임을 몇 번 참여해보니 무엇을 중점적으로 교육해야할지 알겠다고 하셨다. 어머님은 아이의 진단 초기에 상담의 도움을 받았다고 하시면서 웃으셨다. 걱정과 불안의 눈빛이 아니라 아이를 있는 그대로 인정하는 따뜻한 엄마의 미소를 보면서 아이가 얼마나 행복할까 하는 마음이 들었다.

또 다른 분은 아버님이었다. 샐러리맨인데 소속된 회사에서 아마도 처음으로 육아휴직을 낸 아빠라고 소개하시는데 무척 경쾌한 느낌이었다. 보통의 집들과 마찬가지로 자녀 양육 방법에 대해 초반에는 아이 엄마와 많이 부딪치기도 했지만 조금씩 맞춰지는 듯하다고 말씀하셨다. 그래서 현재는 교육 플랜은 엄마가 짜고 실행은 아빠가 하게 되었고, 올해부터는 수많은 치료 스케줄을 과감히 줄이고 매주 수요일은 아들과 산에 다니면서 온전히 시간을 보낸다고 하셨다. 덕분에 자폐 아이의 스킨십이 많이 좋아졌다고 웃으시는 아버님은 아이에게 장난을 거는 것이 몸에 배어 있었다. 헤어질 때 인사하는 것 하나에도 아빠는 아이와 닮은꼴로 밝고 가벼운 웃음이 있었다. 좋은 선생님, 좋은 부모님이라 함은 따뜻한 미소와 아이들에게 장난을 걸 수 있는 마음의 여유를 준비해두는 사람이 아닐까? 나도 내 마음을 가만히 들여다본다.

결정적 시기를 대하는
우리의 자세

"우리 아이 몫으로만 매월 치료비가 100만 원이 넘게 드는데 정말 부담이 돼요"

"아이와 치료실을 돌다 보면 저녁마다 아이도 나도 힘들어서 꼼짝도 하기 힘들어요"

"다른 형제들이나 남편한테도 신경을 쓰고 싶지만 그럴 여력이 없어요"

"진단평가 결과에서 놀이치료, 언어치료, 심리운동치료, 인지치료, 감각통합치료가 필요하다고 해서 치료를 하고는 있는데 정말 이 많은 걸 다 해야 하는 걸까요?"

학부모 집단상담에서 많은 어머니들이 우리 아이들과 보내는 일상을 이야기하다가 자주 하는 말씀들이다. 그야말로 너무 많은 치료 스케줄과 아이에 대한 과도한 집중, 만만찮은 비용 등으로 일반적인 가정의 저녁 일상을 누릴 틈이 없다. 엄마와 아이가 너무 피곤하다는 이야기로 들린다. '가정'이 없고 '치료'가 너무 커져 있는 인상이다. '가족의 한 구성원으로서의 아이'가 아니라 '도움이 필요한 아이'로만 너무 커져 버린 모습이다. 아마도 초등학교 들어가기 전까지, 우리 부모님들은 그렇게 치료 교육의 정점을 찍을 것이다.

우리는 해결해야 할 중요한 문제가 생기면 비상시기라 생각해 문제에 집중하고 다른 것들을 최소화 하는 경우가 있다. 예를 들면 가족 중 누군가 아파서 병원에 입원을 하게 되면 모든 가족이 입원한 사람에게 집중해 일정기간 수고를 기꺼이 나누게 된다. 단기간 집중력 있게 해결해야 하고 그럴 수 있는 문제인 경우에는 당연히 이러한 방법이 효과적이다.

그러나 안타깝게도 우리 아이들이 갖고 있는 어려움은 '대단히 장기적'일 확률이 높다. 상담 장면에서 가끔씩 어머님들에게 장애아동이 성장하면서 장애라는 이름을 벗어날 만큼 좋아지는 경우가 얼마나 되냐는 질문을 받게 된다. 나는 그리 쉽지 않다거나 매우 드문 일이라는 말을 담담하게 건네며 '대단히 장기적'이라는 점을 강조하고 있다. 그러니 '우리 아이가 과연 일반 아이가 될 수 있을까?'라는 의문을 넘어 대단히 장기적이라는 특성을 고려해서 아이와 우리 가족의 일상을 어떻게 만들고 있는가를 생각해봐야 한다고 말씀드리고 있다.

장기적인 문제라면 제일 먼저 무엇을 해야 할까? 무엇을 염두에 두어야 할까? 일단 제일 중요한 것은 한번 멈춰서 차분히 전체를 보는 시간이 아닐까 싶다. 급하고 당황스럽고 불안할수록 우리에게 필요한 것은 잠깐 멈춰서 무엇을 가장 중요하게 놓아야 할지, 어떻게 한정된 시간과 돈과 체력을 배분해서 장기간 유지해나갈 수 있을지를 충분히 고려하는 것이다.

"부부간에는 어떤 면을 더 신경 써야 할까?"

"우리 가정에서 적절한 치료비는 어느 정도 수준일까?"

"엄마, 아빠인 내가 준비해야 할 부분은 무엇일까?"

"우리 가족들이 무엇을 중심에 두어야할까?"

"우리 아이는 일반적으로 어떤 성장 과정을 거치게 될까?"

"다른 형제들에게는 어떤 어려움이 생길 수 있을까?" 등의 질문을 던지고 함께 고민해봐야 한다.

"선생님도 아시잖아요. 유아기까지가 치료의 결정적 시기라 엄마들은 그렇게 다닐 수밖에 없어요"

실제로 많은 치료실과 병원에서는 '치료의 결정적 시기'라 하며 조기 치료를 최우선으로 강조한다. 놀이치료, 언어치료, 인지치료, 감각통합치료, 운동치료 등 해야 할 치료는 수도 없이 많다. 그런 분야에 대해 모르는 부모는 그 분야의 전문가가 30분이라도 1시간만이라도 지도해주는 것이 우리 아이에게 도움이 되리라 생각하면서 무리를 하실 수밖에 없다.

그러나 그런 여러 가지 권고는 각각의 전문가가 자신의 영역을 중요하다고 생각해서 하는 말이라는 생각이 든다. 전문가 선생님들 모두 각자의 분야를 제일 중요하다고 생각할 수밖에 없다. 그래서 치료 권고는 설득력이 있게 느껴지기 마련이고 그렇게 치료 영역이 하나 둘 늘어나게 된다. 아마 일반 아이들 부모님이 학원에 가면 갑자기 엄습해오는 불안감과 비슷할 것이다. 영어는 말문이 트일 때 시작해야 발음이 좋고, 미래는 독서력이 중요한 시대이므로 독서토론 프로그램에 참여하는 것이 좋고, 수학이 어려워질 때부터 수학학원에 다니면 흥미가 떨어지기 쉬우니 수학이 쉽게 느껴지는 초등 저학년부터 수학학원을 다니는 것이 좋고, 21세기는 과학의 시대이므로 어려서부터 흥미를 갖도록 실험 위주의 과학 공부를 하는 것이 좋고, 악기는 하나 정도, 운동도 하나는 해야 한다는 이야기들 처럼.

부모는 각 분야의 치료 전문가와 무엇이 달라야 할까? 그것은 바로 '우리 아이에 맞는 균형감각'이 아닐까 싶다. 언어발달이 늦은 아이, 자폐성향이 있는 아이, 인지 능력이 부족한 아이, 사회성이 떨어지는 아이로만 볼 것이 아니라 아이 나이에 맞는 정서와 인지와 가족 관계속에서의 경험, 일상의 경험, 필요한 휴식시간 등 우리는 아이의 전체를 바라보는 시각 안에서 치료를 배치해야 한다.

세상의 모든 양육서는 장애가 있는 없든, 영유아 아이들의 인지, 정서, 운동을 포함한 발달에 초기 환경의 중요성을 강조한다. 그중에서도 아동 발달의 가장 결정적 요인으로 '따뜻한 가정'을 꼽는다. 따뜻한 가정이란 것이 매우 추상적인 느낌으로 다가올 수 있고, 또 사람마다 정의하는 내용이 다를 수도 있다. 그렇지만 나는 감히 가족들이 함께 모이는 '조금은 여유로운 저녁 시간'을 따뜻한 가정과 경험으로 꼽고 싶다.

특별한 음식이 아니어도 가족이 편안한 분위기에서 함께 저녁을 먹고, 하루의 일들을 이야기하고, 함께 살을 맞대고 TV를 보며, 휴식이 되고 충전이 되는 시간이 저녁시간이 아닐까. 샐러리맨 아빠의 늦은 퇴근으로 여유로운 저녁시간이 비현실적으로 느껴지는 사회이기는 하지만 핵심은 가족 구성원 각자가 완전히 방전이 되지 않은 채 가족들과 함께 하는 시간을 경험할 수 있는 정도, 그래서 다른 형제도 눈에 보이고, 다른 가족도 눈에 보이는 그런 저녁 시간이 되어야 하지 않을까 하는 마음이다.

아동 발달의 결정적 요인과 치료의 결정적 시기를 상반된 개념으로 보려는 것은 아니다. 우리 아이들이 가진 어려움들이 1년 이내의 단기 경주로 해결할 수 없기에 가정의 화목한 저녁시간을 확보하는 수준에서 '치료의 결정적 시기'를 배치하는 것이 지혜로운 부모가 아닐까 하는 이야기를 하고 싶다. 즉, 치료의 결정적 시기라는 단어에 휘둘려 가장 결정적인 '평범한 저녁 일상'이 사라지는 불균형은 피했으면 하는 바람이다.

얼마 전에 장애학생의 취업과 관련해서 현장탐방 프로그램을 운영한 적이 있다. 고등학교 어머님이 대부분이었고 초등학교 저학년 어머님 몇몇이 참석하셨다. 함께 점심을 먹으면서 다른 학교급에 비해 중학교 어머님들의 참석률이 낮은 이유에 대해 여쭤봤다. 고등학교 어머니들의 경험에 비추어볼 때 초등학교까지 너무 힘들게 애를 써서 중학교 때는 그냥 많은 것들을 놓고 좀 쉬게 되는 것 같다고 하셨다. 그렇게 몇 년간을 쉬다가 고등학교 졸업을 앞두고 비로소 다시 아이의 적절한 진로에 대한 관심이 생긴다고 했다. 지금 생각해보니 지나간 중학교 시절이 좀 아쉽다는 말씀도 하셨다. 유치원 2년, 초등학교 6년을 어떻게 지내셨을지 알기에 중학교 때 쉴 수밖에 없었다는 말씀에 고개가 절로 끄덕여진다. 전력 질주 치고는 최고 장기간이라 볼 수 있을 정도로 우리 어머님들의 노력과 열정은 정말 대단하지만 아쉬움이 드는 건 어쩔 수가 없다.

이제 좀 더 지혜로운 선생님, 지혜로운 어머님들이 되셨으면 하는 바람이다. 우리는 모두 '도란도란, 여유롭게 함께 즐거운 식사를 하는 가족의 모습', '함께 손잡고 동네를 한 바퀴 도는 모습' 같은 평범하지만 귀하고 소박한 일상의 즐거움을 충분히 누릴 권리가 있지 않을까? '평범한 저녁 일상'을 지켜낼 수 있을 정도로 하루의 에너지와 일상을 계획해보았으면 한다.

이 글을 읽는 부모님들은 아이가 하루 동안, 일주일 동안 무엇을 하며 지내는지 적어보기를 권한다. 배우러 다니는 것은 어떤 것들이 있고, 아이가 자유롭게 보낼 수 있는 시간은 얼마나 되는지, 보통 그 시간에는 무엇을 하는지, 가족이 다 함께 모이는 시간은 어느 정도 인지, 다른 자녀가 있다면 장애가 있는 자녀와 그렇지 않은 자녀에 게 내가 쓰는 시간은 얼마나 되는지, 자신만의 시간이 있는지 한번 적어보는 것이 필요하다. 쭉 적고 나면 우리 가족에게 더 필요한 것 이 무엇인지, 자신에게 더 필요한 것이 무엇인지 좀 더 잘 살펴볼 수 있을 것이다.

선생님들이라면 마찬가지로 우리 교실이 따뜻한 교실인가를 돌아 보셨으면 좋겠다. 혹시 업무에 치여, 아이들에게 가르쳐야할 내용에 너무 무게를 두어서 빨리빨리 무엇인가를 해내야 하는 분위기라면 교실 활동의 과감한 다이어트를 권하고 싶다. 여유가 있어야 아이가 보이고, 아이가 보여야 아이의 마음에 머무를 수 있으며, 선생님이 가 지고 있는 따뜻함을 전할 수 있다고 생각하기 때문이다. 그 무엇보다 우리 아이들과 부모님들께 필요한 것은 선생님의 따뜻한 마음, 따뜻 한 진심일 것이다.

자존감이
핵심 키워드

최근에 연필만 꺼내면 우는 7살 아이를 만났다. 낮은 인지 능력 때문에 어머님이 초등학교 입학을 앞두고 6살부터 집중 지도를 한 결과 연필만 보면 운다고 한다. 그래서 막상 초등학교 입학을 앞둔 시점에는 연필을 꺼낼 수조차 없는 상황이었다. 수학책만 꺼내면 우는 3학년 여자아이도 있다. 많은 치료로 인해 말문을 닫은 아이도 있었고, 고학년이 되면서 폭력적인 행동이 급격하게 많아진 아이도 만났다.

센터에서 근무하면서 아이들을 데리고 인지, 언어, 감각통합, 놀이 등 하루의 대부분을 치료실에 매달리고 있는 어머님들을 자주 보게 된다. 유치원 혹은 학교를 마치고 치료실에 온통 에너지를 쏟는지라 몸도 마음도 힘든 부모님들. 그런 모습을 볼 때마다 특수교사로 발령을 받고 근무했던 첫 학교에서의 내 모습이 겹쳐진다.

반복해서 가르치고 또 가르치면 되겠지 하는 마음에 특수교사였던 나는 이른바 '인지치료'를 참으로 열심히 했다. 20여 년 전이다. 경제적으로 어려운 동네이기도 해서 개별적으로 치료실을 다니지 못하는 아이들도 있었고, 지능이 경계선인 아이들도 몇몇 있었던지라 퇴근시간까지 남겨서 공부를 가르치기도 했다. 받아쓰기, 사칙연산, 도형 등의 공부는 학습지 같은 흔적이 남기에 왠지 뿌듯했고, 쌓여가는 두께만큼 아이들 실력도 쑥쑥 좋아질 것이라 생각했다. 아니 그렇게 믿고 싶었다는 것이 맞는 표현일 것이다. 아이들의 부족한 학습능력에 무게중심이 실려 있던 시간이었다.

맹렬한 학습과 함께 진행한 현장학습은 하나의 실전이었다. 예를 들면 스스로 화장실을 찾아가기가 목표라면 현장학습을 가기 전에 다양한 화장실 표시를 수집하고 가르쳐서 학교가 아닌 지역사회 공간에서 화장실을 스스로 찾아갈 수 있도록 하려고 했다. 맨 처음 작업은 화장실 표시 익히기였다. '화장실'이라고 쓰인 곳에서부터 Toilet, Bathroom, 단순한 남녀 그림에서 이미지화 되거나 상징으로 표시된 그림 등 30개가 넘는 화장실 표시를 찾았다. 그 많은 종류에 놀라기는 했지만 시간이 걸리더라도 '알면 하겠지', '몰라서 못하는 것이겠지'하는 생각이었다. 지금 생각해보면 참으로 사람에 대한 단편적인 이해 수준이었다.

실제로 현장학습에서 아이들은 스스로 화장실을 찾아가지 못했다. 일단 혼자 찾아가는 것에 대해 불안한 느낌이 드는지 아이들은 움직이지 않으려고 했다. 설상가상 하나의 이미지도 학습시키기가 쉽지 않은 아이들에게 매번 바뀌는 화장실 표시를 모두 학습시킬 수도 없다는 생각이 들었다. 결국 나는 다시 원점으로 돌아가서 고민을 하게 되었다. '수많은 정보를 학습시킨다는 것이 과연 가능한 일일까?', '아이들이 행동으로 이어지지 않는 이유가 과연 몰라서일까?' 표시를 알고 있지만 실제 몸을 일으켜 움직이기까지는 여러 가지 불안, 쑥스러움, 걱정 등 심리 정서적인 장벽이 가로막고 있었다. 실제로 아는 것과 행동으로 옮기는 것은 다른 문제라는 결론을 내리게 되었다.

학교에서도 비슷한 상황은 반복되었다. 우리반에서는 적극적이던 아이들이 통합반에만 가면 아무것도 못 하는 사람이 되어 가만히 있기만 한다는 이야기들을 많이 들어온 터였다. 그리고 꾸준하게 진행했던 학습도 어느 시점부터는 아이들이 흥미를 잃어가는 듯 했다. '왜 가만히 있지?', '왜 할 수 있는 것도 하지 않을까?', '왜 공부에 흥미를 잃어갈까?' 반복된 실패 속에서 조금씩 조금씩 의욕을 잃어가는 아이들을 보면서 그렇게 나는 아이들의 학습이나 인지 능력이 아닌 마음, 특히 '자존감'에 관심을 갖기 시작했다.

자존감은 자신이 사랑받을 만한 가치있는 소중한 존재이고, 어떤 성과를 이루어낼 만한 유능한 사람이라고 믿는 '주관적인 마음'이다. 의사표현을 할 수 있게 하고 부정적인 경험을 비교적 쉽게 극복해가는 회복탄력성의 바탕이 된다. 즉, 우리 아이들이 자신의 발달 속도로 포기하지 않고 꾸준하게 노력하며 걸어갈 수 있도록 하는 가장 바탕이 되는 마음이다. 무엇보다 매력적인 것은 스스로 지각하는 '주관적인 마음'이기 때문에 성취수준이나 어떤 결과보다는 가까운 사람들과의 경험에 의해 형성된다. 내게는 매우 반가우면서도 한편 묵직한 책임감을 느끼게 하는 특징이었다.

최근 한 어머니와의 상담 중에 비슷한 이야기를 나눈 적이 있다. 지적장애가 있는 초등학교 1학년 아들과 아파트 단지 놀이터에서 놀다 집으로 돌아올 때마다 아이와 갈등을 겪게 된다는 것이다. 아이는 다른 아이들이 자신과 잘 놀아주지 않는다고 속상한 마음에 짜증을 내고, 엄마도 속상한 마음에 "네가 양보하고 잘해야 친구들이 놀아주는 거야."라는 말을 하게 된다고 했다. 그런 말을 들으면 아이가 조금이라도 더 노력하지 않을까 하는 생각에 하는 말이지만 당신 마음도 무겁다는 이야기였다.

세상 어느 아이가 친구들과 재미있게 놀고 싶은 마음에 충실하지 않거나 일부러 최선을 다하지 않을까? 생각해보면 우리 아이들은 재미있게 잘 놀아보고 싶은 마음에 나름 최선을 다하지만 아직 욕구조절, 기다림, 상황판단, 표현하기 등에 어려움이 있다. 때문에 마음만큼 썩 좋은 결과가 나오지 않아서 당연히 속상할 수밖에 없다. 속상해 하지 않기를 바라는 것은 그야말로 어른들의 욕심일 것인데 핵심은 그 아이의 속상함과 짜증을 우리가 어떻게 함께 나누는가에 있다. 무심결에 아이의 부족함, 아이의 잘못으로 설명해버리는 우리 어른들의 말에서 아이의 자존감은 바닥으로 떨어지는 것은 아닐까?

"○○야, 친구들이랑 재미있게 놀고 싶은데 잘되지 않아서 속상하지, 우리 아들이 얼마나 멋진데 친구들이 우리 아들의 매력을 아직 몰라서 그러는 것 같아. 앞으로 시간도 많은데 뭐가 걱정이야, 엄마 아빠도 친구들이랑 친해지는 데 시간이 걸렸었어. 이렇게 엄마 아빠도 있고 엄마가 도와줄 테니까 걱정하지 마."

실패와 좌절에 속상해할 때 우리 어른들이 해줄 수 있는 것은 그 속상한 마음을 알아주는 것, 든든한 엄마 아빠가 함께 걸어가 줄 것이고 지금도 매우 멋지다는 것을 구체적으로 전해주는 것이 아닐까? 꾸준하게 노력하면서 나름의 방법을 터득할 수 있도록, 그리고 잘 안 되는 점에 대해서는 누구나 어려운 점은 있다는 것을 알려주고, 자신은 충분하고 정말 소중한 사람이라고 느끼게 해주는 것이다. 그것은 어른들의 한마디 한마디에서 아이들이 경험하고 느끼게 된다.

첫 학교에서 지도했던 지적장애가 있는 제자를 거의 10년 만에 만났다. 아이가 4학년 때 나는 화폐를 가르치느라 돈을 구분하고 물건을 사고 거스름돈 계산하기에 한창 몰두했던 기억이 있다. 무수한 반복 연습과 전단지의 그림과 가격을 사용한 시장놀이도 하고 가게를 꾸며놓기도 하면서 화폐만을 가지고 한 학기 이상 씨름을 했던 기억이 있다. 더하기 빼기까지 함께 하면 거의 1년을 그야말로 '돈'과 함께 했다고 할 수 있다.

10년이 지나 고등학교를 졸업한 제자는 햄버거 가게에서 만나자마자 햄버거를 사주겠다며 나서서 주문을 했다. 어떻게 하나 보고 싶어 무심한척 기다려보는데 정확하지 않은 발음이었지만 그림을 보며 익숙하게 주문을 했고, 계산은 어떻게 하나 봤더니 체크카드로 그야 말로 한방에 해결했다. 순간, 나는 참 많은 반성을 했다.

그렇게 애써 가르쳤던 거스름돈 계산을 직불카드 하나로 해결되는 순간이었다. 그러고 보니 마트에서도 거스름돈을 내가 계산한 적이 있었던가? 하는 생각이 들었다. 미래의 기계문명을 어찌 다 예측할 수 있겠냐마는 성인이 되어 가게에서 물건을 사는 데 제일 필요한 것은 물건을 파는 곳을 찾아가서 당당하게 자기가 원하는 것을 선택하고 표현하는 연습이지 값을 계산해서 돈을 내거나 잔돈을 계산하는 것은 아닐 수 있겠다는 생각이 들었다. 즉, 살아가는 데에는 내 마음을 담아 표현하고 선택할 힘, 선택을 존중받는 경험을 통해 만들어진 아이의 자존감이 제일 중요한 것은 아닐까?

아이의 부족함을 채워주려는 부모와 교사의 마음이 조금만 과도해지면 그 어떤 것보다 아이의 자존감을 꺾게 되는 무서운 일이 될 수 있다는 생각을 해본다. 그래서 우리는 아이에 맞춰 조금 더 섬세하고 조금 더 따뜻한 눈이 필요하다. 무엇보다 지금 그 자체로 너무 귀하고 사랑스러운, 충분한 존재임을 적극적으로 표현해줘야 한다. 물론 시작은 내 자신을 아끼는 것부터일 것이다. 나를 포함한 우리 모두 특히, 애를 쓰면서 최선을 다해 살아가는 우리 아이들 한 명 한 명이 눈물 나게 귀한 존재임을 잊지 않았으면 좋겠다.

나의 평범함을
담백하게 인정하자

"저는 참 나쁜 엄마 같아요. 아이가 일부러 그러는 것이 아닌 걸 알지만 어떨 때는 너무 화가 날 때가 있어요."

"온종일 치료실을 돌고 오면 정말 피곤한데 문을 여는 순간 여기저기 어질러져 있는 집을 보면 정말 화가 나요. 그래서 큰 아이에게 괜스레 큰 소리를 내기도 하고 그러고 나선 후회하고 그래요."

"저는 정말 부족한 엄마예요. 다른 엄마들은 간식도 직접 만들어주고, 아이랑 같이 집에서 요리도 하고, 동화책도 재미있게 읽어주고, 물감 놀이도 한다는데, 저는 딱 먹이고 씻기는 것 하기도 벅차요."

"특수교육이 좋아서 시작했지만 하면 할수록 어려운 것 같아요."

"저는 특수교사가 정말 적성에 안 맞나 봐요. 아이들이 어떨 때는 일부러 나를 골려주려고 그런 행동을 하는 게 아닌가 하는 생각을 하게 돼요."

우리 아이들의 부모님, 많은 특수교사 그리고 나도 예외는 아니다. 내가 기분이 좋은 날은 장난을 치는 아이들이 마냥 귀엽고 이쁘다. 그렇지만 내 기분이 좋지 않은 날에는 아이들의 장난을 과잉 확대하여 감정 섞인 잔소리를 시작한다. 일반 아이들은 눈치를 살피면서 요령껏 피하기도 하건만 정보처리가 그리 빠르지 않은 우리 아이들인 경우에는 그 대가가 고스란히 아이들 몫이 돼버린다. 교사라면, 엄마라면 자기 기분 정도는 극복해야 하는데….

"나는 훌륭한 교사/엄마가 아닌 중간정도인 지극히 평범한 사람이다."

"특수교사/엄마라는 자리는 비교적 스트레스가 많을 수 있는 자리이다."

오랜 시간 많은 시행착오와 고민 끝에 나는 이런 결론에 이르게 되었다. 훌륭한 교사, 적어도 친절한 교사가 되고 싶었기에 내가 평범하다고 인정하는 것은 생각보다 그리 쉽지는 않았다. 그러나 잦은 반성과 노력 속에서도 반복되는 모습을 보며 어느 순간 기꺼이 나의 평범함을 인정하기로 했다. 평범함을 인정한다는 것은 어떤 의미일까? 내게는 개인적인 노력으로 더 참고, 잘해보려고 스스로를 재촉하고 엄격하게 대하는 기존의 방법에서 벗어남을 의미한다. 화가 났음을 지각하되 이를 나의 부족함이나 극복해야할 문제로 보는 것이 아니라 나에게 그런 마음이 있구나 하고 읽어주는 것이다. 그래서 스트레스 해소나 기분 전환 같은 현재의 나의 평범함을 보완할 방법을 찾는 것으로 생각의 틀이 이동함을 의미한다.

평범한 사람이 스트레스를 많이 받는 자리에 있을 수밖에 없다면 무엇을 준비해야 할까? 체력이 별로 좋지 않아서 걱정이라며 아쉬워하는 내 이야기에 답한 선배의 경험에서 힌트를 찾았다. 선배는 늦둥이로 태어나서 어릴 적부터 체력이 좋지 않았단다. 그럼에도 자신의 약한 체력을 인정하지 않고 항상 자신을 게으르고 의지가 없는 사람으로 취급하며 살았다고 한다. 다른 사람들이 특별히 요구하지 않았는데도 자신에게 너무 가혹했던 젊은 시절을 되돌아보니 만족이나 행복과는 거리가 멀었다며 아쉬워했다. 조금 더 빨리 자신을 체력이 약한 사람으로 있는 그대로 인정했다면 오히려 애쓰는 자신을 격려하고 살살 달래가면서 돌보았을 텐데…. 누구보다 스스로 야박하게 굴었기에 돌아보면 자기 자신에게 참 미안하다고 했다. 그 이야기가 내 생각을 바꾸게 했다.

'내가 잘해야지.', '나는 잘해야 하는 사람이야.' 하는 마음이 더 강했을 때는 그 선배처럼 무엇보다 나 자신을 탓하기에 바빴고 반성 모드로 하루를 시작하고 마감을 했었다. 그러나 내가 평범하다는 것을 깊이 인정하고부터는 '그렇지, 내가 그런 면이 있지.', '나에게 그런 면이 있을 수 있지.', '나는 평범하니 변화하는 데는 시간이 걸리는 법이지.' 그렇게 내 자신에게 말을 건넨다. 나에게 좀 여유를 주는 것이다. 나를 혼내지 않고, 내 마음을 그대로 인정해주니 오히려 그 감정은 오래가지 않고 사라지는 것이 느껴졌다. 무엇보다 나 자신이 싫어지지 않는 새롭고 귀한 감정이 생겼다.

그러면서 시작한 것이 스트레스가 누적되지 않게 해소하는 방법을 적극적으로 찾는 것이었다. 몇 년의 노력 끝에 찾은 나의 방법을 소개한다. 교실에서 욱~ 하는 감정이 올라올 때면 1단계로 창문 밖으로 머리를 내밀어 바깥 공기 쐬기(교실을 벗어날 수 없기에 내가 찾을 수 있는 최선의 방법이었다. 더불어 파란 하늘까지 한번 올려다보면 효과 만점!)이다. 이렇게 단 10초만 바깥 공기를 마셔도 신기하게 마음이 전환되는 것을 느낄 수 있다. 그리고 창문까지 걸어가는 단 몇 초 사이에도 이성적인 모드가 작동을 시작해서 아이에게 폭발할 최악의 상황을 막는 대단한 효과를 체감한다.

2단계로는 아이들 하교 후 10분 정도의 시간을 투자해서 학교 운동장을 한두 바퀴 걷는 것이다. 이 방법은 정말 효과가 좋아서 강력 추천하고 싶은 방법이다. 새롭게 기분을 전환하고 싶을 때 주로 사용하게 되는데 걷다보면 한발 떨어져서 나를 보는 또 다른 나를 만나게 된다. 내가 내 자신에게 위로도 하고 격려도 하는 그야말로 둘도 없는 친구가 되어줄 때가 있다. 지금 근무하는 센터에서도 종종 사용하는 방법이다. 학교 운동장을 두 바퀴 정도 돌고 들어오면 나도 모르게 민원을 대하는 태도가 부드러워지는 것을 발견하게 된다.

3단계로는 내가 좋아하는 사람과 좋아하는 커피 한잔, 맥주 한잔을 나누며 수다로 푸는 방법이다. 이것은 함께하는 사람이 있어야 하기에 내가 원하는 타이밍에 가능하지 않을 수도 있다. 그러나 사람 관계에서 받는 힐링은 그야말로 내 편이 필요해서 위로를 받고 싶은 경우 최고의 방법이다.

4단계로는 짧은 여행을 감행하는 것이다. 짧게는 하루, 좀 욕심내면 1박 2일, 긴 여행보다는 짧게 자주 떠날 수 있는 기회를 만들려고 한다. 반복적인 일상에서 벗어나 온전히 나를 위해 시간을 내는 것이 무엇이라 설명하기는 어렵지만 나에게는 큰 전환이 되는 듯한 느낌이다. 그래서 굵직한 일을 접했거나 마무리가 된 시점에는 짧은 여행을 감행하는 편이다.

이런 방법들의 제일 중요한 출발은 다른 사람이 아닌 자기 스스로 자신을 살피는 마음이다. 자신이 스트레스를 받고 있는지, 1, 2단계로 안 되는 3단계 정도의 처방이 필요한 수준인지 아니면 4단계가 필요한 상황인지를 살피는 것은 전적으로 자기 몫이기에 자신을 챙겨봐야 한다. 예로부터 전해지는 자신을 귀하게 대하라는 말씀이 자신의 마음 상태를 먼저 살펴보고 존중하라는 것이 아닐까 생각된다.

자신을 다그치지만 말고 인정하고 적절한 도움과 지원을 받을 수 있도록 살피는 마음이 '안되면 되게 하라'는 식의 교육을 받고 성장한 우리들에게는 그리 익숙한 접근은 아닐 것이다. 그렇지만 자신의 마음을 이렇게 인정하고 살피다보면 자연히 아이들의 마음도 보다 더 세심하게 살피게 된다. 그래서 아이들과 더더욱 편안한 관계가 되는 것을 느낀다.

우리 아이들의 선생님, 부모님들이 특별히 운동이든, 수다든, 취미든 자신을 충전할 수 있도록 자신을 돌보는 방법을 가졌으면 좋겠다. 왜냐하면 우리 어른들은 아이들에게 많은 것을 주려고 하지만 복잡한 사회에서 마음의 여유를 유지하기가 어렵기 때문이다.

사람 사이에서 받는 스트레스이기에 제일 좋은 것은 사람 속에서 충전할 수 있는 좋은 모임일 것이다. 그래서 우리 아이들을 키우는 엄마들끼리 그런 모임을 갖는다면 제일 좋을 듯하다. 가만히 생각해보면 친구 한 명만 있어도 학교 갈 재미가 있었던 것처럼 같은 학교 특수학급 어머니 단 한 명만이라도 친해질 수 있다면 훨씬 덜 외로울 수 있다. 교사인 나 역시 학년의 소식과 아이들에 대한 정보를 편하게 주고받을 수 있는 학년마다 한 명의 친한 선생님을 만드는 것이 3월의 큰 과업 중에 하나였다. 돌이켜보면 선생님들 한분 한분과 친분이 생기는 것과 나의 학교생활 만족도가 비례했다. 같은 특수교사끼리의 수다 모임도 틈틈이 보약처럼 꼭 챙기게 된다. '나만 부족해서 힘들고 헤매고 있는 것이 아니구나.' 하는 안도감도 느끼고 서로의 고민을 나누다보면 자연스럽게 해결책이 나오기도 하고 내 생각이 정리되어 편해지기도 한다.

좋은 엄마, 훌륭한 교사이고픈 바람과는 달리 아쉽게도 우리는 아마 대부분 평범한 사람이 아닐까? 평범하다는 것이 그리 나쁜 것도 아닌데 너무 훌륭해지려고 애쓰면서 죄책감으로 자신을 괴롭히며 살아가지 않았으면 한다. 한걸음 쉬어간다 생각하고 자신의 평범함을 있는 그대로 인정했으면 하는 바람이다. 평범하기에 먼저 자신을 살피고, 자신의 스트레스를 알아주고, 충전할 수 있는 방법을 찾아보고, 또 자신을 알아주는 스스로가 될 수 있도록 공을 들였으면 좋겠다.

내가 그러하듯 우리는
모두 최선을 다한다

"우리 애는 하루에도 몇 번씩 똑같은 말을 반복해서 물어보는데 정말 왜 그러는지 모르겠어요."

"아무리 설명을 해도 모르는 사람한테 가서 인사하고 큰 소리로 말을 걸 때면 어디 숨어버리고 싶을 때가 많아요."

"그렇게 하면 안 된다는 걸 아이도 알고는 있는 것 같은데 계속해서 정말 왜 그러는지⋯."

학부모 집단상담에서 빠지지 않고 매번 다뤄지는 주제이다. 너도 나도 답답하고 버거워하는 몇몇 어머니들의 하소연에 참여하고 있는 다른 어머니들과 함께 이유를 생각해보았다. "우리 아이들은 정말 왜 그럴까요?" 진지하게 질문을 하고 보니 '관심을 받기 위해서', '반복하는 그 내용이 정말 좋아서', '원하는 대답을 듣고 싶어서', '나름대로 이야기를 나누고 소통하고 싶다는 표현 방식' 등등의 답이 나왔다. 그리고 그런 아이들의 행동을 한순간에 사라지게 할 수는 없다는 것과 아이들의 다양한 문제행동을 바라보면서 겪게 되는 어른들의 롤러코스터 같은 감정이 문제라는 이야기에 다다랐다. 그러나 이렇게 이성적인 이해를 했음에도 불구하고 쉽게 사그라지지 않는 우리들의 감정적 어려움은 무엇일까?

특수교사 선생님들의 모임에서도 비슷한 이야기들이 빠지지 않고 나온다.

"우리반 어머님들은 애들 준비물도 안 챙겨서 보내요. 제가 항상 우리반 아이들 준비물을 챙겨서 통합반으로 보내요."

"방과후 수업이 끝나고 한참이 지나도 애를 데리러 올 생각을 안 하세요. 저도 교육청에 보고할 공문도 있고, 회의 등 일이 산더미인데 어떨 때는 속상해요."

"우리반 ○○이는 매일 지각이에요. 거의 점심시간이 다되어 학교에 와요. 엄마도 같이 늦잠을 주무시는 것 같아요. 저녁 늦게까지 일하시느라 피곤한 것은 알지만 그래도 학교는 제시간에 보내야 하는 것 아닌가요?"

'나는 우리가 모두 각자의 최선을 다하고 있다는 것을 믿고 있을까?'

내 아픈 고백부터 해야겠다. 운이 좋게도 10여 년 교직 생활에서 학부모님들과 큰 어려움 없이 지내다가 몇 년 전에 민수(가명) 어머니를 만났다. 지방에서 아픈 아들을 고쳐보겠다고 아이와 둘이서만 서울로 이사오신 열혈 어머니였다. 민수는 우리 학교에 4학년 1학기 때 전학을 왔다.

처음 만난 민수는 눈도 거의 뜨지 않았고, 두 손으로 귀도 막고 가성의 목소리를 내면서 펄쩍펄쩍 제자리에서 뛰기는 했지만 동그란 얼굴에 매우 귀여운 아이였다. 이사와 전학이 동시에 진행된지라 불안하고 낯설어서 그러겠지 하는 마음에 나는 민수에게 조금은 편안하게 적응할 수 있도록 여유를 주고 싶었다. 그러나 어머님은 예전 학교에서 잘 지내던 아들이 왜 그러는지 모르겠다는 듯 오히려 예민해졌다. 아이의 어려움은 고려하지 않으신 듯 4학년 통합학급 교실에서만 온종일 공부하기를 희망하셨다.

나의 과도한 친절은 바로 그때 시작되었다. '교사인 나는 우리반 어머니와는 모두 편하게 지내야 한다.', '우리반 어머니들이 안심할 수 있도록 내가 역할을 해야 한다.', '적어도 눈은 제대로 뜨고 귀도 막지 않는 상태가 된 후에 완전통합을 해야 한다.' 등등 내가 세운 많은 기준과 목표를 향한 설명은 길어졌고 길어진 만큼 어머니의 반응에 대해 예민해졌다. 그렇지만 되돌아오는 것은 무표정한 모습 혹은 단답형의 짧은 답변이었다.

결국, 초반에 특수교사인 내가 완전통합을 막는 모양이 되었다가 어머님의 뜻에 밀려 완전통합을 하는 것으로 결론이 났다. 그렇게 어렵게 완전통합을 하게 되었지만 민수는 한 달을 버티지 못하고 다시 특수학급과 통합학급을 오가며 이후 학교생활을 했다. 그 몇 달간 민수 어머니와 수많은 이야기를 나눴으나 마음을 맞춰가는 데는 참 오랜 시간이 걸렸다.

민수 어머니를 만나고 처음 몇 달 동안은 아이의 어려움도, 그리고 애쓰는 교사 마음도 알아주지 않는 어머니에게 야속했다. 학교에서만큼은 교사인 내가 더 적절한 판단을 하고 있다고 생각했고 어떻게든 어머니의 생각을 고쳐보겠다는 마음이 컸다. 그 생각이 컸던 만큼 따라주지 않는 어머님에 대해서 감정적인 섭섭함과 화가 커졌다.

되돌아보면 나는 그때 어머님의 그 모습이 최선임을 인정하지 못했다. 최선의 선택과 최적의 선택은 분명히 다르며, 일치되지 않을 수 있음에도 민수에게 최적의 선택이 아니라는 판단만으로 내 방식대로 욕심을 냈다. 최적의 선택은 아닐지라도 각자가 최선을 다하고 있다는 것을 인정하고 거기서부터 함께 출발한다면 '섭섭함'과 '화' 보다는 '안타까움'과 '안쓰러움'이 우선할 것이다. 그리고 시행착오라도 함께 경험하고자 하는 마음이 자연스럽게 생겨나지 않을까?

심리학에서는 정신분열에 걸린 사람조차도 그 개인은 정신분열이 나름의 최선의 선택일 수 있다고도 한다. 너무 큰 괴로움에 스스로 목숨을 끊는 것과 같은 더 나쁜 결과로 가는 것을 피하기 위해 현실이 아닌 가상의 환청과 환상의 세계로 관심을 이동시킨 것이라고 설명한다. 그래서 모든 사람은 매 순간 자신이 가진 최선을 다하고 있다고 볼 수 있다. 단돈 천 원짜리 물건을 고를 때에도 최선의 것을 고르려고 애를 쓰는데 하물며 자식의 문제를 결정하는 데 있어서 최선을 고민하지 않고 선택하는 부모는 없을 것이다. 나 역시 현재의 모습이 울퉁불퉁 매끄럽지 못하지만, 그래도 지나온 매 순간 최선이라 생각하며 선택해왔음에는 틀림이 없다.

문제는 자신의 최선과 상대방의 최선이 다른 결론에 도달할 수 있다는 점이다. 그동안 나는 서로 다른 최선에 대해 인정을 한다고 생각했지만 그것은 말뿐인 인정이었다는 것을 민수 어머니를 만나게 되면서 알게 되었다. 나와 다른 결론에 대해 끝까지 설득하기만 하면 모든 것이 해결되는 것으로 너무 협소하게 이해하고 있었던 것이다. 그래서 설득되지 않는 경우 섭섭함을 느끼고 화를 내기도 했던 것 같다. 그것이야말로 이기적인 나의 욕심이 아닐까?

내 몫은 최선을 다해 설명하고 의논하는 것까지다. 그것을 받아들이거나 받아들이지 않는 것은 상대방의 몫이다. 그 상대방의 최선에 대해 존중하고 머물러야 하는 것, 그 또한 나의 몫이다. 상대방이 최선을 다하고 있음을 인정한다는 것은 시행착오라 느껴지는 시간조차도 진심으로 함께 경험하겠다는 의미가 아닐까? 최소한 상대방이 나름의 방식으로 도전을 해볼 수 있는 시간과 기회를 주고, 그 결과에 대해 함께 이야기하는 것이 상대방을 인정하는 내 몫임을 나는 미처 몰랐던 것이다.

실제로 내가 최선을 다해서 살고 있다고 누군가 진심으로 인정해 준다면 나도 기꺼이 '나만의 최선'에서 벗어나 최적의 선택이 무엇인지 둘러볼 용기와 여유가 생길 것 같다. 지금까지 내가 최선이라고 판단했던 방법을 스스로 내려놓고 다른 방법을 선택하기에는 엄청난 공포와 엄습하는 불안을 느끼기 때문이다. '시행착오를 기꺼이 함께 경험하기' 그것이 최선을 다하고 있는 서로를 있는 그대로 인정하고 존중하는 답이 아닐까?

오롯이 자신의 몫에 집중하고 최선을 다한다. 그것이면 족하다.

파란 비행기를
타고 가셨네

우리는 아이들의 부족한 부분을 채워주어야 한다고 생각한다. 이런 생각에 우리는 아이들에게 정보 하나, 지식 하나라도 더 알려주려고 안달한다. 교사뿐 아니라 학부모도 마찬가지다. 학부모들은 이런 생각을 더 강고하게 갖고 있어 일상에서 아이들에게 지식과 정보를 채워주려고 집요하게 강조한다. 이런 강박과 안달은 정작 지식과 정보보다 더 중요한 것들을 놓치게 한다.

지난 학부모 집단상담 과정에서의 일이다. 참여자 가운데 준서(가명) 어머니의 이야기는 내게 여러 생각을 하게 했다. 집단상담은 몇 주간 진행되는 프로그램으로 본격적으로 시작하기 전에 자연스레 서로의 안부를 주고받게 된다. 준서 어머니에게 다들 관심이 쏠렸다. 지난 모임에서 외국으로 발령받아 몇 년간 떨어져 살았던 남편이 귀국했다고 했기 때문이었다. 준서 어머니는 이런저런 이야기와 함께 아이 아빠가 외국에서 돌아온 지 2주 만에 다시 지방으로 근무하러 내려가게 됐다고 했다. 그런데, 지방 발령을 통보받기 하루 전날에 화가 나서 남편에게 소리를 한번 질렀단다. 하루만 참을 걸 그랬다면서 멋쩍게 웃으셨다. 인생이 꼭 그렇더라며 자리에 있던 우리는 모두 한바탕 웃었다.

그날 후로 몇 주가 흐른 뒤였다. 준서 어머니께서 아이가 요즘 폭력성이 강해진 것 같다며 걱정을 풀어놓으셨다. 최근에는 유치원에서 다른 사람을 때린다는 이야기가 들릴 정도가 되었단다. 자리에 있던 다른 어머니가 폭력적인 모습이 언제부터 나타난 것 같냐고 물었고, 준서 어머니는 곰곰이 생각하더니 아이 아빠가 지방으로 내려간 뒤부터 같다고 했다. 오랜만에 만났던 아빠가 갑자기 지방으로 내려가 집에 없자, 아이는 아빠랑 같이 잤던 방에서 자겠다고 울었단다. 그렇게 울며불며 생떼를 부리더니 기어코 하루는 그 방에서 잠을 잤단다. 다행히 다음 날부터는 큰 문제 없이 엄마랑 잠을 자기는 하지만 아무래도 그때부터 평상시와 달라진 것 같다고 하셨다.

이야기를 듣던 다른 어머니도 자신이 비슷한 경험이 있다고 하셨다. 당신도 어린 시절, 부모님이 장사로 바쁜 탓에 외갓집에 맡겨졌는데 무척 슬펐다고 하셨다. 부모님들 생각에는 여유 있는 외갓집에서 훨씬 잘 지낼 거라 생각하셨겠지만, 당시 어린이였던 그 어머니는 버려졌다는 생각이 들었다고 했다. 그 당시 TV에서도 엄마 잃은 아이들에 대한 드라마와 만화가 많을 때여서 주인공에게 감정이입이 되면서 한동안 슬프게 지낼 수밖에 없었다고 했다. 아마도 준서가 아빠와 다시 헤어지면서 마음이 아주 힘들었던 것 아니겠냐고 아이의 마음을 읽으셨다. 준서에게는 아빠와 다시 떨어져 지낼 수밖에 없는 상황에 대해 어떻게 설명했는지 다른 어머니들의 질문이 이어졌다. 아이는 어떻게 받아들이고, 어떤 마음이었는지? 그 마음을 엄마는 어떻게 이해하고 있는지?

순간 정적이 흘렀다. 얼마간 침묵이 흐른 후 준서 어머니는 상기된 얼굴로 부끄러운 듯 아이에게 위로의 말은 건네지 못했다고 했다. 게다가 생각해보니 아이 아빠가 몇 년간 외국으로 나가 헤어져야 했을 때도 아이의 마음에 귀 기울이지 못했다고 했다. 공항에 배웅을 나가 아빠와 헤어지는 상황에서도 아이의 생각과 마음을 알아보기는커녕, 그 상황에서도 아이에게 비행기를 알려주려고 했다고 자책했다. 기억을 떠올려보니 외국으로 아빠를 보내야 하는 아이에게 건넨 말은 "아빠가 파란 비행기를 타고 가셨네."였단다. 파란 비행기가 대한항공의 비행기라는 것을 알려주고 싶었다는 말에 우리 엄마들은 누구라고 할 것도 없이 모두 깊은 탄식을 나눴다. 부모가 세상 전부인 5살 꼬마에게, 세상의 반쪽인 아빠가 멀리 날아가는 그 순간에 얼마나 힘들었을까? 아이로서는 얼마나 오랫동안 헤어져 있어야 하는지, 언제 다시 아빠를 만날지 짐작조차 어려운 상황이었을 텐데… 상상만으로도 아이의 슬픈 마음이 전해져왔다. 준서 어머니만이 아니라 우리가 가진 강박과 안달이 어떤지를 새삼 깨닫게 했다.

'그렇지⋯ 우리는 항상 무언가를 알려주고, 가르쳐주고, 하나라도 알게 하고 싶은 마음이 항상 앞서지⋯.' 우리 아이들이 부족하다는 생각에 지식 하나, 정보 하나라도 담아주기에 바쁜지라 아이 마음이 어디 있는지에 대해서는 생각이 머무르지 못했다는 뒤늦은 자각이었다. 그렇다. 교사와 학부모인 우리는 종종 아이들의 부족한 부분에만 온통 집중한다.

이런 상황이라면 아이의 마음은 어떨까? 어떤 생각을 할까? 몇 년간 헤어져 있다가 며칠간 아빠와 꿈같은 시간을 보낸다. 그런데 갑자기 또 아빠와 헤어져야 한다. 아빠는 지방에 내려가야 한다고 하고, 평상시에 헤어져 있다가 2주에 한번 볼 수 있다고 한다. 5살 아이, 더구나 애착이 강하고 장애가 있는 우리 아이라면 어떨까? 아이의 처지에서는 외국과 지방은 어떤 차이가 있는지, 2주라는 시간이 얼마나 긴 시간인지, 아빠는 왜 가야 하는지, 엄마는 나의 속상한 마음을 이해는 하는지, 아빠는 나와 헤어지면서 슬프기는 한 것인지, 내게 아빠는 세상의 반쪽이라고 생각하고 좋아하고 믿을 만한 사람인지, 숱한 의문과 슬픔과 걱정이 가득할지 모를 일이다.

아이에게는 2주가 얼마만큼인지 시간개념도 없고, 직장이라는 개념도 없고, 외국과 지방이라는 개념 또한 없을 수 있다. 다시 아이가 일상에서 안정을 찾기까지는 많은 시간이 걸릴 것이다. 2주가 얼마만큼의 시간인지는 잘 모르겠지만 몇 밤을 참다 보면 반드시 아빠는 나를 보러 온다. 나처럼 아빠도 나를 엄청나게 보고 싶어 한다. 엄마는 아빠를 보고 싶어 하는 내 마음을 누구보다 따뜻하게 위로해준다. 아빠가 보이지 않아서 무척 슬프고 속상하지만 견딜 수 있다. 엄마 아빠의 깊은 사랑을 느낄 수 있다. 이런 반복적인 경험이 최소한 서너 달은 쌓여야만 의문과 걱정을 덜고, 일상의 리듬을 되찾을 것이다. 2주마다의 주기적인 반복 경험이 쌓여야 믿음이 쌓이고, 그 믿음들이 조금씩 쌓여 신뢰가 공고해지고 아이의 감정도 몇 차례 파고를 출렁이다가 진정이 될 것이다. 그 서너 달의 시간은 헝클어진 실타래를 한 가닥씩 풀어가는 시간일 것이다. 아이가 경험 속에서 신뢰와 믿음을 가질 수 있도록 충분한 시간과 기회를 주어야 한다.

무엇에 마음이 바빠서 아이의 마음에 머물러주지 못했을까? 엄마는 무엇 때문에 아이의 슬픈 눈이 아니라 파란 비행기에 마음을 두게 되었을까? 준서 어머니라고 아이의 마음을 촉촉하게 적셔줄 말을 일부러 하지 않은 것은 아닐 것이다.

준서 어머니는 경제적으로 매우 어려운 성장 과정을 거쳤다. 힘든 생계와 생존의 문제를 힘들게 이겨내느라 다른 사람은커녕 자신의 마음을 읽고 위로하는 촉촉함조차 경험할 여력 없는 시절을 지내오셨다. 감정이란 사치이고, 이겨나가는 것이 최고의 과제였단다. 준서 어머니에게 과거의 시간이 지금도 현재진행형으로 계속되고 있었다. 그렇지만 중요한 것은 지금은 과거와는 다르다는 점이다. 살림살이도 나아졌고, 끼니를 거를 걱정에서도 벗어났다. 이제는 충분히 서로의 마음을 살피고 머물 수 있는 상황이다. 그런데도 준서 어머니의 마음은 그 옛 시절에 고정되어 있었다. 옛 시절의 경제적 어려움을 대신해 지금은 아이의 장애와 부족함이 어머니의 머리와 가슴을 꽉 채우고 있었다. 아이에게 하나라도 알려주고, 하나라도 머릿속에 넣어줘야 한다는 그런 강박감이 마음을 지배하는 것이다. 준서 어머니는 아이를 병설 유치원에 보내면서도 방과후 시간에는 아이에게 치료를 집중하고 있었다. 한 주 동안 받는 치료 시간이 엄청 많았다. 시간에 맞춰 유치원에서부터 치료실에 다니다 저녁이 되면 아이도 엄마도 파김치가 되는 것이다. 집에서는 저녁 먹고 씻고 잠자기에 바쁘다. 일상은 온데간데없고 교육과 치료만 가득한 것이다.

다른 어머니들은 본인들의 경험을 나눠 주고 조언을 해주었다. 아이의 마음을 어떻게 살피고, 일상에서 어떻게 친밀하고 신뢰하는 관계를 만들지 이야기가 이어졌다. 덕분에 준서 어머니는 유치원 이후 저녁때까지 계속되었던 수많은 치료 중에 몇 개를 과감하게 정리하게 되었다. 남는 시간을 어찌해야 할지 모르는 준서 어머니께 아이와 함께 동네도 산책하고 마트에서 함께 장보기도 해보라고 추천해주었다. 그렇게 한 주를 보내고 오신 준서 어머니는 다른 어머니들께 감사를 전했다. 아이와 마트도 함께 가고 산책도 하게 되었다고 하셨다. 예전에는 마트에서 장보는 일은 그야말로 짧은 시간에 해치워야 할 과제였는데, 이제는 제대로 아이와 함께 마트를 구경하게 되었다고 하셨다. 그러면서 몇 년 만에 아이의 눈을 처음으로 바라본 것 같았다고 하셨다. 아이와 일상을 함께 나눌 수 있어서 좋다고 하셨다.

8주간의 집단상담을 마친 지 한참이 지났지만, 난 아직도 '파란 비행기'를 떠올리면 머리가 핑 도는 것 같은 어지러움을 느낀다. 우리는 아이들이 사회의 평범한 한 구성원으로 자라고 살아가기를 원하지만, 평범한 일상을 누리도록 하는 데 인색하다. 우리의 눈과 마음이 아이들의 부족함을 찾는 데 익숙하고 그 부족함을 어떻게든 빨리 메꾸면 평범한 일상이 가까울 것이라는 조급함과 강박이 있기 때문이다. 아이들에게 지식과 정보를 채우려는 안달이 아이들의 마음과 생각에 집중하고 교감하지 못하게도 한다. 꼭 장애 아이들에 대해서뿐만 아니다. 나는 우리 아이, 우리 남편, 우리 이웃의 눈과 마음을 보면서 살고 있는지? 나의 눈과 마음은 어디로 향하고 있는지? 되돌아본다.

내가 되고 싶은
선생님

교사 경력 10년을 넘어 세 번째 학교에 근무하게 되면서 나는 뇌병변 장애 아동을 맡게 되었다. 내가 만난 아이는 작은 움직임조차도 자유롭지 않고, 가슴 벨트에 의지해서 온종일 휠체어에 앉아있어야 했다. 조그마한 체구의 아이는 고개를 위아래로 끄덕이거나 좌우로 흔들어 좋고 싫다고 표시하는 것이 의사 표현의 거의 전부였다. 그러나 아이는 매력적인 미소 덕분인지 1~2학년까지는 통합교실에서 친구들과 즐겁게 웃으면서 지냈다. 그렇지만 교과 내용이 어려워지고 쓰기 활동이 많아지는 3학년이 되면서부터는 통합교실에서 지루해하는 모습이 점차 많아졌다.

그 아이를 만난 첫 학기는 이리저리 많이 뛰어다녔다. 마치 신규교사로 돌아간 마음이었다. 무엇부터 가르쳐야 하는지 몰라 지체장애 특수학교 선배님께 컨설팅도 의뢰했다. 보완·대체 의사소통을 적용해보려고 여기저기 보조공학기기 센터도 찾아다녔다. 아이에게 어떤 교육이 필요한지 고민하고 다양한 시도를 하면서 1년 가까운 시간을 보낼 즈음 나의 고민은 깊어졌다. 나름 새로운 것들을 접목하려고 열심히 노력하고 혼자로는 힘에 부쳐 선배들의 조언도 들으며 다양한 시도를 했는데, 그 어떤 것도 눈에 보일만한 성과를 찾기가 어려웠다. 눈에 보이는 성과, 드러나는 아이의 성장과 성취를 찾아보기 어려운 상황이 계속되자 자연스레 무기력감이 밀려왔다. 무기력감은 평소에 생각해보지 못한 질문들을 나에게 쏟아냈다. 교사로서 나는 근본적인 물음에 봉착한 것이다.

'가르친다는 것은 무엇인가? 무엇을 의미하는가?'

'좋은 학생이란?'

'좋은 선생님이란?'

'나는 과연 선생님이란 직업을 계속할 수 있을까?'

나는 그 물음들에 대한 답을 찾아야 했다.

게 중에 먼저 명확하게 답할 수 있었던 것은 꼭 발전을 이뤄야만 좋은 학생인 것은 결코 아니라는 것이었다. 학업이나 기능적인 성취가 중요하다고 판단했다면 나는 결코 특수교사를 선택하지 않았을 것이다. 그러나 현실 속의 나는 정작 아이의 성취가 보이지 않자 교사를 선택했던 것까지 의문이 들 정도로 무기력감을 맛보고 있었다.

아이들이 많이 발전하고 성취를 이루게 해야 '좋은 선생님'일까?

이 질문에 대해서도 성취가 기준이 되어서는 안 된다는 생각을 그리 어렵지 않게 떠올릴 수 있었다. 발전이라는 것이 측정할 수 있는 것도 아니고 변화하고 발전하기 어려운 측면이나 상황도 있을 것이다. 발전이라는 것은 결과로서 표현될 수 있는 것 중의 하나이지 그 자체가 목적이 되기에는 온전히 타당하지 않다는 생각을 했다. 그런 생각들이 하나하나 내 안에서 정리되었음에도 우울해지는 이유는 무엇일까?

　내 어머니는 아무리 적은 돈이라도 저축을 해야 사람이 사는 것 같다고 하신다. 여든을 바라보는 연세에도 마치 저금통장을 존재 이유인 것처럼 소중히 다루신다. 당신의 인생은 젊은 시절 전쟁 속에 생존의 위협을 느끼기도 했고, 배고팠던 개발의 시절을 먹고 살기 위해 힘들게 버티며 견뎌야 했다. 그 힘든 세월을 어떻게 버텼을까? 조금이라도 나아질 것이라는 미래에 대한 '희망'이 없었다면, 지금보다 나아질 것이라는 꿈이 없었다면 버티기 힘들었으리라…. 어머니의 영향이 나에게도 자연스레 배어있음을 느낀다. 나도 무언가 항상 변화가 있어야 하고, 목표를 향해 조금씩 전진하고 있다는 것을 확인할 수 있어야 안심하는 것이다. 당장은 힘들지만 계속 노력하고 발전을 해야 마치 의미 있는 것처럼 받아들이는 것이다. 이는 나의 교사로서의 정체성, 역할, 의미에도 영향을 미치고 있다. 무엇인가 효율적으로 가르쳐야 하고, 아이들을 변화시켜야 하고, 아이들이 발전되어야 비로소 내 존재감을 느끼게 되는 것이다. 특수교사인 나 역시 과정보다는 결과에, 현재보다는 미래에 무게를 두고 있다. 사실 어머니 세대와는 달리 굶주림과 생존의 위험을 느끼지 않아도 되는, 비교할 수 없을 정도로 달라진 시대를 살아감에도 불구하고 여전히 내 의식은 생존을 향해 달려가는 개발도상국 시절을 사는 것은 아닐까?

'카르페 디엠Carpe Diem', '하쿠나마타타Hakuna Matata', '지금 여기Now and Here'. 행복을 찾아 나설 때 또는 삶의 의미와 방향을 찾을 때 접하게 되는 경구들이다. 시대와 지역을 넘어 우리의 지친 몸과 마음에 위안을 주고 영감을 주는 지침이다. 잠시 그 의미들을 떠올려보면 같은 방향을 가리키고 있다. 걱정하지 마라, 다 잘 될 것이다. 그러니 지금을 살아라. 마주한 현실을 인정하고 즐겨라. 이런 것이 아닐까라고 나는 믿는다. 이 지침을 우리의 일과 교육에 적용되는 것은 불가능할까? 내일과 결과에 안절부절못하기보다 그냥 지극히 평범한 오늘을 보내면 안 되는가? 그냥 아이와 웃으며 인사하고 감사하는 마음으로 즐겁게 하루하루를 보내기만 해도 충분하지 않을까? 교직생활 20년이 넘는 이 시점에서야 내가 함께 하는 아이들에게도 그리고 나에게도 지금 이 순간을 즐기는 것만으로도 충분히 의미 있는 것이라고 믿게 되었다. 충분하다고 느끼는 순간 혹여 노력이란 것을 하지 않고 안주해버리는 것은 아닐까 하고 생각했던 것은 단지 나의 불안이었다. 사람들은 누구나 단돈 천 원짜리 물건 하나를 살 때도 어떤 것이 나을지 아주 짧은 순간이지만 매번 최선을 다해 선택한다. 우리는 모두 의식하든 의식하지 않든 그렇게 매 순간 나름대로 최선을 다해 살아가는 존재인 것이다. 그렇기에 발전해야만 하는 존재로 자신을 또 몰아가기보다는 지금의 모습에 충분히 만족하고 감사하며 순간순간 의미를 두어도 되지 않을까? '존재 자체로 의미가 있다.'라는 그 진리가 그런 뜻은 아닐까 생각해본다.

소박하고 겸손한 사람이 되고 싶다. 무엇을 해내고, 무엇을 잘하고, 무엇을 이루었다는 것보다는 그냥 주어진 하루하루를 겸손하게 감사하며 살아가는 내가 되고 싶다. 세상은 빠르게 변하고 있다고 하지만 핵심은 사람이고, 행복이고, 따뜻한 사랑이 아닐까? 매순간 아이들의 모습 속에서 충분함을 느끼고 그 마음을 따뜻하게 건넬 수 있는 선생님이 되고 싶다.

3

함께 가는
길

김민진

중학교 특수학급에서 10년째 학생들을 만나고 있습니다. 공주대학교에서 도덕·윤리교육과 특수교육을 전공하고, 한국교원대학교 대학원에서 특수교육을 공부했습니다. 2015년 개정 『특수교육 기본교육과정 과학과 교과서』(중등) 집필에 참여했습니다. 'What would Dory do?'(영화 도리를 찾아서 中)를 모토로 나의 기준보다 학생들의 마음을 먼저 생각하기 위해 노력하고 있습니다. 학생과 교사, 모두가 학교 안에서 조금 더 행복한 세상을 꿈꿉니다.

미안해, 선생님도 그땐
선생님이 처음이었어

특수교사라고 하면 사람들은 굉장한 사명감이나 소명의식을 갖고 시작했을 것으로 생각한다. 특수교육학과에 들어가 보니 그런 친구들이 없진 않았지만 적어도 나는 소명의식보다는 여러 가지 현실적인 문제들을 해결하기 위한 순간순간의 선택들로 특수교사가 되었다. 불안정했던 가정 상황, 처음 입학했던 대학에 대한 자격지심, 낮은 자존감 탓에 좀 더 안정적인 직장을 원하는 마음, 다른 사람들에게 한 사회의 구성원으로서 쓸모 있는 사람으로 보이고 싶은 마음이 컸다. 특수교사로서의 시작은 그랬다.

임용시험 최종 합격 통보를 받기 전까지 내 마음은 기대 반 두려움 반이었다. 합격자 발표를 앞두고는 불안하고 복잡한 마음을 가눌 길이 없어 홀로 여행을 떠나기도 했다. 좀처럼 불안하고 심란한 마음을 가라앉히기 어려웠다. 발표 전날 밤, 여행을 마치고 집에 돌아와서도 뜬눈으로 밤을 지새웠다. 인생의 중요한 고비의 순간에 누구나 그렇겠지만, 나는 안절부절못했고 다시 겪고 싶지 않은 감정의 소용돌이 속에 있었다. 합격을 확인했을 때는 그동안 억눌러왔던 불안과 동요가 순식간에 사라지고 눈물이 흘러내렸다. '아, 내가 이 사회에서 낙오되지 않았구나', '나도 이제 사람 노릇을 하게 되었구나' 하고 안도할 수 있었다. '교사'가 되었다고 주변에 떳떳하게 드러낼 수 있게 되었다.

그러나 합격의 기쁨은 아주 잠시였다. 초임교사가 된다고 생각하니 다시 이런저런 걱정과 불안이 몰려왔다. 임용시험을 준비할 때 교육학 강사가 "인생은 고행苦行이다. 사람은 참으로 간사해서 간절히 바라던 것(임용)을 이루기만 하면 마냥 행복할 줄 알지만, 실제로 그것을 이루고 나면 더 나은 것을 바라고, 아직 일어나지도 않은 일에 대해 걱정한다. 인생에서 행복은 짧고 불안과 걱정은 길다."고 했던 그 말이 나에게도 그대로 적용되고 있었다. 그 말이 맞았다. 걱정의 연속이었다. 합격자 발표 후에는 1학기에 발령 받을 수 있을지 걱정했고, 1학기 발령을 통보 받고는 근무하게 될 학교는 어떨지 걱정했다. 발령받은 학교를 방문했을 때는 어떤 학생들을 만날지, 내가 학생들을 잘 가르칠 수 있을지, 함께 근무하는 교사들과 잘 지낼 수 있을지 걱정의 연속이었다. 다행히 근심의 크기만큼 학생들을 만난다는 설렘,

새로운 길을 걷게 된다는 기대감도 함께 커졌다.

　교직에 입문한 첫해, 교직 사회가 생각보다 차가운 곳이라는 것을 또, 적지 않은 처세를 해야 하는 곳이라는 것을 깨달았다. 여느 직장과 마찬가지로 사람들에게 상처 입기도 했고, 타인에 대한 불신이 생기기도 했다. 그렇다고 차갑고 어둡게만 돌아가는 것은 아니었다. 아무리 무한경쟁과 불신이 팽배한 사회라지만 그에 맞서 학교에는 신뢰할만한 것들, 희망을 나눌만한 것들의 가능성 역시 크다는 것을 깨닫고 배워나가는 과정이기도 했다.

　두려움과 설렘으로 시작한 특수교사 생활은 만만치 않았다. 초임인 내가 감당하기에는 18명의 학생은 너무 많았다. 특수학급은 2개였지만, 옆 반의 동료 특수교사는 어머니뻘에 가까운 한참 선배인데다 외모부터 호랑이 같은 카리스마를 풍겨 두려웠다. 자기 자식 일이라면 언제나 까칠하고 예민한 모습을 보이는 학부모들도 만만치 않았다. 지금 생각해보면 부모로서 당연할 수 있는 모습이지만 그때 나는 20대로 어렸고, 그런 학부모의 마음을 이해하고 받아들일 만큼 여유가 없었다. 첫해 나는 학생, 동료 교사, 학부모와의 관계에서 무척 애를 먹었다. 학생들에게는 금방 초짜 교사임이 드러날 만큼 허술했고, 동료 특수교사와는 눈 한번 제대로 마주치기 어려울 정도로 자신감이 없었다. 학부모들에게는 무조건 "네, 네" 하며 이리저리 휘둘리는 존재였다. 이러저러한 이유들로 학교에서 중심을 잡고 서 있기도 버거웠다.

첫해를 돌아보면 교사로서 마음 쓰지 못한 부분, 배려하지 못한 부분이 떠올라 부끄럽기도 하고, 한편으로는 서운하고 원망스러운 마음이 들기도 한다. 왕성하게 성장하는 학생들, 날카롭게 느껴졌던 동료 특수교사, 두 눈 부릅뜨고 나를 지켜보는 것만 같은 학부모들 사이에서 마음 졸였다. 쉽게 상처 받는 초임교사에게 도움의 손길은 없었다. 그렇지만 그런 시절의 경험들이 켜켜이 쌓여 지금도 흔들리는 순간마다 나를 잡아준다. 누구나 부끄러운 경험을 하며 성장한다. 나의 실수와 성장의 부끄러운 순간들이 누군가에게는 반면교사가 되었으면 좋겠다.

거짓말의 교훈

사회 초년생들이 밟는 과정들이 다 비슷하듯 내가 경험한 교직사회도 여느 직장과 크게 다르지 않았다. 누군가는 학교는 다를 거라고 생각하겠지만 학교 또한 마찬가지다. 아니 오히려 부담이 더 크다. 교사에게는 상대적으로 독립된 지위와 역할이 있다. 이는 온전히 홀로 학급과 학생들을 책임져야 한다는 의미다. 보통의 직장에는 선배나 일명 사수가 업무를 안내해 주기도 하지만, 초임교사에게는 학급과 학생을 교육할 방법이나 방향, 역량을 자세히 알려주는 이가 없다. 이건 교직 사회의 특징이기도 한데, 서로에게 관심이 없어서라기보다 초임교사든 경력교사든 먼저 도움을 요청하지도 않았는데 나서서

도와주는 것은 그 교사의 독립성을 침해한다고 여기기 때문이다. 아는 이 하나 없는 첫 학교에서 초임교사가 먼저 도와달라고 손을 내미는 것도 어려운 일이다. 결국 누군가의 도움없이 스스로 수많은 선택을 해야 하고, 갈등과 문제를 홀로 맞닥뜨리고 해결해가야 한다. 나는 그런 상황에서 무엇을 어떻게 해야 하는지 알지 못했고 학생, 학부모, 동료 교사 가운데에서 중심을 잡기 무척 힘들었다.

나는 발령받은 지 채 한 달도 되지 않아 폭풍의 소용돌이 속으로 빠졌다. 첫 학교는 특수학급이 두 개였지만 교실 하나는 그늘지고 외진 곳에 있어 수업이 거의 불가능한 상태였다. 쓰지 않는 특수학급 물품들을 모아 둔 창고로 사용되고 있었다. 내게 배정된 교실이 바로 그곳이었다. 수업을 할 수 있는 교실 환경이 아니어서 수업은 볕이 잘 들고 깨끗하게 정리된 다른 교실에서 동료 특수교사와 시간을 나누어서 했다. 그런데 내 교실 문제로 일이 터지고 말았다.

당시에는 학부모들이 학교에 거의 상주하다시피 했는데, 마땅히 있을 공간이 없어 각자 차에서 대기하다가 쉬는 시간에 맞춰 교실로 가곤 했다. 그러던 어느 날, 학부모들이 내게 찾아와 자녀들이 수업받는 동안 있을 곳이 필요하다며 창고로 사용 중인 교실에 머물게 교실 열쇠를 달라고 요구했다. 나는 일과 시간 중에 어차피 쓰지 않는 공간이라고 생각해서 순순히 열쇠를 건네주었다. 그 교실은 이전에도 창고처럼 사용되었는데, 학부모들이 그동안은 그런 요구를 하지 않다가 상대하기 편한 초임교사인 내게 요구한 것이다. 당시 나는 이것저것 생각할 만큼 여유도 없었고, 학교 공간 사용에 대해 별다른 문제의식을 가지지 못했다. 지금이라면 학교에서 발생하는 일들과 일상적이지 않은 학부모들의 요구나 내가 확실히 알지 못하는 부분은 관리자나 부장교사, 동료 특수교사와 상의하는 것이 먼저라고 당연하게 생각했을 것이다. 그때 조금만 더 생각했더라면 아마도 사건은 발생하지 않았을 텐데, 교직 생활 한 달차에 학교의 의사결정 과정을 먼저 생각한다는 것은 어려운 일이었다.

얼마 가지 않아 문제가 터졌다. 학부모들이 창고 교실에서 지내는 모습을 지나가던 보조원(특수교육실무사)이 보고 내게 먼저 확인도 하지 않고 동료 특수교사에게 상황을 전한 것이다. 호랑이 같은 성격의 동료 특수교사는 벼락같이 화를 냈다. 갑작스러운 불호령에 나는 급 당황했다. 한참 위 연배지만 동료이기도 한 특수교사가 그렇게까지 화를 내리라고는 전혀 예상하지 못했다. 초임 한 달 동안 이리 치이고 저리 치이느라 자신감이 바닥이었던 나는 그 상황에 잔뜩 움츠러들었다. '내가 뭔가 해서는 안 될 큰 실수를 한 건가? 이것이 엄청나게 큰 문제인가? 규칙을 어긴 것인가?' 등 밀려오는 불안에 무척 마음을 졸였고, 엉겁결에 내가 학부모에게 열쇠를 준 것이 아니라고 둘러댔다. 순간을 모면하려 한 이 거짓말로 일은 걷잡을 수 없이 커졌다.

나의 이 거짓말로 옆 반의 특수교사는 학부모들이 교사의 허락을 받지 않고 함부로 교실을 사용했다고 생각하고, 학부모 대표에게 불쾌하게 이야기를 한 것이다. 학부모는 학부모대로 모욕감을 느끼고 학교장을 찾아가 공식적인 사과를 요청하는 지경에 이르렀다. 결국 나와 동료 특수교사, 학부모 대표가 교장실에서 3자 대면을 하게 되었다. 처음부터 학부모들이 요청해 내가 열쇠를 줬다고 말했다면 일이 이렇게 커지지는 않았을 것이다. 교장실에서 내가 자초지종을 이야기하며 문제는 일단락되었지만 아슬아슬하게 유지되어오던 동료 특수교사와의 관계는 산산 조각나고 말았다. 그 상황이 너무 무섭고, 실수가 드러나는 것이 싫어 상황을 모면하기 위해 내뱉은 한마디 거짓말이 더 큰 화를 초래했던 것이다. 그 순간의 긴장감과 두려움은 아직도 기억에 선명하게 남아 있다.

대체 나는 왜 동료 특수교사에게 거짓말을 했을까? 동료 특수교사의 독특한 카리스마와 갑작스런 화에 눌린 것도 있었을 것이다. 학교로 첫인사를 갔던 날 다른 교사들로부터 동료 특수교사가 매우 무섭고 까다로운 사람이라는 말을 들어서 그 선생님에게 절대로 찍혀서는 안 된다는 강박도 있었다. 나 또한 평소에 완벽을 추구하는 성격으로 실수를 했다는 사실을 인정하고 싶지 않았다. 초임이지만 절대 초짜 같은 모습을 주변에 보이고 싶지 않다는 일종의 치기도 있었다. 돌이켜보면 정말 어처구니없고 왜 그렇게 행동을 했는지 나 자신도 이해가 되지 않지만, 당시에 나는 초보였다. 나이도 어렸고, 마음도 여렸고, 책임지는 것도 두려운, 경험이 부족한 초임교사였다. 그 숨 막히듯 두려운 시간 속에 있던 그때의 나를 생각하니 비에 홀딱 젖은 강아지를 보듯 불쌍한 마음이 든다. 초보교사인 나는 뒤차의 빵빵거리는 소리에도 잔뜩 긴장하는 초보 운전자와 마찬가지였다. 마치 우리 아이들이 그러는 것처럼 나 역시 잘 해야겠다는 마음과 긴장은 큰데 정작 무엇 하나 선택하기 어렵고 두려운 시절이었다.

결국, 이 사건 이후로 동료 특수교사와는 돌이키기 힘든 사이가 되어버렸다. 카리스마 넘치고 다가가기 힘든 성정이었지만 그래도 일반학교에서 같은 특수교사로서 서로 공감하며 지내는 유일한 동료가 될 수 있었다. 그러나 이 사건으로 서로에 대한 감정의 골이 매우 깊어졌다. 그 선생님은 나의 사소한 업무와 활동 하나도 쉽게 넘어가지 않았다. 뒤틀린 관계는 쉽게 회복되지 않았고 발령 첫해, 첫 학기부터 나는 그렇게 가장 가까워야 할 동료 교사에게는커녕 누구의 도움도 받기 힘든 처지가 되었다.

나는 사회 초년생들이 겪는 '관계'에 대한 어려움을 학교에서 겪으리라고는 한 번도 상상하지 못한 채 갑자기 그것도 매우 심각하게 겪었다. 어쩌면 거짓말을 하지 않았거나 또 그 사건이 아니었더라도 그 선생님과의 관계는 어려웠을지도 모른다. 하지만 '그때 거짓말을 하지 않았다면 어떻게 되었을까? 그 선생님과 좋은 관계를 맺을 수 있었을까? 경험이 일천했던 초임교사 시기에 그 선생님으로부터 특수교사의 자질, 특수교육에 대해서 많은 것을 배워 좀 더 빨리 숙련된 특수교사가 될 수 있지 않았을까?'라는 아쉬움이 드는 건 사실이다.

이 사건은 교직생활 내내 나에게 강력하게 영향을 미치고 있다. 말과 행동에 더욱 조심스러워진 것이다. 어떤 일에 대해서 감정이 동요할 때, 불안하거나 당황할 때, 당시의 나처럼 누군가에게 특별한 배려가 필요할 때, 나는 그 순간과 경험을 떠올리며 마음을 가다듬는다. 그리고 타인에게, 또 누구보다 나 자신에게 솔직하려고 노력한다. 특수교사를 하다보면 여기저기 설명해야 할 일들도 많고 양해를 구해야 할 일도 많다. 복잡하고 이해관계자 간의 갈등이 심한 문제와 상황을 해결해가야 할 경우도 많다. 이런 문제에 직면하거나 잠시 상황을 모면하고 싶은 유혹을 느낄 때마다 나도 모르게 그날이 떠오른다. 그러면 피하고 싶은 마음을 누르고 문제를 근본적으로 해결하려면 어떻게 해야 하는지 생각하게 된다. 그 사건을 통해서 한 단계 성장하게 된 셈이다. 되돌아보면 그 사건은 여전히 부끄럽고 당시 학교 생활과 동료, 학부모와의 관계 전반에 심각한 여파를 끼쳤지만 지금의 나에게는 좋은 반면교사가 되고 있다. 그 날의 억울함과 서운함, 부끄러움은 내게 약이 된 셈이다.

언제나 도전

특수교사니까 장애학생들과만 잘 지내면 될 거라고 생각했다. 그러나 학교에서 나는 특수교사 이전에 '교사'였다. 학교는 초임교사에게도 다양한 업무를 분장한다. 태어나 한 번도 해보지 않은 일들을 맡게 되었고 신입사원 같은 자세로 열심히 학교일을 했다. 덕분에 일반 선생님들과도 친해지고 학교가 돌아가는 상황도 빨리 알게 되었다. 담당 업무와 수업 준비를 위해 늦게까지 교무실을 지키는 날도 많았다. 감당하기 벅차게 쏟아지는 학교 업무들로 수업에 대해 심도 있게 고민할 틈도, 학생들의 행동까지 깊이 있게 돌아볼 여유도 없었다. 하루살이처럼 그날그날을 닥치는 대로 열심히 살아가기에도 바빴다.

일반학교에서 특수교사로 살아가기가 쉬운 일은 아니다. 우리가 만나는 장애학생들에게 방향을 제시해 주는 특수교사가 필요하듯 초임 특수교사에게도 교직생활, 수업 등에 대해 방향을 제시하거나 조언해 줄 누군가가 절실히 필요하다. 그러나 일반학교에서 특수학급은, 특히 임용 1~2년차의 초임 특수교사들에겐 외딴 섬과 같다. 특수학급이 2개인 곳에서 교사 생활을 시작한다면 아무래도 동료 특수교사가 있기 때문에 조언을 얻을 수 있어 덜 헤매지만, 한 학급인 경우는 학교 내에서 어디 물어볼 곳도 마땅치 않아 도움을 받기가 어렵다. 여러 번의 시행착오와 오랜 시간이 걸리더라도 스스로 답을 찾고 해결해야 한다. 나는 운이 좋게도 두 학급인 학교로 발령받았지만, 3월의 거짓말 사건 뒤로는 한 학급인 학교에 발령받은 것보다 더 힘들게 지내야 했다. 특수학급이 어떻게 운영되는지도 모르고, 개별화교육계획은 실제로 어떻게 짜야 하는지도 모르고, 학생도 많고 수준도 제각각인 상황에서 수업은 어떻게 해야 하는지도 모르는데 옆에 선배 특수교사가 있어도 물어볼 수 없어 막막했다. 막막함과 두려움을 넘어 학교에 가는 것이 무섭기까지 했다. 방향도 체계도 없이 그저 하루살이와 같은 시간들이 계속되었다.

하루하루 겨우 살아가는 교사의 모습은 학생들에게 고스란히 드러났다. 내가 특수교사로서 별다른 전문성도 갖추지 못했다는 것을 학생들은 본능적으로 알아챘다. 열심히 수업준비를 하였으나 학습에 맥락이나 교육 목표를 향한 일관된 흐름을 가지기엔 역부족이었다. 주변에 있는 자료들을 모아 짜깁기하고 그때그때 상황에 따라 수업을 했기에 수업과 수업의 연결고리는 빈약했다. 개별화교육계획은 열심히 만들었지만, 정작 수업은 개별화교육계획과는 무관하게 진행되고 있었다.

수업뿐만 아니라 학생들의 문제행동에 대처하는 방법도 서툴렀다. 언제, 어디서, 어떤 모습으로 문제행동이 튀어 나올지 예측하기 어려웠다. 오늘 보인 문제행동이 내일은 다른 모습으로 등장하기도 하고, 같은 상황이라도 학생마다 다른 양상으로 나타났기 때문에 갈피를 잡지 못하고 순간순간 대처하기 어려웠다. 이럴 때 내가 할 수 있는 최선은 엄격한 표정과 말로 제지하는 것이 전부였다.

그러던 어느 날이었다. 유난히 모나고 튀어서 나를 힘들게 했던 민우(가명)와의 힘겨루기가 시작되었다. 교사인 나의 부족함을 꿰뚫고 있는 듯한 눈빛, 무시하는 듯한 자극적인 말투와 폭력적인 행동들이 도드라져 보였다. 힘겨루기에서 밀리면 안 되겠다 싶었다. 어떻게든 민우의 부적절한 행동을 고쳐줘야 앞으로 학교생활을 원활하게 할 수 있다는 생각이 강하게 들었다. 보통의 초임 특수교사들이 많이 하는 실수인데, 학생들보다 힘이 세다는 것을 보여주고 서열정리를 하면 된다고 여긴다. 나 또한 그렇게 생각했고 실행했다. 나는 교사이고, 너보다 힘이 센 위치에 있다는 것을 민우에게 분명하게 인식시켜 주어야겠다고 생각했다. 대학 수업에서 배웠던 행동수정을 본격적으로 써야겠다 싶었다. 부적절한 행동에 대한 불쾌한 자극을 통하면 부적절한 행동을 감소시킨다고 배웠던 행동수정을 직접 실행할 기회였다. 초임교사지만 혈기 왕성했던 나는 민우의 팔을 잡고 두 눈을 부릅뜬 채 "나는 너보다 힘이 세."라고 쏘아붙였다. 민우 또한 쉽게 물러나지 않았다. 어디 할 테면 해보라는 듯이 얕보는 듯한 눈빛으로 나를 자극했다. 나도 민우가 무엇을 잘못했는지 왜 그러면 안 되는지 조목조목 말하며 꽤 오랜 시간 동안 실랑이를 했다. 다행히 얼마 후 민우는 저항을 멈추는 듯 순순해졌다. 나는 이로써 학생과의 힘겨루기에서 이겼다고, 민우와의 서열이 정리됐다고 생각했다. 그런 식의 행동수정이 효과가 있어 보이는 것도 잠시뿐 민우는 또 다른 모습으로 문제행동을 일으켰다.

힘겨루기가 있은 후 민우는 더 자주 문제행동을 보이며 나에게 더 강한 분노를 표출했다. 누가 이기는지 보자는 듯 쏘아보는 눈초리는 기본이고, 팔을 붙잡거나 때리기도 여러 번이어서 내 팔과 다리에 멍과 상처가 없는 날이 드물었다. 어느 날은 나를 때리겠다며 몽둥이를 들고 와서는 주변을 빙빙 돌며 위협하기도 했고, 깨진 병을 들고 와서는 죽이겠다며 협박하기도 했다. 민우가 그럴 때마다 질 수 없어 나 또한 목소리를 더 높였다.

당시에 나는 민우가 왜 그러는지, 우리 관계에서 무엇이 문제인지에 대해서 관심을 가지지 못했다. 나를 받아들여 주지 않고 내가 싫어하는 행동만 골라서 하는, 이유 없이 정이 가지 않는 이 학생이 마치 내 어깨에 짊어진 짐 같았다. 내가 이끌고 품어야 하는 학생으로 생각하기 보다는 벗어버리고 싶은 무거운 짐이었다. 그러나 내가 취한 방법으로는 짐을 벗어버리지 못했고 오히려 물을 머금은 솜처럼 더 무거운 짐이 되어 내 어깨를 눌렀다.

민우를 향한 어른답지도 교사답지도 못한 행동들은 그동안 부끄러워 누구에게도 말하지 못한 나의 치부이자 꺼내보기 싫은 과거이다. 하지만 그때의 내 모습은 늘 마음 한구석에 자리 잡아 나를 부끄럽게 만든다. 그 부끄러움은 지금 만나는 학생들과는 그와 같은 상황을 반복하지 않으려 발버둥 치게 만든다. 이제는 좀 더 어른답게, 교사답게 학생들을 만날 수 있게 된 이유 가운데 하나는 민우에게 빚진 마음 때문이다. 민우에게 미안한 마음을 민우의 후배들에게 대신 갚고 있는 것이다. 민우와의 경험은 학생들의 문제행동을 이해하는데 많은 도움이 되었다.

특수교사로서 10년 동안 여러 학생을 다양하게 만나면서 인간에 대한 이해의 폭이 넓어지고, 문제에 대처하는 방법도 시간이 갈수록 유연해졌다. 초임 시절엔 학생이 어떤 행동을 했을 때 그 행동 자체에만 관심을 집중하게 된다. 때문에 정작 행동 이면에 있는 이유에 대해서는 차분히 접근하기 어렵다. 당장 눈에 보이는 학생의 문제행동만을 고치기 위해 목소리를 높이고, 어르고, 야단치고, 잔소리를 한다. 눈앞의 문제행동을 없애려는 성급한 접근은 근본적인 해결책이 되지 못한다는 것을 지식으로 알더라도 현장의 경험과 전문성이 부족할 수밖에 없는 초임 특수교사가 행동 이면을 들여다보기 어렵다. 학생들의 문제행동은 언제나 긴장이고 두려움이다.

민우는 초임교사 시절 내게 큰 도전이었다. 그 도전은 실패였을지라도 나는 한층 성장했다. 우리 학생들이 도전하고 실패하며 성장하듯 나도 그렇게 실패하고 배우며 성장했다. 학생들을 만나는 매 순간이 특수교사에게는 도전이다. 지금 민우를 만난다면 꼭 해주고 싶은 말이 있다.

"미안해, 선생님도 그땐 선생님이 처음이었어."

학교에서 단축 마라톤 대회가 있던 날이었다. 우리반 학생들 일부는 통합학급에서 참여하고 나머지는 나와 함께 특수학급으로 따로 참여하게 되었다. 통합학급에서 참여하기로 한 동원(가명)이가 반에서 이탈해 사라졌다고 담임선생님의 급작스런 연락이 왔다. 나는 옆반 선생님께 우리반을 잠시 맡기고 동원이를 찾으러 달려나갔다. 학교 옆 하천을 따라 달리는 마라톤 코스였는데 둑 너머 저 멀리 동원의 모습이 보였다. 큰 목소리로 동원이를 불렀으나, 동원이는 나를 힐끔 쳐다보는 듯하더니 이내 아랑곳하지 않고 내달리기 시작했다. 동원이가 나를 본 것은 확실했다. 잡을 수 있을 만큼 가까워지면 속도를 높여 멀리 달아나기를 반복했다. 잡힐 듯 잡히지 않는 대낮의 추격전이 벌어졌다. 동원이를 잡기 위해 있는 힘을 다해 달렸으나 신체 건장한 중학교 2학년 남학생을 따라잡기엔 나의 달리기 실력과 체력은 역부족이었다. 약 올리는 듯한 동원의 탈주는 쉽게 끝나지 않았다. 나도 동원이도 체력이 바닥날 무렵 추격전은 숨바꼭질로 이어졌다. 학교 근처에서 오랫동안 살아온 동원이는 골목 구석구석을 마치 제집처럼 잘 알고 있었고 요리조리 잘도 숨어다녔다. 끝내 나는 동원이를 붙잡지 못했다. 그렇게 단축 마라톤 대회가 끝날 무렵 나는 마치 42.195Km를 완주한 것 같은 탈진 상태로 홀로 학교에 돌아왔다. 동원이는 왜 그랬을까?

동원이는 한부모 가정에서 자랐고 동생마저도 발달장애가 있었다. 어려서부터 부모님의 사랑과 관심이 부족했고, 그만큼 사랑과 관심을 갈구했다. 통합학급에서 가만히 있을 때보다 튀는 행동을 했을 때 교사나 친구들이 한번 더 주목해주었기 때문에 초등학교 때부터 관심받기 위한 문제행동들이 학습되어 온 것이라는 생각이 들었다. 튀는 행동을 했을 때 교사와 또래 친구들이 보이는 반응이 긍정적이든 부정적이든 동원에게는 중요하지 않았다. 그저 누군가가 자신에게 관심을 보인다는 사실 자체가 중요했다. 돌발 행동에 대한 나의 반응도 동원이는 매우 재미있어했다. 반응이 클수록 부적절한 행동이 더 커졌다. 이 사실을 알게 된 후로 나는 전략을 바꿨다. 지금까지와는 반대로 동원이의 적절한 행동에는 폭풍 칭찬을 하고, 적절하지 않은 행동에는 모르는 척 아무런 반응을 보이지 않았다. 그러자 점차 나를 약 올리는 행동보다는 칭찬받기 위한 행동들이 늘어나기 시작했고, 우리 둘의 관계도 점차 나아지기 시작했다.

문제행동의 이유와 대응 방법을 안다고 문제행동이 곧장 해결되는 것은 아니었다. 나의 대응 방법이 처음부터 특효약처럼 딱 들어맞지도 않았다. 칭찬해야 할 행동을 놓치고 지나가고, 무시해야 하는 행동에 발끈하여 야단치기도 했다. 교사인 나도 생각과 의지만큼 반응을 조절하는 데 시행착오와 노력이 필요했다. 하지만 시행착오들을 점차 줄여나갈 수 있었던 것은 동원이에 대한 내 관점의 변화 때문이었다. 조금씩 눈에 보이는 동원이의 변화도 상승작용을 했다. '교사를 약 올리는 품행이 못된 학생'에서 '교사의 관심을 받고 싶어 하는 학생'으로 생각을 바꾸자 나를 힘들게만 하는 존재에서 내가 사랑해주어야 하는 존재로 보였다. 사소해 보이는 작은 관점의 변화에 따라 학생을 대하는 나의 모습도 조금씩 달라졌다. 나의 태도가 달라지자 동원이의 모습도 서서히 바뀌었다. 누군가를 변화시키려면 우선 나부터 뭔가를 바꿔야 했다.

은주(가명)는 심한 자해 행동을 했다. 구어 발달이 되지 않아 의사소통 자체도 어려웠다. 은주는 우는 것으로 대부분 의사표현을 했다.

학교에 있는 시간 대부분 은주는 울기만 했다. 같이 공부하는 특수학급 학생들조차 은주의 우는 소리를 힘들어했다. 나 또한 은주가 온종일 우는 날에는 마음 한구석에서 은주를 일찍 데려가지 않는 은주 어머니에 대해 아쉬움이 밀려왔다. 이런 은주에게 나는 '울지 마~'라고 다독거리거나, 가끔 은주가 좋아하는 간식으로 울음을 잠시 멈추게 하는 것 밖에 하지 못했다. 학교에 있는 동안 무엇을 해 주어야 하는지, 은주에게 가장 중요한 것은 무엇인지 파악하기 힘들었다. 많은 학생과 수업을 해야 해서 수업을 전혀 따라오지 못하는 은주에게 따로 시간을 내는 것 또한 어려운 일이었다.

어느 날 은주는 등교하자마자부터 울기 시작했다. 자리에 앉아 계속 울기만 하던 은주가 수업시간에 갑자기 용수철처럼 튀어 나갔다. 순식간이었다. 당황한 나는 보조원에게 교실에 있는 학생들을 맡기고 서둘러 쫓아 나갔다. 학교를 샅샅이 뒤지고, 학교 주변도 둘러보았지만 은주의 머리카락 하나 찾을 수 없었다. 평소에는 행동이 매우 느렸던 은주가 그날은 매우 재빠르게 학교 밖으로 뛰쳐나간 것이다. 한 시간쯤 교직원들이 동원되어 학교 안팎을 이리저리 찾아 헤매다 양손에 빵을 들고 있는 은주를 발견했다. 화가 나면서도 한편으로 마음이 놓였고 무사히 돌아와서 다행이다 싶었다.

이날의 일을 은주 어머니와 나누던 중에 은주가 그날 늦잠을 자서 아침을 먹지 못하고 등교를 했다는 사실을 알게 되었다. 구어로 의사소통이 어려운 은주는 배가 고프다는 신호로, 먹을 것 좀 달라고 아침부터 울었던 것이다. 3교시까지 울면서 참았지만 더는 못 참을 지경이었는지 수업 중에 교실을 뛰쳐나간 것이다. 그런데 의문이 생겼다. 구어가 발달하지 않은 은주가 빵을 들고 왔는데 저건 사 온 것일까? 그냥 들고나온 것일까? 내가 아는 은주는 스스로 물건을 사본 적이 없었다. 혹시나 훔친 것은 아닐까 걱정이 되어 그날 수업을 모두 마치고 학교 주변 편의점과 슈퍼마켓을 돌아다녔다. 근처 편의점에서 은주가 돈을 내고 빵을 샀다는 것을 알게 되었다. 편의점 직원에 따르면, 은주가 울면서 들어와 빵 두 개를 들고 주머니에서 천 원짜리 2장을 냈다고 한다. 잔돈은 챙기지도 않고 나갔다고 했다. 편의점 직원이 내어 준 잔돈 500원을 들고 학교로 돌아오는데 커다란 망치로 한 대 얻어맞은 기분이었다. 은주에게 이런 능력이 있을 것이라고는 생각해본 적이 없었다. 은주가 가진 능력을 알아보지 못한 내 무능함에 부끄러워졌다.

나는 은주가 할 수 있는 것이라고는 울기뿐이라고 섣불리 단정하고 있었다. 은주가 가진 다른 능력은 알아보지도, 달리 생각해보지도 못했다. 구어가 어려워도 은주는 어떻게든 의사표현을 하고 싶었을 것이다. 나는 그 울음이 아기들처럼 의사를 표현하는 것이라고는, 울음마다 다른 의사가 담겨있을 것이라고는 더더욱 생각하지 못했다. 그저 자폐성 장애행동 중 하나라고만 생각했다. 무엇인가 필요하다는 울음, 지금 자세가 불편하다는 울음, 햇빛이 너무 강해 눈이 부시니 블라인드 좀 내려달라는 울음, 화장실에 가고 싶다는 울음, 매우 지루

하니 재미있는 놀 거리를 달라는 울음 등 그 울음들의 미묘한 차이에
관심을 기울이지도 구별하지도 못했다. 그 일 이후로 나는 은주의 울
음에 민감해지려고 노력했다. 울음이 시작되기 전의 상황에 관심을
가지고, 은주의 현재 상태에 대해 주의를 기울이기 시작하자 울음의
이유와 요구를 하나씩 맞춰갈 수 있었다. 울음을 해석하는 데 많은 시
간이 걸렸지만, 하나씩 알아가면서 은주가 학교에서 우는 시간이 줄
어들었다. 줄어든 만큼 은주의 학교생활이 다양해졌고, 다른 학생들
이 활동할 시간도 늘었다.

민우, 동원, 은주 외에도 가르치는 것에 대한 두려움과 도전을 안
겨준 많은 학생들을 만났다. 지금도 그런 학생들을 만나고 있고, 나
는 여전히 새로운 도전과 내 안의 두려움에 맞닥뜨리고 있다. 학생들
을 제대로 가르치지 못할 수도 있다는 두려운 마음이 크고 조심스럽
기에 도전적인 학생들을 만나는 일은 힘들게 느껴진다. 피하고 싶은
유혹도 든다. 그러나 한 해 두 해 학생들을 만나면서 점차 문제행동에
대처하는 나의 방식과 학생들을 바라보는 관점에 변화가 생겼다. 학
생들이 모두 다르듯 문제행동도 모두 다르다. 학생마다 이유도 다르
고 양상도 다르다는 단순한 사실을 깨닫자 문제행동에 대해 폭넓게
접근하게 되었다. 물론 지금도 화를 내고 야단을 치기도 하지만 예전
과 달라진 점은 표면적인 행동보다는 그 행동의 이유에서부터 출발
한다는 점이다. 문제행동의 원인을 파악해 문제행동을 줄이고, 학생

의 변화를 이끌어 냈을 때 특수교사로서 흐뭇함과 보람을 느낀다. 이제야 내가 조금은 능숙한 특수교사로 성장하고 있다고 스스로 인정하고 안도할 수 있게 되었다.

그렇다고 내가 만난 학생의 문제행동을 해결사처럼 전부 해결한 것은 아니다. 여전히 나에게 두려움을 주는 문제행동을 보이는 학생들이 있고, 그 학생들의 문제행동을 다루는 것은 어렵다. 그렇지만 문제행동의 원인을 학생 자체에서 찾기보다, 쉬운 것부터 하나씩 접근해가면서 실패하더라도 다른 방법을 찾아보는 노력을 멈추지 않게 되었다는 것, 포기하지 않는다는 것이 이전과 달라진 점이다.

교사에게는 학생들과의 만남이 또 다른 배움이 된다. 교사는 학생을 가르치기만 한다고 생각하지만, 교사 역시 학생들을 통해서 배워 간다는 걸 종종 실감한다. 나 역시 학생들을 통해 끊임없이 배우고 성장하는 과정 중에 있다. 실수도 많이 했지만 다양한 학생들을 만나면서 이해의 폭도 넓어지고 대처 방법도 시간이 갈수록 유연해졌다. 그리고 나 자신도 절대 완벽하지 않은 아주 연약한 인간이라는 것을 알게 되었다. 학생들과 만나는 내 모습, 학생들을 대하는 태도와 행동을 통해 나 자신을 바라볼 수 있게 되었다. 완벽하지 않은 내가 가르치는 자리에 있다는 두려움을 느낀다. 그 두려움 때문에, 내가 선택한 특수교사의 길 위에서 한 걸음 내디딜 때마다 나를 더 담금질하게 된다. 앞으로도 여전히 학생들에게 상처받기도 하고 상처를 주기도 할 것이다. 그럼에도 나는 학생들과 함께 배워 나갈 것이다.

장애학생도
사춘기를 겪는다

누구나 사춘기를 겪는다. 사춘기는 신체적인 능력과 정신력이 가장 왕성하게 자라나는 동시에 마음이 가장 다치기 쉬운 시기이다. 누구나 사춘기 시절에 남몰래 눈물 흘리거나 말 못 할 고민으로 힘들었던 경험이 있을 것이다. 나 역시 그런 사춘기를 보냈다. 무척 힘들고 마음이 아플 때도 많았다. 그 시절 내게는 같이 수다를 떠는 친구들과 잔소리를 해 주는 어른들은 많았지만, 나를 온전히 있는 그대로 이해하고 인정해주고 보듬어 붙잡아준 이는 없었다.

중학교에서 교사로 일하기 시작하면서 나는 내 사춘기 시절을 떠올리며 학생들을 이해하고 보듬어주기로 마음먹었다. 무언가를 가르치기에 앞서 경청해주고 함께 있어 주는 교사가 되고 싶었다. 내가 아프게 겪어 왔던 그 시기를 학생들이 좀 더 수월하게 보낼 수 있기를 바랐다. 어떻게 함께해주어야 하는지는 지금도 고민이다. 함께하기가 생각처럼 쉬운 일이 아니었다. 교사가 되어 학생들을 만나고 대화하면서 나의 부족한 점을 수도 없이 인정해야 했다. 회의감이 들 때도 많았다. 그렇지만 중학교 교사로서 나는 여전히 사춘기 학생들이 마음을 다치지 않고, 보다 잘 지낼 방법을 늘 고민하고 있다.

장애학생도 사춘기의 긴 터널을 지난다

흔히 '중2병'이라고 한다. 사춘기 청소년들의 심리적 반항상태가 무시 못 할 만큼 크다는 비유일 것이다. 사춘기 학생들, 특히 중학생들은 몸도 마음도 변화의 한복판에 있다. 아이들은 중학교에 진학하면서 학교와 또래 집단의 변화를 경험하게 되는데, 이로 인해 심리적 부담과 스트레스, 불안이 나타나는 경우가 많다. 또래 관계에서 소외되거나 적절한 친구 관계를 맺지 못할 때에는 불안이 커 쉽게 부적응 행동으로 표출된다. 사춘기를 겪는 장애학생들은 특히 더 그렇다.

비장애 학생들이 보이는 행동은 사춘기니까 그럴 수 있다고 상대적으로 관대하게 여기는 경우가 많다. 그러나 비슷한 양상의 행동도 장애학생이 보인다면 문제행동으로 보는 경향이 강하다. 사춘기의 비장애 학생들이 종종 보이곤 하는 반항심의 표출, 이를테면 교사에게 대들거나 공격적인 모습에 대해서는 '사춘기니까'하고 이해하기도 한다. 반면에, 장애학생이 교사나 친구들에게 보이는 반항적이고 공격적인 행동은 그저 문제행동이라 생각하며 위험한 존재로 인식하기도 한다. 그래서 문제행동 수정을 위한 중재로 접근하는 경우가 많다. 그러나 장애학생의 행동 중 사춘기여서 보이는 행동과 문제행동은 따로 접근해야 한다.

사춘기에는 호르몬의 변화로 다양하고 복잡미묘한 감정을 경험하게 된다. 장애학생들은 감정이 예전 같지 않음을 느끼지만, 그 감정이 어떤 감정인지 제대로 인식하지 못하는 경우가 많다. 어린 시절에는 부족하지만 기쁜 마음, 신나는 마음, 슬픈 마음, 싫은 마음, 화나는 마음 정도로 감정을 느끼고 표현할 수 있었다면 사춘기에는 싫은 감정도 짜증, 귀찮음, 서러움, 서글픔, 억울함, 열받음, 속상함, 미칠 것 같음, 복수하고 싶은 마음 등으로 복잡미묘해진다. 그리고 자신의 감정 상태를 표현하는 것뿐만 아니라 인식하는 데도 어려움을 겪는다. 당연히 다른 사람의 감정을 읽는 것은 더욱 어렵다. 그러다 보니 친구 사이에 벌어지는 사소한 문제도 커지기 쉽고, 자기감정을 어떻게 다스려야 할지 몰라서 혼란스러워한다. 감정표현도 서툴러서 갑자기 화를 내거나 어린아이처럼 떼쓰거나 욱하는 마음에 거친 행동으로 폭발하기도 한다. 이런 행동들은 친구 관계를 힘들게 할 뿐만 아니라 교사와의 관계에서도 장애물로 작용하여 장애학생의 학교생활을 더욱 어렵게 만드는 요인이 된다.

초등학교 때까지는 특별한 문제행동이 없던 발달장애 학생 중에는 사춘기로 접어들면서 주목할 행동 변화가 나타나기도 한다. 호르몬의 변화로 감정 기복이 심해진 탓에 기분 좋았다가 갑자기 울거나 소리를 지르기도 하고, 성적인 관심도 증가하고, 때로는 퇴행이 오기도 한다. 장애학생은 사춘기에 보이는 일반적인 특성에 더해 장애학생이 가지는 어려움이 중첩되어 나타나기 때문에 세심한 접근이 필요하다. 감정표현이 서투르거나, 의사표현이 부족하거나, 진짜 자신이 느끼는 감정이 아닌 기계적으로 학습된 감정표현을 하거나, 자신의 감정과 타인의 감정에 대해 인식하기 어려워하거나, 자기조절 능력이 미숙하다면 학교생활이 더욱 어렵게 된다. 학생 자신도 힘들기 때문에 이해하고 보듬어주려는 교사의 노력이 필요하다.

마음읽기부터 시작하자

중학교에 입학하면서 수영(가명)이와 주민(가명)이는 둘도 없는 친구가 됐다. 하지만 동시에 앙숙이기도 했다. 수영이와 주민이는 한 시간이 멀다고 싸웠다. 문제없이 잘 놀다가도 순간 다툼이 일었다. 2학년에 들어서부터는 둘 중 하나가 피를 봐야 멈출 정도로 과격한 몸싸움을 하기도 했다. 몸싸움 후 씩씩대는 수영이와 주민이를 진정시키고 한 명씩 불러다 왜 그랬는지 묻고 그런 상황에서 어떻게 해야 하는지 타이르고 설명해주기를 수십 수백 번 했다. 그러나 둘의 갈등도 행동 방식도 달라질 기미를 보이지 않았다.

어른의 시각으로 보면 싸움의 발단은 아주 사소한 문제였다. 당시 우리 교실에는 몸을 움직이면서 하는 모션 인식 스포츠 게임기가 있었다. 점심시간이나 쉬는 시간에는 그 게임기를 사용할 수 있었는데, 매번 둘은 서로 다른 게임을 선택했다. 수영이가 테니스를 하고 싶다고 하면 주민이는 야구를 하겠다는 식이다. 서로 실랑이를 하다 가위바위보로 잘 해결하는 듯싶다가도 누구 하나가 지면 인정하지 않는 식이다. 진 사람은 가위바위보를 삼세판을 해서 이겨야 이긴 것이라고 우기고 또 이것이 발단되어 싸움은 더 커지는 식이다. 교사의 눈, 어른의 눈으로 보면 그것이 대수일까 싶지만 그맘때 학생들에게는 자존심이 걸린 중요한 문제인 셈이다. 처음에는 자꾸 싸우면 게임을 할 수 없다고 이야기도 해보고 실제로 못하게도 해보았지만, 둘은 게임기 이외에도 소소한 일들로 계속 다투었다. 그때그때 타이르고 조정하는 식의 땜질 처방으로는 부족하다는 생각이 들었다.

우선 수영이와 주민이에게 자신의 감정을 읽는 연습부터 시키기로 했다. 인지 기능이 아주 많이 떨어지는 학생들도 아니고 자신의 의사를 말로 잘 표현하는 학생들이기 때문에 자신들의 감정에 대해서도 잘 읽으리라 생각했다. 하지만 수영이와 주민이는 자신들의 감정을 기쁘다, 슬프다, 화난다, 싫다 정도의 불과 서너 개 어휘로만 인식했다. 이렇게 자신의 감정을 읽지 못하거나 단순화하니 타인의 감정을 이해할 리가 없었다.

감정을 표현하는 다양한 어휘들을 가르치는 것이 먼저 필요했다. 수업시간에 이모티콘을 이용하여 감정을 크게 기쁨, 슬픔, 화남으로 분류하고 기쁨도 정도에 따라 기쁘다, 두근거린다, 설렌다, 벅차오른다, 하늘을 날아갈 것 같다, 짜릿하다, 행복하다, 신난다, 즐겁다, 기분이 좋다, 행복하다와 같이 풍부한 표현이 있다는 것을 여러 가지 상황을 제시하며 알려주었다. 동시에 기쁜 이유도 다양할 수 있다는 것도 공부했다. 스스로 뭔가를 해서 뿌듯하고 기쁜 경우, 친구나 부모님께 선물을 받아 기쁜 경우, 칭찬을 받아서 기쁜 경우, 재미있는 영화를 봐서 기분이 좋은 경우, 주말에 가족과 놀러 가기로 해서 기대되는 경우 등 갖가지 상황을 예로 들어 설명해 주었다. 지금 생각나는 몇 가지를 적어보면 이런 식이다.

슬픔을 나타내는 말: 서운하다, 속상하다, 처량하다, 무시당하는 것 같다, 외롭다, 쓸쓸하다, 우울하다, 주눅이 든다, 실망스럽다 등

화나는 감정을 나타내는 말: 화가 난다, 폭발할 것 같다, 열 받는다, 불쾌하다, 원망스럽다, 짜증 난다, 얄밉다, 심술이 난다, 억울하다 등

불안을 나타내는 말: 두렵다, 걱정된다, 초조하다, 무섭다, 조마조마하다, 난처하다 등

다양한 감정 어휘들을 가르치고 어느 정도 감정을 읽는 연습이 되자 이번에는 일상생활에서 자신이 느끼는 감정들을 표현하게 했다. 처음에는 자신의 감정이 어떤지 몰라 표현하는 것을 어려워했지만, 하루에도 몇 번씩 연습하다 보니 점차 감정 표현이 자연스러워졌다.

자신의 감정을 읽기 시작하니 처음에는 자기 감정이 제일 중요하다고 아우성쳤다. 산 넘어 산이었다. 휴! 내가 괜한 짓을 한 걸까? 그래도 자신이 왜 화가 났는지 알고 있으니 크나큰 발전이라고 만족하고 싶었다. 하지만 여기서 포기할 수는 없었다. 이제 다른 사람의 감정을 읽어보는 연습을 할 차례였다. 역지사지의 단계로 접어들 때가 된 것이다. 타인의 감정을 이해하기 위해서 직접 타인이 되어보는 연습을 꾸준히 해 나갔다. 타인의 입장에 선다는 것을 잘 이해하지 못했던 학생들에게 학교 안의 다양한 상황에서 상대방의 입장은 어떻고, 어떤 감정일지 생각하고 표현하도록 했다. 수십 수백 번 반복했더니 다행히 가랑비에 옷이 젖듯 조금씩 다른 사람의 감정도 읽기 시작했다.

마지막으로 갈등 상황에서 문제를 해결하는 방법을 연습하도록 했다. 감정을 읽고 표현하도록 연습한 목적이 갈등 상황에서 싸우기보다 적절하게 해결하도록 유도하는 것이었기 때문이다. 내가 선택한 해결 방법은 'I 메시지(나의 감정을 먼저 표현하며 대안을 내놓은 순서로 말하는 방식)'로 표현하도록 하는 것이었다. '나는 ○○해'라는 방식으로 자신의 감정을 표현하고, 그런 서로의 감정에 대해 인정해주고, 그 다음에 문제해결 방안을 모색하도록 유도하는 것이었다. 예를 들어, 이런 상황을 먼저 제시한다. 교실에 컴퓨터가 한 대 밖에 없고 점심시간에만 사용할 수 있는데, 두 친구가 컴퓨터 사용 문제로 자주 다툰다. 규칙으로 제각각 제한시간을 정해두었지만 잘 지켜지지 않는다. 이 상황에 있는 두 친구가 서로 자신의 감정을 표현하고 타인의 감정을 인정하면서 해결 방안을 모색하는 연습을 해 보는 것이다. 연습을 거듭하고 시간이 지나자 서로 이해하고 양보하는 모습이 조금씩 나타났다. 갈등 해결 연습 중에 두 아이는 이렇게 대화를 나눴다.

수영: 오늘은 내가 먼저 하는 날인데, 네가 컴퓨터 자리에 앉아서 비켜주지 않아 나는 화가 나.

주민: 아, 그랬구나. 근데 나는 네가 너무 오랫동안 컴퓨터를 해서 내가 하지 못할까봐 불안했어.

수영: 아, 그랬구나. 그럼 우리 어떻게 할까?

주민: 오늘은 네가 먼저 하는 날이니까 15분 시간을 지켜줘.

수영: 알겠어. 그 시간이 되면 나에게 말해줘.

연습한다고 처음부터 이렇게 둘의 대화가 잘 진행되었을 리 만무하다. 계속해서 내가 둘 사이에 개입해야 학습한 대화가 기계적으로 진행되었다. 그러나 연습이 반복되면서 서로 간에 말이 트이고 나도 조금씩 개입을 줄여나갈 수 있었다. 점차 둘은 나의 개입 없이도 갈등 상황이 생기면 앞서 대화와 유사한 말들을 주고받기 시작했다. 가끔은 내 눈치를 봐가면서 하기는 했지만 그 자체만으로도 엄청난 발전이었다. 이렇게 나의 개입은 점점 줄어들었다. 스스로 감정을 표현하고 상대방의 생각을 받아들이면서 둘만의 규칙과 방법을 정하기도 했다. 절친이자 앙숙이던 둘은 그렇게 갈등을 해결해나갔다.

　나를 비롯한 많은 교사가 'I 메시지'를 그냥 이론으로 받아들이거나 기계적이라고 생각하기도 한다. 장애학생이 그렇게 구체적으로 자기 생각을 표현하는 것이 어렵다고 지레 시도하지 않기도 하고, 막상 시도했다가도 단기적인 효과가 없으면 중단하는 때도 많다. 나도 처음에는 학생들이 알아듣는 것인지 의구심이 들었지만, 학생들에게 필요한 것은 '존중'에 대한 경험이 아닐까 싶어 물러서지 않았다. 존중받는 경험을 해야 존중하는 모습도 가능할 것이라 생각했기 때문이다. 막상 I 메시지를 아이들에게 적용해보니 처음에는 어색해했지만 자신의 감정과 욕구를 솔직하게 표현하는 데 유용했다. 상대를 직접 공격하는 말이 줄어드니 극한 갈등도 줄어들었다.

　성인인 우리도 종종 다른 사람의 처지에서 생각하거나 그 사람의 감정을 이해하는 데 서툴 때가 있다. 사실 우리는 일상 속에서, 사회의 여러 뉴스와 기사들을 통해서 서로의 감정을 배려하고 이해하려는 노력이 부족한 어른들의 모습을 종종 목격한다. 타인에게 무언가 말을 하거나 몸짓을 취하기에 앞서 한 번만 상대방의 처지를 생각한다면 불필요한 갈등과 충돌을 피할 수 있는데도 말이다. 하물며 장애학생들에게 다른 사람의 입장에서 생각해보고 행동하도록 한다는 것은 무척 어렵고 힘든 일이다. 쉽지 않지만, 그럼에도 역지사지하는 서로의 감정 읽기는 필요하다. 이런 모습들은 하루아침에 만들어지지 않는다. 다양한 상황에서 꾸준한 연습이 필요하다. 당장 학교 안에서 갈등을 해결하기 위해서만이 아니다. 졸업 후 살아갈 삶에서 갈등 상황에 자신의 의견을 표현하고 타인의 의사를 읽는 의사소통 기술이 꼭 필요하기 때문이다. 머지않은 장래에 사회인으로 살아가기 위해서는 꼭 필요한 역량이기에 힘들더라도 가르치고 연습시켜야 한다. 평생을 살아가며 쓰는 중요한 삶의 기술을 길러주는 것은 그 어떤 지식 교육보다 중요하다고 생각한다.

때론 무조건적인 지지도 필요하다

출생 후 36개월까지의 아동에게는 양육자와 주변의 정서적 지지가 매우 중요하다고 한다. 그 36개월 동안 적절한 정서적 지지를 받은 아동은 곤란을 이겨내는 힘이 있고 자존감이 높아 실패와 좌절을 이겨내고 다시 시작하는 힘을 가진다고 한다. 이 정서적 지지는 비단 출생 후 36개월까지만 중요한 것은 아닐 것이다. 정서적 지지는 누구에게나 평생 가장 중요하고 필요한 부분이다. 나는 출생 후 36개월의 아이만큼이나 사춘기 시기의 청소년들에게 정서적 지지가 특별히 중요하다고 생각한다. 비장애 학생에게도 중요하지만 장애학생에게는 더 필요하다. 그러나 나는 우리 사회가 장애학생에 대한 정서적 지지에 두 가지 상반된 시각을 가지고 있다고 느낀다. 인지 능력이 낮으므로 모든 부분에서 도움이 필요하다고 여겨 스스로 판단하고 선택하며 이겨낼 기회를 주지 않거나, 반대로 신체적인 성장만 보고 다 컸다고 생각해 그 마음을 들여다보고 부족한 부분을 채워 줄 필요를 느끼지 않는 것이다. 두 시각 모두 편향된 생각이다. 꼭 필요한 정서적 지지는 비워 둔 채 편향이 가득한 셈이다.

장애 정도에 따라 장애학생에 대한 부모들의 기대치는 다르다. 수년간 지켜보다 보니 장애 정도가 약할수록 부모들은 자녀를 끊임없이 일반학생과 비교한다. 학업에서 부족한 부분 외에는 자녀가 보이는 특성을 장애의 특성으로 받아들이려 하지 않기도 한다. 비장애 학생들과 비교해 부족한 부분만을 채우려는 경향이 있다. 비장애 학생들과 학업에서 차이가 크지 않기 때문에 학업 성적을 따라잡기를 기대하거나, 어떤 면에서든 우수하면 된다고 생각하여 심한 스트레스를 주는 경우도 많다. 이러한 경우에 학생들은 대체로 갑자기 말수가 줄거나 잠을 많이 자거나 무기력한 모습을 보이는 등 일종의 암시 내지 신호를 보낸다. 부모가 학업 측면에서만 관심을 두고 자녀를 밀어붙이다 보면 이러한 정서적 상태나 신호를 인식하지 못하는 경우들이 있다. 그러다 결국 학업과 정서적 안정 둘 다 놓쳐 매우 어려운 상황에 부닥치기도 한다. 그런데 학부모만 이런 오류를 겪는 것은 아니다.

특수교사가 된 후 나는 스스로 능력 있는 교사임을 입증하려고 학생들의 학업능력 신장에 초점을 두었다. 빽빽하게 짠 학습 계획에 맞춰서 학급을 운영했다. 초등학교나 고등학교보다 중학교는 학업능력을 키울 기회가 있다고 생각했다. 아무래도 고등학교는 취업준비로 학습보다는 취업 기술에 초점을 맞추고 있고 초등학교는 일상생활, 신변자립, 한글 위주의 교육에 초점을 맞추고 있기 때문이다. 내가 맡은 학생들을 어떻게 하면 한국 교육이 요구하는 커리큘럼과 학업 성과에 뒤처지지 않게 교육할 수 있는지를 최우선 과제로 삼았다. 내게 배우면 사칙연산 및 초등학교 수준의 수학은 다 뗄 수 있다는 소리를 들을 정도로 수학에서는 자칭 타칭 전문가라는 자신이 있었다. 그러다보니, 학생들에게 스트레스를 주기도 했다. 왠지 조금만 더 가르치면 될 것 같은 학생들을 학생의 의사와는 상관없이 부모와 상의하여 더 많은 시간을 할애해 가르치기도 했다. 당시엔 성과 중심의 교육 방식을 크게 벗어나지 못했다. 연희를 만나기 전까지 나는 그랬다.

연희(가명)는 초등학교 내내 왕따를 당했다. 감정 표현이 서툴고 속으로 담아두는 성향이었던 연희는 일찍이 아스퍼거증후군_{Asperger syndrome} 진단을 받았다. 아스퍼거증후군의 특성을 고려하지 못한 학원 선생님과 과외 선생님으로부터도 심하게 질책을 당했다. 부모님은 일하느라 바빠서 연희의 마음을 보듬을 여유가 없었다. 연희는 사춘기를 겪으면서 불안과 분노가 증폭되며 속으로 병들어가고 있었다. 학급의 다른 학생들은 연희와 같은 조가 되어 수행평가를 받는 것을 꺼렸고, 연희는 주변 학생들의 이러한 시선을 느끼며 스트레스를 받았다. 신기하게도 사회성이 부족한 학생들은 사회성이 좋다는 학생들보다 다른 사람이 보내는 부정적인 신호와 심리적 불편감을 재빨리 찾아낸다. 연희는 일반 학생들과의 관계에서 스트레스가 늘어만 갔다. 기댈 곳 없이 스트레스를 차곡차곡 마음에 쌓으며 감내해야 했던 연희는 어느 날 폭발했다. 오랫동안 억눌러왔던 분노를, 그저 참아왔던 마음과 감정을 더는 버티기 어려워진 것이다. 책상과 청소도구들을 집어 던지면서 폭발했다. 그렇게 폭발한 후 연희의 상태는 급속도로 나빠졌다. 환청과 환시를 경험하기에 이르러 결국 대학병원의 소아청소년정신과에 입원하기까지 했다. 겨울을 병원에서 보낸 후 다음 해 봄이 되어 퇴원했고, 특수학급이 있는 우리 학교로 전학을 왔다. 그렇게 나는 연희를 만나게 되었다.

연희를 만나고서 나는 생각의 전환점을 맞이하게 되었다. 연희의 부모님은 연희가 그저 다른 학생들보다 조금 행동이 느릴 뿐이라고 생각했다. 그도 그럴 것이 아스퍼거증후군 학생들은 일반 학생들에 비해 장애 특성이 모나거나 튀지 않는다. 지적 능력과 인지 능력에 있어서도 일반 학생들보다 특별히 떨어지지 않는 경우도 많다. 하지만 보통 아스퍼거증후군이 있는 학생들은 사회적 관계에 대한 열망이 있지만 자기중심적이어서 또래 관계에 어려움을 보인다. 그러나 아스퍼거증후군 자녀를 둔 많은 부모는 그것을 대수롭지 않게 여기는 경향이 많다. 돌이켜보면 연희를 처음 만났을 때 나 역시 별로 중요하지 않게 여겼었다. 당시 나는 학생들이 학업을 따라갈 수 있게끔 하는 데 전념해 있는 상태였고, 학생들 개개인의 내적인 정서 문제를 다소 부차적인 것으로 여기고 세심하게 살피지 못했다.

학업 증진에만 치우쳐 있었던 나에게 연희는 당황스러웠다. 학업에서 크게 뒤처져 있지 않았던 연희에게 내가 해줄 수 있는 것은 별로 없어 보였기 때문이다. 그렇다고 그저 두고 볼 수만은 없었다. 일반 학교에서 잘 생활하다가 문제를 일으켜 병원에 입원하고, 특수학급이 있는 학교로 전학까지 온 것은 도움이 필요해서였다. 공부가 우선이 아닌 연희에게 필요한 것은 무엇일지 곰곰이 생각해 보았다. 그동안 학업 증진을 위한 고민 외에는 별로 하지 않아서 딱히 떠오르는 것이 없었다. 혹시나 도움이 될까해서 몇 해 전에 배워두었던 미술치료를 연희와의 수업에 시도했다. 편안하게 미술 활동을 하면서 이야기를 나누다 보면 연희의 마음을 조금이라도 이해하는 데 도움이 될 것 같았다. 미술 활동을 하는 동안 온전히 연희에게만 집중하며 이야기에 귀 기울여 주고, 어떤 표현도 다 수용하려고 노력했다. 이 시간을 통해 연희가 자기에 관해 이야기하는 것을 매우 좋아하고 자신과 상대방의 관심사가 같을 때 매우 행복해한다는 것을 알게 되었다.

연희가 나에게 조금씩 마음을 열기 시작하면서 미술 활동 외에도 일대일로 보내는 시간을 늘려갔다. 관계를 맺는데 어려움을 겪는 데다 강박증세가 있어서 연희는 외출을 거의 하지 않고 집 안에서만 지내왔다고 했다. 그런 연희에게 따뜻한 햇볕을 느끼게 하고 싶어 날씨가 좋은 날은 방과 후나 주말에 따로 시간을 내어 단둘이서 학교 근처 둑길을 자주 걸었다. 그러던 어느 날 연희가 자신의 마음을 꺼내어 보여주었다.

"선생님, 마음이 아파요."

좀처럼 자신의 감정을 잘 드러내지 않고 피상적으로만 표현했던 연희가 가슴 깊이 있던 마음을 꺼내 보여준 순간이었다. 나는 그 말이 오랜 시간 동안 마음에 담아두고 억눌러왔던 것임을 알 수 있었다. 그동안 정말로 아팠는데도 누구에게도 표현할 수 없었던 것이다. 그 누구도 이해하지 못할 것이라고 느끼고 있었기 때문이었다. 또 그런 연희를 두고 주변에서 쏟아지던 질책과 시선들이 연희의 상처를 더욱 깊게 만들었을 것이다. 마음을 보듬어주는 이가 없었던 것도 마음의 상처가 깊어지는 데 한몫했을 것이다. 사춘기 시절에 나를 온전히 이해해 줄 사람이 필요했던 것처럼 연희에게도 그런 누군가가 필요했다.

자신의 진짜 마음을 꺼내어 보여준 연희를 위해 이제 무엇을 할까 고민하다 함께 토마토 텃밭을 가꾸기로 했다. 나는 연희가 텃밭 활동을 통해 즐거움과 안정감을 느끼게 해주고 싶었다. 자신의 이름을 딴 밭에서 뜨거운 여름날에도 잡초를 뽑고 물을 주고 지지대를 연결하며 가꾸고 열매를 수확하는 과정은 학생들에게 성취감과 함께 심리적 안정을 주는 데 효과적이라고 생각했기 때문이다. 어느 날 연희는 텃밭의 토마토를 수확하며 맛보다가 이런 말을 했다.

"선생님, 이 못난이 토마토는 저 같아요."

"아냐, 연희는 이 토마토보다 예쁜걸"

"이 토마토는 상처도 나고 벌레 먹어 모양은 안 예쁘지만, 속이 꽉 차서 맛있잖아요. 그래서 저 같아요."

이렇게 말하며 활짝 웃었다. 자신과 타인, 그리고 세상을 받아들이고 새로운 관계를 출발하는 듯한 표정이었다. 활짝 웃는 모습에는 어떤 과장이나 가식이 없었다. 연희는 웃는데 나는 순간 울컥했다.

그 뒤로 점차 연희의 부모님도 연희의 장애를 인정하기 시작했고, 학업뿐만 아니라 감정을 살피고 보듬으려고 노력하셨다. 연희의 삶이 제자리를 찾아가는 데는 나빠지는 데 걸린 시간보다도 훨씬 오랜 시간이 걸렸지만, 그 시간 동안 연희 가족은 서로의 존재를 인정하고 사랑할 시간을 그만큼 길게 가질 수 있었다. 연희는 지금 고등학교 3학년이다. 연희의 부모님은 연희가 대학에 진학하길 원하지만 예전처럼 일방적으로 밀어붙이지 않겠다고 하신다. 연희의 의견을 경청한 후 연희에게 좋은 방향으로 충분히 함께 고민하시겠다고 하셨다.

연희와 연희의 부모님만 변한 것은 아니다. 연희를 통해서 나 역시 많은 것이 바뀌었다. 학업은 중요하다. 하지만 학생들의 학업을 지도하는 일이 학생 개개인에 대한 세심한 배려와 정서적 지지가 없이 이루어진다면 장애학생들 조차 차가운 무한경쟁의 현실 속에서 길을 잃고 방황할지도 모른다. 나는 연희를 통해서, 연희가 가지고 있었던 착하고 여린 마음을 통해서 학생들에게는 정서적 지지와 배려가 무엇보다 중요하다는 것을 깨달았다. 학생들이 교사에게 마음을 터놓지 못하고 기댈 수 없다면 건강한 마음을 키울 수 있을까?

정서적 지지는 학업성적처럼 수치화되기 어렵다. 학부모들 중에는 가시적이며 수치화된 성과를 원하는 분들이 많다. 특수교사조차도 장애학생들이 자신과 지내면서 변화되고 성장한 모습을 보여주기를 원한다. 수치화되거나 눈에 보이는 성과 같은 것들을 보여줘야 마치 능력 있는 특수교사인양 보이기도 하기 때문이다. 그래서 정서적 지지를 강조하며 특수학급을 운영하기란 쉽지 않다. 장애학생들이 정서적 지지를 통해 변화되는 모습은 하루아침에 나타나거나 한 학기 만에 보이는 것은 아닌 탓에 내 안에서 늘 이런 갈등을 피할 수 없다. 그럼에도 나는 학생을 정서적으로 지지하고 마음의 힘을 키우는 데 더 중점을 두며 특수학급을 운영한다. 여전히 내가 가는 길이 맞는지 고민되고 두렵고 걱정되기도 한다. 그렇지만 나는 정서적인 부분을 중심에 두고 학생들을 만나고, 학생들의 마음이 정서적으로 단단하게 키워져야 미래의 삶을 살아가는 힘이 생기리라고 굳게 믿고 있다.

사춘기를 겪으며 어려워하는 장애학생들에게 정말 필요한 것은 넘실대는 강에서 함께 징검다리 건너듯 손잡아 주는 어른들이다. 늪에 빠질 것 같아서 두려워하고 머뭇거리는 학생들에게 손을 잡아주고, 때로는 다리도 놓아주고, 때로는 혼자서 건널 수 있도록 기다리며 격려해 주는 어른들 말이다. 다들 사춘기 때는 감정의 소용돌이로 힘들어하고 전에 하지 않던 어처구니없는 행동을 하기도 한다. 그러나 그런 감정들과 실수들은 모두 좋은 어른으로 자라는 과정이라고 이야기해주는 것이 필요하다. 장애학생들의 성장을 따뜻한 눈빛으로 지켜보며 기다려 주는 교사, 여유 있는 특수교사가 필요하지 않을까?

친구가
필요해

같이 수다 떨고, 밥 먹고, 매점 가고, 가끔은 선생님 뒷담화도 하는 사이. 유행하는 패션, 인기 있는 아이돌, 이성 친구, 집안 문제까지 이야기하는 사이. 다름 아닌 친구 사이다. 친구를 빼고 중학교 시절을 생각할 수 있을까? 중학생들에게 친구는 가장 중요한 존재다. 아니 어쩌면 전부일 수도 있다. 그런데 정작 나는 우리반 학생들에게 친구는 어떤가를 생각하면 그리 좋은 느낌일 수 없다.

친구를 문자 그대로 해석하면 가깝게 오래 사귄 벗이다. 하지만 이는 사전적인 의미이고 현실에서 친구는 다양한 차원에서 복합적인 의미일 것이다. 사람마다 친구의 정의와 범위는 제각각 다를 수 있다. 나는 '친구'라는 단어를 떠올리면 아무 때나 연락해 수다를 떨고, 바라는 것 없이 그저 옆에만 있어도 좋은 그런 사람들이 생각난다. 기쁠

때나 슬플 때 언제라도 아무런 거리낌 없이 마음껏 감정과 생각을 나눌 수 있는 존재다. 어떤 면에서는 부모와 가족보다 가깝게 느끼기도 한다. 이런 친구는 어느 한쪽의 의도나 목적보다는 서로에 대한 공감과 호감으로 자연스럽게 만들어진다.

장애인과 비장애인이 서로 동등한 위치에서 만나고 친구가 될 수 있을까? 학교에서 장애학생들과 비장애 학생들이 자연스레 친구가 되고 있는가? 아니 될 수 있을까? 특수교사로 지내오면서 지금까지 이 질문에 대한 답을 찾아가고 있다. 장애의 장벽을 넘어 친구가 될 수 있다고 최대한 긍정적인 답을 찾으려 노력하고 있지만, 현실은 생각만큼 녹록지 않다. 우리 사회에서 장애인과 비장애인 사이의 장벽은 생각보다 높다.

교육 현장에서 교사의 힘으로 학생들의 친구 관계를 인위적으로 만들어 주려고 하는 광경을 종종 목격한다. 나 또한 친구 관계를 상당 부분 의도하고 만들어주려고 노력해왔다. 교사가 개입해 가끔 좋은 친구 관계가 만들어지는 예도 있다. 하지만 대부분은 의도한 대로 아름답거나 지속적인 친구 관계로 이어지지 않는다. 오히려 인위적으로 관계에 개입하다 부작용을 불러오기도 한다. 나를 비롯해 많은 교사가 장애학생에게 통합학급의 착한 학생, 봉사심이 투철한 학생, 조용한 학생, 잘 도와주는 학생, 잘 가르쳐 주는 학생, 또는 외로워 보이는 학생들과 친구 관계를 맺어주려고 한다. 그런데 뭔가 좀 이상하지 않은가? 교사인 나는 정작 친구를 그렇게 사귄 적이 없는데 학생들에게는 다른 방식으로 맺어주려고 하고 있으니 말이다. 이런 부분에서 교사들이 실수하는 것일지도 모른다. 교사인 내가 만들고 유지하는 친구 관계와 장애학생의 친구 관계는 다른 것일까? 그렇게 교사가 맺어준 관계를 친구 사이라 할 수 있을까? 그들은 서로 친구가 되었다고 생각할까?

친구를 만들어 준다는 것

장애 정도가 약하거나 경계선에 있는 학생들이 장애가 심한 학생들보다 또래와의 사회적 관계에 더 많은 어려움을 가진다. 일반적으로 장애가 별로 드러나지 않으면 또래 관계를 맺는 데 어려움이 없을 것으로 생각하기 쉽지만, 현실은 반대다. 일반 학생들은 장애가 심한 학생들을 상대적으로 너그럽게 받아들이고 이해하려는 폭도 넓다. 반면 장애가 약한 학생일수록 자신들과 차이를 크게 느끼지 않기 때문에 장애학생의 행동과 생각을 이해하지 못하는 경향이 있다. 장애가 약한 학생들 처지에서는 비장애 학생들과 사회적 관계를 맺으려는 열망이 크지만 일반 학생들에게 쉽게 수용되지 않는다. 이렇다 보니 서로 친구가 되고 관계를 유지하는 것이 참으로 어렵다. 중학생은 일반 학생, 장애학생 모두가 사춘기를 겪는 시기이고 자기 내부의 혼란과 에너지를 통제하기도 벅차고, 상대에 대한 이해와 배려가 부족하기도 하다. 때문에 장애학생이 친구를 만들기란 여간 어려운 일이 아니다.

이것이 통합학급 담임교사와 특수교사들이 겪는 주요한 딜레마 중 하나다. 교사들은 자신의 학생들이 질풍노도의 시기를 잘 극복하고 건강하게 더불어 살아가는 사회화 과정을 거칠 수 있게끔 도와주려고 노력한다. 교사는 이 과정에 있어서 말 그대로 조력자 역할을 할 뿐이다. 학생의 삶에 직접 개입하기는 어렵다. 학생 스스로가 사회화 과정을 잘 거치도록 지켜보고 도울 뿐이다. 장애학생들의 경우 보다 복잡한 접근이 필요하다. 비장애인과 장애인을 가르는 차별적 장벽과 편견이 존재하고, 장애 특성 자체가 사회화 과정에 방해 요인으로 작용하는 경우가 많기 때문이다. 방해 요인을 최소화하는 환경을 만들어주는 것이 교사와 부모의 몫이다. 그런데 이 과정에 어떻게, 얼마나 도움을 주거나 개입해야 하는지 가늠하기 쉽지 않다. 교사들의 무리한 개입은 오히려 장애학생들이 다른 사람들과 관계를 맺고 사회화 과정을 거치는 데 걸림돌이 되기도 한다. 나 또한 이러한 시행착오를 부단히 거쳐 왔다.

지연(가명)이를 처음 만났을 때 지연이는 지적장애가 있는 학생처럼 보이지 않았다. 자신의 의견을 또박또박 잘 표현하며 스스로 할 수 있는 것들이 많은 학생이었다. 지연이는 선천성 희소질환인 디죠지증후군 Di George syndrome을 가지고 태어났다. 디죠지증후군은 22번 염색체의 부분 결손으로 독특한 외모와 심장 결함 및 갑상샘과 흉선 발달에 이상이 있고 신경학적 문제로 가벼운 학습장애가 나타나는 어려움을 겪는다. 지연이는 지적인 어려움은 별로 없었지만 외모로 드러나는 다른 어려움이 있었다. 그로 인해 초등학교 때부터 학교에 적응하는 데 어려움을 겪었다고 한다.

지연이는 초등학교에서 왕따를 경험한 이후 학교에 대한 거부감이 컸다. 그런 경험이 무서워 중학교 과정부터 대안학교를 다녔다. 대안학교를 오랫동안 다니다가 18세가 되어서야 내가 근무하던 중학교에 3학년으로 편입해 왔다. 이렇게 나와 지연이와 인연은 시작되었다. 지연이는 지적 능력이 상대적으로 좋은 학생이었다. 특수교사로 일하기 시작해 10여 년이 지난 지금까지도 지연이 같은 학생을 특수학급에서는 만나보지 못했을 정도로 매우 똘똘한 학생이었다. 지연이 자신도 장애인이라고 생각하지 않을 정도였다. 지적장애 정도는 아주 경미했고, 학습에서도 동급 학생들에 비해 이해력이 다소 뒤떨어지지만 통합학급의 수업을 따라갈 수 있었다. 적응행동 면에서도 일반학생들과 비교해보았을 때 크게 뒤처지지 않았다. 특수학급에서는 교사를 도와 동생들이나 친구들의 보조교사로 활약할 정도였다.

하지만 지연이는 또래 관계에 어려움을 겪고 있었다. 자신의 논리에 부합하지 않은 상황에 직면할 때 특히 힘들어했다. 통합학급이나 특수학급 친구들의 장난이나 농담을 가벼이 받아들이지 못했다. 친구들의 행동 이면에 다른 나쁜 의도가 숨겨져 있을 거라고 확신했다. 급우들의 장난이 자신을 향한 것이 아니어도 그 상황을 견디지 못하고 쉽게 분노하곤 했다. 그러면서도 항상 친구를 원했다. 또래들의 상황 속으로 들어가고 싶어 했다. 자신이 이해할 수 있는 상황을 원했다. 겉으로는 괜찮은 척하며 친구는 없어도 된다고 말은 했지만, 그 말은 그만큼 친구가 필요하다는 또 다른 표현이었다. 지연의 시선은 항상 동급생 친구들을 향해 있었다. 이런 지연이에게 가깝게 오래 사귈 수 있는 벗, 친구를 만들어 주고 싶었다.

자신을 믿어주고 함께 해주는 친구가 단 한 명이라도 있다면 그것만으로도 살아가는 데 큰 힘이 된다는 것을 우리는 잘 알고 있다. 지연이 또한 그런 친구를 갈망했다. 생각을 나누며 함께 놀 단짝 친구가 절실해 보였다. 통합학급 담임선생님과 함께 고민하던 중에 통합학급에서 성향도 지연이와 비슷하고, 마찬가지로 친구가 절실히 필요해 보이는 은희(가명, 일반 학생)가 눈에 들어왔다. 나와 통합학급 선생님은 지연이와 은희가 친구로 지내도록 서로 엮어주었다. 지연이도 은희도 서로에게 친구가 필요했기 때문에 쉽게 가까워졌다. 둘은 방과후나 주말에 서로의 집을 오가며 시간을 함께 보내기도 했다.

그러나 교사에 의해 인위적으로 만들어진 이 관계를 지속시키는 데는 또 다른 동력, 진심에서 우러나는 서로에 관한 관심과 애정이라는 동력이 필요했다. 그러나 지연이와 은희는 둘만의 깊은 공감대를 만드는 데 실패했다. 중학교를 졸업한 후 서로 다른 고등학교로 진학하면서 그 관계는 완전히 끝나고 말았다. 인위적으로 만든 관계는 오래가지 못한다. 주변의 도움 없이 관계가 지속되기 위해서는 둘 사이의 공감대가 형성되어야 한다.

은희는 졸업 후에도 나에게 종종 연락하곤 했다. 진로나 대인관계, 일상생활 등 고민이 있을 때 내게 털어놓았다. 졸업 후 만났을 때 은희는 그동안 미처 말하지 못했던 것들을 털어놓았다.

"담임선생님과 특수선생님이 저에게 지연이를 맡기는 것이 부담스러웠어요. 저에게도 친구가 필요했지만 지연이는 저에게 맞는 친구가 아니었어요. 지연이에게도 저는 맞는 친구가 아니었고요. 우리 둘은 노력했지만 딱 중학교 3학년, 거기까지였어요."

그 말을 듣고는 한참 동안 멍했다. 나와 담임선생님은 '친구 만들기'에 대해 쉽게 생각했던 것이다. 둘 다 어느 정도 성향이 비슷하고 친구가 필요하니 연결만 해주면 된다고 생각했다. 학생들의 생각은 들어보지도 않은 채 말이다. 은희는 은연중에 선생님들이 특수학급 학생인 지연이를 자신에게 맡긴다고까지 생각한 것이다.

지연이는 고등학교에 가서도 쉽게 친구를 사귀지 못했다. 일반 학생들은 고등학교에 입학한 이후에는 대학, 수능이라는 커다란 문을 통과하기 위해 주변을 돌아볼 여력이 없다. 친구를 새로 만들기보다는 기존에 형성된 친구 관계에 집중하는 경향이 있다. 지연이는 일반 학생들은 물론이고 특수학급의 다른 학생들과도 친구 관계를 만들지 못했다. 다른 장애학생들에 비해 일반적인 지적 능력, 인지 능력이 뛰어난 학생이었던 지연이는 특수학급 학생들과도 쉽게 어울리지 못했다. 고등학교에 진학한 후에도 특수학급에서 관계로 힘들어한다는 소식을 종종 들었다. 졸업 후 가끔 지연이를 만나면, 자신이 보기에는 특수학급 학생들의 행동이 분명 잘못되었는데도 부모님과 선생님들은 모두 자신에게만 이해하라고 해서 스트레스를 받는다고 하였다. 특수학급 학생들을 이해하지 못하는 자신에게 특수학급에 오지 말라고 한다며 매우 흥분한 적도 많았다.

고등학교에서 상황은 더욱 악화되어 지연이가 등교를 거부하기 시작했다. 자신을 이해해 줄 친구도 교사도 없는 곳에는 가지 않겠다고 했다. 통합학급에 있을 수도 특수학급에 있을 수도 없는 자신은 집에 있는 것이 낫다고 했다. 부모님의 설득으로 등교 후 4교시까지만 하고 조퇴하는 것으로 일단 합의를 했지만, 그나마 등교하는 날에도 예민하고 온갖 신경질로 분노를 표출하는 경우가 많았다. 그 4시간도 견디기 힘들어하며 다시 등교 자체를 거부했다. 하지만 그렇게 하는 것이 근본적인 해결책이 아니라는 것을 부모님, 교사, 지연이 모두 알고 있었다. 결국 지연이는 사회적 관계에 어려움이 있는 학생들이 다니는 대안학교를 소개받았다. 장애학생들을 위한 대안학교는 아니지만 일반 학생들 중에서 관계에 어려움을 겪는 학생들을 위한 학교였다. 이 대안학교는 위탁 교육기관이라 출석 인정이 되어 학업 중단의 위기를 넘길 수 있을 것으로 보였다. 운 좋게 선발되었고 남은 1년을 자신과 비슷한 처지의 학생들과 함께 아주 즐겁게 보내고 있다고 한다. 이제는 단짝이라고 말할 수 있는 친구도 생겼다고 한다.

일반 학교에서든 대안학교에서든 지연이는 친구가 필요했다. 언제나 자기편이 되어 줄 수 있고 수다를 떨 수 있으며 함께 있는 것만으로도 행복한 친구를 원했다. 그러나 소위 통합교육 환경에서는 그러한 친구를 만나지 못했다. 그러다 자신과 비슷한 처지의 학생들이 모여 있는 곳에서야 진짜 친구를 찾게 된 것이다. 교사의 의도로 맺어진 관계가 아닌 공감 및 교감으로 맺어진 자발적인 관계 말이다. 지연이만 친구 관계가 어려운 것은 아닐 것이다. 지연이 말고도 우리 학생들 모두에게 친구는 필요하다. 장애가 심한 학생들도 친구들에게 이해를 받기는 하지만 마음을 나누는 친구로 발전하기는 쉽지 않다. 통합교육이 자리를 많이 잡았다고 하더라도 친구 관계는 쉽지 않은 문제이다.

지연이의 경우를 통해 '우리의 통합교육은 진짜 통합교육인가?'라는 의문을 가지게 되었다. 정말 장애학생과 비장애 학생은 친구가 될 수 있는지, 장애학생의 친구에 대한 고민을 시작하게도 되었다. 시각, 청각, 지체 장애와 같은 신체장애가 있는 학생들은 비장애 학생들과 정서적인 교류를 나누며 친구로 지내는 경우가 많지만, 지적장애나 자폐성 장애와 같이 발달장애가 있는 장애학생들은 비장애 학생들과 정서적 교류를 나누는 것이 쉽지 않은 일일 것이다. 또 장애학생과 비장애 학생이 친구 관계가 맺어졌느냐로 통합교육의 성공을 판단할 수는 없다. 그러나 통합교육의 목적이 장애인과 비장애인이 어울려 살도록 교육하고 환경을 만들어가는 것이라면, 학생들에게 가장 중요한 친구를 만드는 데도 어려움을 겪는 현재의 통합교육에 우리는 질문을 던져봐야 하지 않을까?

아직 장애학생과 비장애 학생들이 자연스러운 교우 관계를 맺고 학교 분위기를 만드는 구체적인 방안에 대해서는 뾰족한 답을 찾지 못하고 있다. 그러나 학생들의 관점에서 관계를 바라보고 만들어가려는 인식의 변화와 노력이 필요하다고 생각한다. 적어도 우리가 지금 함께하고 있는 학생들의 친구 관계를 한번 세심히 살펴봤으면 좋겠다. 누군가 친구를 간절히 원하고 있을지 모른다.

특수교사로
살아가기

오늘날 우리 사회에서 분명한 자기 목표와 소명을 가지고 직장 생활을 시작하는 사람들은 얼마나 될까? 취업하는 것도 어려운 시대라 자발적이든 비자발적이든 현실적인 상황이나 안정성, 경제적 이유 등이 직업을 선택하는 데 가장 크게 작용하기도 한다. 학창 시절 흔히 이야기하는 장래희망은 어쩌면 말 그대로 '꿈'이다. 어린 시절 자신 있게 말하고 다닌 장래희망을 어른이 될 때까지 그대로 추구하며 그에 맞는 직업을 가지게 되는 사례는 드물다. 그런 사람이 있다면 정말로 행복한 사람일 것이다.

교사, 특수교사

나 역시 다른 많은 직장인과 크게 다르지 않다. 특수교사가 된 것은 성장하는 과정에서 여러 변수와 선택 그리고 우연들이 만난 결과이다. 나를 둘러싼 환경과 사회경제적 조건이 겹쳐서 그렇게 된 것에 가깝다. 하지만 정작 교사가 된 순간 특수교사라는 내 직업에 무언가 책임과 사명감이 있어야 한다는 안팎의 압박을 느꼈다. 주변에서 특수교사라는 직업을 선택한 사람들에게 기대하는 것이 있어 보였다. 매년 새로 만나는 동료 교사들(주로 일반교사들)은 내게 왜 특수교사가 되었냐고 질문을 한다. 그럴 때면 늘 뭔가 멋지고 그럴싸한 대답을 해야 할 것 같은 유혹이 든다. 마치 이 땅에 특수교사로 살기 위해 온 사람처럼 온갖 미사여구로 포장을 하기도 했었다. 나조차도 특수교사는 일반교사와 무언가 달라야 하며 어떤 멋진 사명감을 가지고 있어야 한다고 생각했나 보다.

스무 살에 대학에 진학한 이후 나는 휴학과 복학을 반복하며 오랜 시간을 방황했다. 여전히 방황하던 20대 중반에, 가까운 지인(현재의 남편)이 "너는 교사를 하면 잘할 것 같아."라고 흘리듯 한 말이 나를 움직였다. 딱히 교사로 살고 싶다는 꿈을 가진 것도 아니었지만 사범대로 편입했다. 게다가 '친구 따라 강남 가듯' 함께 편입한 친구를 따라 특수교육을 복수 전공하게 되었다. 그렇게 나는 특수교사를 꿈꾼 것도 아니고 분명한 목적의식도 없는 채로 특수교육의 길에 들어서게 되었다. 막상 공부하다 보니 주 전공보다 특수교육에 더 재미를 느꼈다. 대학 인근의 특수학교에서 봉사활동을 하면서 그동안 보이지 않았던 사람들의 삶이 눈에 조금씩 들어왔다. 없어서가 아니라 내가 관심을 기울이지 않아서 보이지 않았던 장애인에 대한 관심은 커졌고 특수교육을 제대로 하고 싶다는 마음이 자랐다. 결국 일반 교사에서 특수교사로 진로를 전환했다. 특수교사가 된 것은 이처럼 내가 겪고 만났던 수많은 우연한 상황들과 선택들이 쌓인 결과이다. 거창한 이유와 사명감에 따른 것이 아니라 삶의 흐름과 점진적인 심리 변화에 따른 것에 가깝다. 그럼에도 나는 첫 발령 후 2~3년 동안 주변 사람들에게 현란한 미사여구와 과대포장으로 특수교사로서의 사명감을 만들고 이를 통해 자기만족을 했다. 하지만 10여 년의 특수교사 생활을 하면서 나는 이러한 자기만족의 변명 같은 미사여구를 버렸다. 특수교사로서 직업과 활동에 대해 더욱 솔직하게 성찰하게 되었다. 요즘은 왜 특수교사가 되었느냐는 질문을 받으면 이렇게 대답한다.

"특수교사가 된 이유는 따로 없습니다. 어쩌다 보니 특수교사가 되었고 지금은 어떤 특수교사가 되고 싶은지를 고민하며 살아가고 있습니다. 앞으로도 그럴 것 같습니다. 비록 거창한 이유나 숭고한 사명감으로 시작하지는 않았지만 제가 만난 학생들이 성장하는 데 아주 조금이라도 선한 영향력을 미치는 교사가 되고 싶습니다. 어떻게 하면 선한 영향력을 끼칠지를 항상 고민합니다. 이런 고민은 비단 특수교사만이 하는 것은 아니겠지요. 교사라면 누구나 하고 있다고 생각합니다. '특수교사'라서 별다른 사명감이 있다기보다 '교사'이기 때문에 가진 사명감은 있습니다. 선생님께서 교사가 된 이유나 교사로 살아가는 삶과 그리 다르지 않답니다. 다만, 장애학생을 만나고 가르치기 때문에 조금 더 조심스러운 부분들은 있습니다. 어떤 것을 배우거나 수행하는 데 일반 학생들이 걸리는 시간과 장애학생들에게 걸리는 시간이 다릅니다. 장애학생은 하나를 배워 자신의 것으로 만드는 데 아주 많은 시간이 걸립니다. 학습만이 아니라 평생 살아가는 데 긴요한 생활의 기술과 태도를 가르치는 것도 매우 중요합니다. 그래서 저는 학생들과 만나는 1분 1초를 허투루 보낼 수 없습니다. 장애학생들이 저를 만나는 시간이 그들의 미래 삶을 결정할 수도 있다는 두려움이 있기 때문입니다. 그 두려움이 바로 저를 특수교사이게 하는 힘입니다."

사회에서 많은 이들이 교사라는 직업을 부러워한다. 상대적으로 직업적 안정성이 높기도 하다. 하지만 교사로 살아가는 것은 생각보다 그리 쉬운 일이 아니다. 오랜 시간 동안 공고하게 구축된 학교 문화는 어떤 면에서 일반적인 기업보다 훨씬 경직되어 있기도 하다. 다른 사회 조직과 마찬가지로 고용 상황, 경력, 위계서열에 따른 차별과 분화가 교사 집단 내부에서도 존재한다. 이러한 차별과 분화는 교사 집단에서뿐 아니라 교직을 둘러싼 다양한 이해관계자들 사이에서도 강하게 나타나기도 한다. 교사가 정규직이냐 계약직이냐에 따라서도 사회적 대우가 다른 것이 현실이다. 일반교사든 특수교사든 교직에 임용된 순간부터 학생과의 만남이나 교육뿐만 아니라 제도와 조직문화에서 오는 다양한 사회적 난관도 극복해나가야 한다.

교사라면 누구나 겪는 어려움에 더해 특수교사의 어려움은 더해진다. 특수교사가 만나는 학생들은 어떤 의미에서는 평생 사회적 소수자의 지위를 벗어나기 어렵다. 학교에서도 소수자이자 비주류다. 특수교사는 사회적 소수자인 학생들을 이해하고 공감하고 보살피는 동시에, 장애학생들이 특수교육을 통해 안정적으로 사회에 진입하고 주류 사회와 조화를 이루며 살아갈 수 있게끔 교육해야 한다. 일반 학교에서는 비장애 학생들과 어울리고 지낼 수 있도록 학교의 문화와도 때론 싸우고 때론 협력해야 한다. 특수교사는 이렇게 양쪽을 줄 타는 위치에서 이중의 역할을 부여받는다. 그러나 장애학생들과 마찬가지로 특수교사도 일반 학교에서 상대적으로 소수자이자 비주류다. 게다가 일반 학교에는 많아야 2~3개의 특수학급, 2~3명의 특수교사가 있을 뿐이며 1명인 경우도 많다. 자발적이든 비자발적이든 특수교사는 일반 학교 내에서 외딴 섬처럼 지내는 경우가 많다. 장애학생들이 소수자로 위축되는 것처럼 특수교사들도 위축된 모습으로 학교생활을 하기도 한다. 장애학생들의 통합교육을 위해 이리 뛰고 저리 뛰며 낮은 자세로 동료 교사들에게 아쉬운 말을 해야 하는 때가 많다. 아직은 일반학교에서 특수교사가 역량을 발휘하기에 그리 좋은 환경과 분위기는 아니다. 당연히 어려움은 배가 될 수밖에 없다. 최근에는 장애가 심한 학생들도 일반 학교로 많이 진학하기 때문에 특수학급에서도 학생들 사이의 개인차가 매우 크고, 학부모들의 요구 사항들은 날로 다양해지고 있다. 특수교사들 사이에서 '특수교사는 잘해야 본전'이라는 말이 나올 정도로, 특수교사들의 공은 당연하게 여겨 잘 드러나지 않는다. 그에 비해 작은 실수는 크게 주목받아 나타난다. 소수자다 보니 각종 승진과 성과급에서 제대로 된 평가를 받지 못하는 상황이다.

새로운 도전 과제를 던져주는 학생들을 만나면서, 서로 다른 다양한 요구를 하는 학부모들을 만나면서, 하루하루 떨어지는 체력을 실감하면서, 항상 동료 교사들에게 끊임없이 부탁하면서 나는 늘 고민할 수밖에 없다. '언제까지 특수교사를 할 수 있을까? 다시 태어나도 특수교사를 선택할 것인가?' 이런 질문들을 요즘 자주 하곤 한다. 이리한 질문은 사회경제적인 고민인 동시에 특수교사로 살아가는 나의 정체성, 삶의 여정에 대한 고민이기도 하다.

서로 가르치고 배우며 함께 가는 길

교사들은 대부분 어려서 칭찬을 주로 들으며 자랐을 것이다. 못한다는 말보다 잘한다는 말을 많이 듣고 자란 모범생 출신들이 상대적으로 많을 것이다. 나도 그렇게 자랐기 때문에, 장애학생들의 부족함이나 느림을 온전히 이해하지 못해서 했던 실수들이 많다. 내가 만났던 학생 중에는 나에게 한없는 즐거움과 행복을 주는 학생들도 있었다. 반면에 매번 인내심의 한계를 시험하는 학생들도 있었다. 받은 것 없어도 예쁜 학생들도 있었지만 주는 것 없이 미운 학생들도 있었다.

머리로는 이해하지만 마음으로는 전혀 이해하지 못해 다그치고 강하게 밀어붙였던 적도 있었다. 약간의 결벽증과 완벽주의적 성격 탓에 빈틈이 많아 보이는 학생들을 내 기준에 묶어두기도 했다. 일반 학생과 교직원에게 장애이해 교육을 할 때 다양성의 연장선에서 우리 학생(장애학생)들을 바라봐달라고 하지만, 돌아보면 정작 그 이야기를 하는 나 자신도 만나는 장애학생들의 다양성을 수용하지 못하는 교사이기도 했다. 시간이 걸렸지만 다양한 장애학생들을 만나고 교감하는 과정을 거치며 나는 많이 바뀌었다.

숲이 아름다운 진짜 이유는 멋지고 수려한 나무들과 함께 작고 약한 나무들이 함께 있기 때문이다. 단 하나의 나무도 똑같을 수는 없다. 이 세상도 그렇다. 이 세상이 아름다운 건 숲속 나무들처럼 우리가 모두 제각각의 개성을 지녔기 때문일 것이다. 개성 많은 학생들을 만나면서 모나고 까칠한 내가 점점 둥글둥글해지고, 점차 인간에 대한 이해의 폭이 넓어졌다. 때로는 완벽하지 않은 것이 더 아름답고 편안할 수 있다는 것도 알게 되었다. 자연스레 나부터 틈을 보이게 되었다. 그리고 다른 사람들이 나와는 그저 다른 것이지 틀린 것은 아니라는 지극히 당연한 것을 머리가 아닌 마음으로 배웠다.

교사로서의 내 여정은 비단 학생들을 만나고 지도하는 일뿐 아니라 만나는 학생들로부터 가르침을 받고 배우는 과정의 연속이었다. 나는 교사로서 지금까지 학생들에게 주었던 것보다 학생들로부터 받았던 것이 훨씬 많았다고 생각한다. 과거에는 문제투성이에다 부족한 것이 매우 많아보였던 학생들이 돌이켜보면 내게 있어 친구이자 스승의 역할도 해주었다. 학생들을 통해서 나 자신에 대해 성찰하고 교사로서 나아갈 방향을 찾아갈 수 있었기 때문이다. 학생들을 통해서 나의 연약함과 부족함이 채워질 수 있었고 삶의 방향이 변화되었다.

교학상장^{教學相長}이라 했던가. 교사의 일이 수직적인 차원에서 학생들을 다루고 지도하는 것이 아니라 교사와 학생이 서로를 통해 배우고 교감하면서 함께 길을 만들어가고, 그 길을 함께 가는 것이라는 선현의 가르침을 어렴풋 깨달았다. 교학상장, 그것이 바로 진정한 교사의 삶이 아닐까 생각해본다. 그렇기에 나는 교사로서, 특수교사로서 앞으로의 삶이 기대가 된다. 앞으로도 어렵고 두렵고 걱정이 많겠지만, 내가 학생들에게 배운 것보다 더 많이 줄 수 있는 삶, 그런 교사가 될 수 있기를 꿈꾼다.

지금까지 나의 이야기는 성공한 특수교사, 바람직한 특수교사의 모습이 아니다. 오히려 그 반대다. 학생, 학부모, 동료 교사들과 만남이 모두 아름다웠던 것은 아니다. 여전히 실수투성이고 어렵고 두렵다. 그러나 나와 같은 과정을 지나온, 지나고 있고 또 지나게 될 선생님들과 글로나마 특수교사로서 내 부족한 경험과 고민을 나누고 싶었다. 빛도 명예도 없지만 그럼에도 묵묵히 자기 자리에서 최선을 다해 학생들을 만나고 있는 선생님들을 응원하고 싶다. 이 세상 모든 특수교사에게 응원을 보낸다.

너의 삶을
살아라

감소영

20년 교사생활의 반은 특수학교에서, 나머지는 일반 고등학교에서 특수교사로 일했
습니다. 그러다보니 장애학생의 진로와 직업교육 대해 많이 고민하게 되었습니다. 사
회진출에 대한 장애학생과 학부모, 특수교사의 고민과 우리 교육에 대한 생각을 함
께 나누고 싶습니다.

아이들도
교사를 돌본다

내가 가르치고 있는 아이들이 성인이 되면 어떤 모습일까? 또 어떻게 살아가게 될까? 특수교사라면 한 번쯤은 해보는 고민이다.

가끔 초등 특수교사들과 만날 기회가 있다. 함께 이야기를 나누다 보면 초등학교에서 우리 아이들이 자기밖에 모르는 행동을 한다고 속상해하는 경우를 자주 보게 된다. 장애가 있더라도 다른 사람에게 고마운 마음을 표현하고, 미안한 마음이 들면 미안하다고 이야기할 수 있어야 하는데 그렇지 못하다는 것이다. 사회성이나 태도 같은 것들은 가르치기가 쉽지 않다고들 한다. 언제쯤에야 아이들의 사회성이 길러질 지 염려하는 초등 특수선생님들의 마음이 느껴진다.

자기밖에 모르는 것 같던 아이들도 성장한다. 중학생은 아직 상대방을 배려하는 것이 익숙하지 않은 나이일 수 있다. 그렇지만 고등학생쯤 되면 조금씩 타인을 배려하게 된다. 교사를 돌보기까지 한다. 내 생각에 학생들을 지도할 때 고등학교와 초·중학교 특수학급의 가장 큰 차이라면 고등학교에서는 '아이들을 더는 돌봐주어야 하는 존재로 인식하지 않게 된다'는 것이다. 고등학교에서 근무해 본 특수교사들은 충분히 공감할 것이다.

몇 해 전, 근무하던 학교가 '연구학교'로 지정되었다. 덕분에 나는 연구학교 프로그램 운영, 행사 진행, 관련 출장 등 엄청난 업무량에 시달리며 하루하루를 눈코 뜰 새 없이 바쁘게 보내고 있었다. 그날도 업무가 밀려서 점심도 거르며 일을 해야 할 상황이었다. 후다닥 식사 지도만 하고 교실 컴퓨터에 앉아 업무를 보고 있었다.

"선생님, 식사도 못 하시네요. 제가 하나 더 얻어왔어요. 드세요."

동주(가명)가 무심하게 말하며 내게 무언가를 건넸다. 순간, 눈물이 왈칵 쏟아질 것 같았다. 아이들에게 점심시간은 일분일초가 소중하다. 그런 귀한 점심시간에 나를 위해 바나나 하나 더 받으려고 긴 줄을 서 있었을 녀석의 수고도 고마웠지만 정신없이 바쁘게 교실로 돌아가는 나의 뒷모습을 마음에 담아두고 챙겨준 그의 마음이 더 고맙고 대견했다. '고맙다'라는 말밖에 못 했지만 그동안 업무로 쌓였던 피로가 싹 달아나는 듯했다. 내 마음에 감동이 계속 물결쳤다. 누군가가 날 챙겨준다는 것에 눈물이 날 만큼 감동하기는 오래간만이었다.

그때 내가 너무 좋아했던 것일까? 고맙다는 내 짧은 한마디에 담긴 마음을 아이들이 보았던 것일까? 그날 이후로 우리반 아이들 사이에 이상한 바람이 불었다. 급식실에서 먹을 것을 갖고 오는 아이들이 늘어났다. 매일같이는 아니었지만 동주를 비롯해서 여러 명의 아이가 급식실에서 음식을 챙겨와 책상 위에 놓고 갔다. 초코 우유, 감, 도넛, 바나나 등 음식을 가져오는 것이 자연스런 일이 되었다. 그 중에는 자기가 먹기 싫은 음식을 가져다주는 학생도 있었을 것이다. 그러면 어떤가? 먹을 것을 갖다 주고 싶은 사람, 먹기 싫은 것을 갖다 주면 치워 줄 것이라는 확신이 드는 사람은 대개 어린 시절부터 자신을 보살펴 준 부모나 가족이었으리라. 어느새 우리가 그런 가족이 된 것이 아닐까라는 생각도 들었다. 작은 먹거리 하나지만 책상 위에 놓인 아이들의 사랑을 보았을 때의 그 감동은 두고두고 나를 뭉클하게 한다.

고등학교 특수학급에 근무하다 보면 학생들에게 고맙다는 말이 저절로 나오곤 한다. 학생들에게 직접 말하기도 하지만 야릇한 미소로 대신하거나 싱겁게 씩 웃으며 혼잣말을 하기도 한다. 얘들아 고맙다. 챙겨줘서 고맙고, 배려하는 사람으로 자라주어 고맙다.

고등학교 특수학급에 근무하면서 아이들에게 받는 돌봄은 이것만이 아니다. 추상적인 사고와 개념 형성이 어려운 장애학생들에게 현장체험학습은 그동안 배운 것을 직접 보고 체험하면서 앞으로의 사회생활을 준비하는 중요한 배움의 장이다. 현장체험학습은 대개 햇살이 좋은 시간에 움직인다. 처음 발령을 받고 혈기 왕성하던 시절에는 내리쬐는 햇살을 온 얼굴로 맞았으나 나이가 들면서 부담스러워졌다. 아이들이 어디로 튈지 모르는 특수학교에서는 모자가 최선이었는데 고등학교 특수학급은 달랐다.

어느 해인가 상대적으로 안정적인 아이들을 맡은 때가 있었다. 그날도 무척이나 햇볕이 따가운 날이었다. 준비성이 철저한 실무사선생님이 양산을 꺼내 학생들 한두 명과 함께 썼다. 새벽에 비가 내렸던지라 나도 마침 우산이 있어 뜨거운 햇볕을 피하려 우산을 펴고 아이들을 모았다. 따가운 햇볕을 가려 그늘이 주는 그 시원함이란…. 우산이 만들어주는 그늘은 장시간 걸어야 하는 다리의 피로도 잊게 해 주고 땀도 식혀 주었다. 이를 본 몇몇 아이들도 우산을 펴기 시작했다. 거무죽죽하고 커다란 우산이 민망한 줄도 모르고 우리는 그렇게 삼삼오오 우산 그늘에 의지하며 걸었다. 그런데 걷다 보니 우산을 든 팔이 조금씩 아팠고 접은 팔오금에는 땀이 찼다. 우산을 드는 팔을 바꿀 때마다 아이들의 위치가 조금씩 바뀌었다.

“선생님, 제가 들게요.” 민수(가명)가 내 우산을 뺏어 들었다.

“응?” 반갑고 기특한 마음에 바라보는데, “선생님 팔 아프잖아요. 제가 들게요.”라고 말하며 내 우산을 들고 성큼성큼 걸어갔다. 학생이 씌워 주는 우산을 쓰고 걷는 기분이 묘했다. 언제 학생이 이렇게 우산을 씌워 준 적이 있었던가. 학생에게 씌워 주기만 했지 학생이 들고 있는 우산 밑에 들어가 본 적은 없었다. 주변을 보니 실무사선생님 양산도 학생이 들고 있었다. 혼자 쓴 아이도 있었고 우산 없이 걷는 아이도 있었지만, 아이들 대부분이 우산을 나눠 쓰며 태양을 피하고 있었다. 그해 아이들과 거의 매주 현장체험학습을 나갔다. 여름부터 가을까지 자주 양산을 들었고 아이들은 양산을 들어주었다. 민수는 자기가 늘 엄마 양산도 들어준다며 항상 양산을 들어 주려 했다.

처음으로 아이들이 우산을 받쳐 준 날. 그 길이 어디였고 어디로 가고 있었는지, 얼마나 걸었는지는 전혀 생각나지 않는다. 무더운 여름이었고 비가 갠 뒤여서 햇볕이 무척 강했지만, 학생들이 우산을 들어주어 두 손 가볍고 시원하게 걸었다는 기억은 선명하다. 아이들은 자란 몸만큼이나 교사와 어른들을 배려할 정도로 마음도 자란다는 것을 새삼 느낀 날이었다.

초등학교 때 선생님이 고등학생이 된 동주나 민수를 보셨으면 뭐라고 하셨을까? 흐뭇해하셨을 건 분명하다. 아이들이 이렇게 커온 것은 수많은 사람의 정성과 손길 덕분이다. 부모님과 유치원부터 초·중학교 시절 내내 열심히 가르쳐 오신 선생님들의 노고와 정성이 쌓이고 쌓여 이 학생들의 배려하는 행동을 키워 낸 것이다. 자기만 아는 것 같은 모습을 보여서 안타까운 마음에 걱정도 많았을 것이다. 남을 도와주라고 가르치기도 하고, 직접 행동으로 보여주기도 하며 수많은 아이를 가르치셨을 것이다. 일상생활에서 보며 배운 선생님들의 그 모습을 우리 아이들은 고등학생이 되면 삶으로 끌어낸다. 작아 보일지 모르지만 아이들 자신이 할 수 있는 만큼 부모님과 선생님을 도와

주고 몸으로 보여준다. 혹시라도 아이들의 초·중학교 때 선생님을 만나게 된다면 이렇게 잘 키워주셔서 감사하다고 인사를 전하고 싶다. 선생님들 덕분에 고등학교 교사는 학생을 돌보기만 하는 것이 아니라, 가끔 학생의 보살핌을 받기도 한다고.

장애학생이라고 하면 흔히 돌봄이 필요한 아이들로 생각한다. 다른 사람의 도움이 필요한 것이 사실이다. 하지만 일상생활 깊숙이 들어가 보면 장애가 있든 없든 우리는 서로를 보살피고 도와가면서 살아간다. 거창한 도움은 아니더라도 다른 사람을 위해 가장 먼저 교실에 와서 창문을 열고 청소를 하거나, 무거운 것을 옮기는 친구나 선생님을 돕기도 한다. 다른 사람의 기분이 안 좋아 보이면 차마 말은 못 하더라도 주위를 돌며 평소와는 다른 행동을 보이거나 뜬금없이 과자를 건네기도 한다. 어떤 학생은 나중에 중국집 요리사가 되면 선생님은 평생 공짜로 자장면과 탕수육을 주겠노라며 기분 좋게 인심을 쓰기도 한다. 아이들의 작은 마음 씀씀이가 종종 우리를 미소 짓게 한다.

졸업반이 되어 눈앞이 캄캄하다고 말씀하는 부모님께도 한 말씀 드리고 싶다. 걱정하지 마시라고. 지금까지 그래 왔던 것처럼, 배우는 것은 조금 느릴지라도 꾸준히 배워서 10년, 20년 뒤에는 부모님을 잘 챙겨주는 멋진 자식이 될 거라고.

아이들은 자신의 인생을 살아야 한다

특수학교가 아니라 일반학교 특수학급을 선택한 학생들(이 글에서는 주로 지적장애, 자폐성 장애학생을 범주에 넣었다.)의 목표는 무엇일까? 학부모들은 통합교육을 생각하며 특수학급을 찾는다. 아이가 한 명의 친구라도 사귀고 또래의 문화를 배우라는 의미에서 일반 학생들과 같은 환경(통합학급)에서 공부하기를 희망한다. 이러다 보니 아이의 목표가 초등학교에서도 '통합', 중학교에서도 '통합', 고등학교에서도 '통합'이 되기도 한다.

통합환경에서 우리 아이들은 어떤 인생을 살고 있을까? 아이들 자신이 통합교육을 선택하여 통합환경에 놓인 경우는 그리 많지 않을 것이다. 장애가 경하든 중하든 학부모의 선택으로 대부분의 학생은 통합교육을 받는다. 통합이 중시되다 보니 고등학생이 되어도 자신의 꿈을 좇거나 인생에 대해 코치를 받는 환경에 있지 않다. 오히려 대다수 일반학생들에 맞춰진 기준을 따라야 한다. 수업 시간에 조용하게 있는 것, 반 아이들과 문제를 일으키지 않는 것이 학교생활에서 중요한 과제가 되거나 강요된 목표가 된다. 어쩌면 아이들 앞에 놓인 인생의 숙제(?)는 비장애 학생보다 많다. 아이들이 인생에서 홀로서기 전 마지막 안전지대가 될 수 있는 곳이 고등학교이다. 이 시기에 준비할 것들이 무척 많은데 일반 학생의 기준을 따르느라 우리 아이들은 그 중요한 것들을 놓치고 있는 것은 아닐까?

세준(가명)이는 쉴 새 없이 떠드는 아이였다. 앞뒤 맥락이 없고 상황에 맞지 않는 말을 나열하거나 같은 말을 반복하는 경우가 많았다. 흥분하면 목소리도 커졌고, 상대방을 붙들고 대답하기 곤란한 질문을 계속하기도 했다. 부모님은 약을 바꿔도 안 되고 한약과 양약을 번갈아 먹여 봐도 소용이 없다고 했다. 학년이 바뀌는 학기 초가 되면 불안이 커지면서 불필요한 말도 많아지고 목소리도 더 커졌다. 학기 초면 으레 세준이를 놓고 상담요청이 쇄도했다. 교실에서 좀 조용히 있으면 좋을 것을. 조용한 수업 분위기를 흐리고 엉뚱한 질문을 해 학기 초부터 선생님을 곤란하게 한단다. 학교에서 공부하기 싫어하는 아이들에게 녀석은 여간 좋은 먹잇감이다. 세준이를 향한 놀림은 수업 시간을 넘어서 등하교 시간까지 이어졌다.

어떻게 하면 수업 시간에 조용하게 할 수 있을까? 상담에는 늘 이런 내용이 오갔다. 그러다 보니 정작 세준이에게 필요한 진로나 친구들과의 관계, 필요한 교육 활동까지 신경 쓸 겨를이 없었다. 교실에서 조용하게 있는 것도 중요한 문제라고 생각할 수 있겠지만, 난 늘 더 중요한 것을 놓치고 있다는 생각이 들었다. 왜냐하면, 특수학급 수업에서는 세준이의 행동이 심각하게 느껴지지 않았기 때문이다. 고등학교 특수학급에 진학할 정도의 학생들은 환경에 따라 다르게 행동할 줄 안다. 같은 행동도 어떤 환경에서는 문제가 되지만, 어떤 환경에서는 문제로 여겨지지 않는다. 때문에 문제가 되지 않는 환경이 되도록 주변을 바꾸어 주는 것이 어른들의 몫이다. 통합학급은 세준이에게 장점보다는 단점이 극대화되는 환경이었다.

이 아이는 도대체 왜 문제행동을 안고 사는 것일까? 왜 '문제'라는 것을 만들어 이렇게 고민을 하게 하는 것일까? 본인도 통제가 잘 안 되고 약으로도 조절이 안 되는 어려운 숙제를 꼭 안고 살아야 할까? 세준이로 인하여 주변에 있는 일반 학생들이 받는 스트레스는 또 어떻게 할 것인가? 생각이 여기까지 미치면 세준이도 안쓰럽고 주변 사람들도 안쓰럽다. 세준이가 선택한 장애도 아니고, 원해서 하는 문제행동도 아니지 않은가? 다른 사람들의 인생과 무대에 언제까지 조연으로 아니 배경으로 살아야 한단 말인가? 도대체 세준이는 누구를 위해서 물어보고 싶은 것도 꼭 참아야 하고 수업시간에 얌전히 앉아 있어야 하는 걸까? 세준이가 누구의 인생을 살고 있는지 의심이 들지 않을 수 없다.

고등학교 3학년이 되어서야 통합학급 수업을 하루 1시간이나 아예 0시간으로 조정할 수 있었다. 그제야 본격적으로 세준이의 진로에 대한 고민이 시작되었다. 또래 친구들에 비해 기억력도 좋고 성실하며 붙임성이 좋아 현장실습을 나가도 같이 간 친구에 비해 좋은 평가를 받아 왔다. 지하철 택배, 패밀리 레스토랑 서빙 등 특성이 전혀 다른 분야에서 실습을 했는데 둘 다 우수한 평가가 이어졌다. 취업과 진학에 대해 고민하던 세준이는 결국 대학에 진학했다. 대학에서도 특유의 재미난 성격 덕에 1, 2학년 때는 학교 홍보에도 참여하고 3학년 때는 다양한 기관의 실습에도 참여했다고 한다.

세준이에게 고등학교 시절은 어떤 기억으로 남아 있을까? 비장애 학생들 중심으로 짜인 틀에 자신을 끼워 맞추라고 강요하는 어른들 속에서 제대로 저항도 못 하고 힘들게 살았다고 기억하지는 않을까? 고등학교 때는 학교에서 문제행동으로만 주목받았는데 대학에서는 학교 홍보에도 참여할 정도의 학생이었다면 우리는 고등학교 통합교육 환경과 문화에 대해 다시 고민해봐야 하지 않을까?

아이들을 지도하면서 교육 목표를 '통합학급에서 잘 어울리도록 개성을 누르고 얌전하게 잘 앉아 있는 것'에 두는 교사는 없을 것이다. 그렇다고 통합환경 현실에서 벌어지는 문제들을 외면할 수도 없다. 현실적인 문제를 잘 조율해 나가는 것도, 장기적인 안목을 갖고 아이가 성장하도록 교육하는 것도 특수교사의 일이다. 특수교사는 아이의 미래를 위해 현재 시점에 가장 적절한 교육 목표를 제시하고 그

것을 성취할 수 있도록 지도해야 한다는 것을 잘 알고 있다. 그러나 아는 것과 별개로 대개는 현실적인 통합환경에서의 문제들을 해결하는 데도 급급하다.

특수학급 학생은 초등학교부터 일반 학생의 틈에서 본연의 독특한 개성을 억누르며 지내도록 강요받는다. 조용히 앉아서 교사의 말을 듣기 등 일반적으로 요구하는 학습 태도를 갖추기 위해 많은 시간을 투자한다. 학부모와 특수교사의 상담 대부분은 통합학급 적응에 관한 내용이다. 아이에게 통합교육은 당면한 현실이고 특수학급에서 벌어지는 문제보다 통합학급에서 발생하는 문제가 더 많으므로 당연할 수도 있다. 그렇지만 당장의 '통합'을 목표로 학생을 지도하는 것은 눈앞의 것밖에 보지 못하는 특수교사와 학부모의 실수가 아닐까? 오히려 통합학급에서 잠만 자거나 얌전하게 앉아만 있는 아이의 경우는 대개 학교생활을 잘 하는 것으로 생각된다. 상대적으로 문제행동이 없는 학생으로 보이니까 말이다.

안타까운 일이지만 통합학급에서 크게 눈에 띄지 않고 조용히 지내는 것, 일반 학생들의 행동을 잘 모방해서 그들의 문화를 배우고 익히는 것이 어느 순간 아이들의 목표가 된다. 통합교육을 받는 학생들은 '통합'이라는 과제에 발목 잡혀 정작 자기 삶의 중요한 과제를 놓치고 있는 것은 아닌지 끊임없는 의문이 든다. 일반학교에 근무하는 특수교사의 숙명 같은 질문일 수도 있다. 물론, 학령기에 통합은 중요한 일이다. 하지만 통합은 부모나 교사가 짠 단계별 과제이지 생애 목표나 아이 자신이 선택한 목표는 아니다. 다른 사람에게 방해가 되지 않는 것에 초점을 맞춘 통합교육은 성인기 사회통합에도 도움이 되지 않는다. 당위성을 내세우는 통합교육 환경에 놓인 학생들이 과연 자신의 인생을 살고 있다고 할 수 있을까?

언제까지 우리 학생들은 통합이라는 이름 아래 비장애 학생들에 맞춰 살아가야 할까? 아이들의 인생도 비장애 아이들에 맞춰질 수 있을까? 교사와 부모는 학생들이 학교에 다니는 동안 의미 있는 미래를 설계할 수 있도록 학생의 선택을 존중하고 학생에게 필요한 교육을 해야 할 책임과 의무가 있다.

아이들은 자신의 인생을 살아야 한다.

적성에 맞는 일을 찾아야
오래 일할 수 있다

고등학교 특수학급에 다니는 학생들에게 졸업 후 진로에 대해 물으면 뭐라고 답할까? 대학진학을 이야기하는 경우가 의외로 많다. 보통 아이들이 다니는 고등학교 전체가 입시에 맞추어져 있다. 1학년 때부터 통합학급 학생들 대부분의 진로는 대학진학이고 교실에서 보고 듣는 이야기, 친구들의 이야기도 주로 대학에 관련된 것들이다. 그러다 보니 자연스레 특수학급의 학생들도 대학진학을 고민하거나 꿈꾼다. 학생들의 이런 생각과 달리 특수학급에서는 진로 상담을 할 때 취업을 많이 권한다. 선배들도 취직을 한 경우가 대부분이다. 같은 학년인데 통합학급에서는 대부분 대학진학으로 진로가 맞춰져 있는 반면 특수학급에서는 이렇게 다른 방향으로 지도를 하니 특수학급 학생들은 혼란스럽다.

질문을 좀 바꿔보면 아이들의 대답은 달라진다. 고등학교 졸업 후 무엇을 할 거냐고 물어보면 '대학진학'이나 '취업' 둘 중 하나로 대답을 하지만, 정작 졸업 후 하고 싶은 일이 무엇이냐고 물으면 말문이 막힌다. 가끔 특수교사, 사회복지사, 연예인, 의사 등 발달장애 학생으로서는 현실적으로 불가능에 가까운 대답을 하기도 한다. 현실적인 생각을 하는 학생들 대다수는 여러 가지 고민 탓에 말문이 막힌다. 장애인복지카드를 소지한 당사자가 할 수 있는 일이 다양하지 않다. 학생들이 알고 있는 직업의 세계도 좁다 보니 뾰족하게 하고 싶은 일이나 진로에 대해서 할 말이 없는 것이다.

10년 전만 해도 특수학급을 졸업하는 학생들이 선택할 수 있는 직종은 주방 보조, 주차 보조, 세차 보조, 지하철 택배, 조립/생산 등 몇 가지로 정해져 있었다. 그것마저도 인지 기능이 좋고 이상행동이 두드러지지 않아야 가능했다. 대학진학은 지금보다 더 문턱이 좁아 전국에서 지적장애인이 갈 수 있는 대학은 한두 학교가 전부였다. 학생들에게 졸업 후 진로에 대해 가르칠 때 취직을 해서 돈을 벌어야 하고 사회의 구성원으로 살아가야 한다고 당위적으로 가르치기는 했어도, 자신의 적성에 딱 맞는 직종을 찾아야 직장생활을 오래 유지할 수 있다는 말을 할 수 있는 상황은 아니었다. 학생을 취직시킬 때도 어디 일자리가 나면 학생을 데리고 가서 우선 적응시켜 보고, 잘 적응하면 아이의 잠재된 적성과 맞는 것이고 잘 적응하지 못하면 적성과 맞지 않는 것으로 판단하여 다른 일자리를 알아보는 것이 전부였다. 그에 비해 지금은 대학진학의 문도 상대적으로 열려 있고, 진출할 수 있는 직업과 직무도 다양해졌다. 그러나 다양해졌다고 취업이 결코 쉬워진 것은 아니다.

그렇다면 교사는 진로지도를 어떻게 해야 할까? 어떤 학생은 왜 특수교육대상자는 대학진학 상담을 안 해 주는지 묻기도 했다. 그만큼 특수교사들은 '취업'의 한 길로 학생을 유도하는 경향이 있다. 진로지도를 할 때 대학진학이냐 취업이냐를 교사가 정해 놓고 학생을 유도해서는 안 된다. 성인이 되면 일을 해야 하므로 다만 대학에 진학하더라도 3~4년 뒤에는 직장을 찾아야 한다는 것을 꼭 알려 주어야 한다. 자신이 좋아하는 일이 무엇인지 찾도록 다양한 경험을 할 수 있게 지원해 주어야 한다. 좋아하는 일을 찾도록 도와주는 것은 일반 학생이건 특수교육 대상 학생이건 똑같이 중요한 일이다.

생각할 수록 안타까운 제자가 있다. 용재(가명)는 '걸어 다니는 네비게이션'이라 불리는 아이였다. 지하철 노선은 물론이고 시내버스나 급행버스 심지어 인근 경기도 지역 버스 노선까지 잘 알고 있었다. 그런데 용재는 침을 너무 많이 흘려 늘 냄새가 났고 수업 시간에 느닷없는 질문을 자주 해 아이들의 미움을 받고 있었다. 특히 용재의 짝은 이루 말할 수 스트레스를 받는다고 여러 번 하소연하기도 했다. 3학년이 되어서는 상황이 더 심각해져 2학기가 되었을 때는 아이의 안전을 위해 통합학급 수업을 더 빼야만 했다. 결국 특수학급 수업만 받을 수밖에 없었다.

용재 어머니의 목표는 용재를 대학에 진학시키는 것이었다. 일반 고등학교에 다니고 있으니 수학능력시험에 대해 알고 있고, 용재도 시험을 본다고 해서 대입 원서를 쓴다고 하셨다. 지하철뿐만 아니라 길을 좋아하여 버스 노선, 철도 노선까지 훤히 꿰고 있으니 용재의 적성을 살려 철도대학에 보내고 싶어 했다. 철도대학에 장애인 특별전형이 있긴 했지만 용재가 들어가기에는 턱없이 높았다. 그래도 수능을 치고 면접까지 보겠다는 것이 어머니의 계획이었다.

나는 오히려 용재의 장점을 살려 좋아하는 일과 직업을 연결해 주고 싶었다. 현장실습을 이용하여 지하철 택배 업체로 실습 훈련을 보냈다. 결과는 대성공이었다. 면접할 때 수줍은 태도와 앳된 얼굴을 미덥지 않게 보시던 소장님과 주변 기사님들도 한 달도 되지 않아 용재의 매력에 푹 빠지게 되었다. 심지어 용재에게 전화를 걸어 길을 물어보는 택배 기사 분들도 생겼다.

현장 방문지도를 갔다 만난 용재는 그때까지 본 적 없는 행복한 모습이었다. 늘 문제였던 침도 덜 흘리고, 옷차림도 한결 깔끔해져 있었다. 지하철 택배 배달원에게 어떻게 최단거리로 이동할 수 있느냐는 가장 중요한 기술 가운데 하나다. 물건 배송 시간을 단축할 수 있고 고객에게 빨리 전달할 수 있다. 시간을 단축하면 배송할 건수도 늘어나고, 배송 건이 많아질수록 당연히 배달 수당도 많이 받을 수 있다. 용재는 지하철과 버스 환승까지 포함해 어떻게 해야 최단거리로 움직일 수 있는지 머릿속에 그리고 있었다. 그래서 다른 사람보다 더 많은 일을 한다고 했다. 자기 일은 물론 전화로 동료들에게 도움을 줘가면서 일을 하는 용재를 보고 있자니 흐뭇해 절로 미소가 지어졌다. 나는 학생들이 적성에 맞는 일을 했을 때 이런 시너지가 날 수 있다는 것을 다른 사람들에게도 알려주고 싶다. 물론 용재의 적응과정이 처음부터 그렇게 순탄하지만은 않았다. 방어 능력이 떨어져 동료들과 문제가 생기면 억울한 일을 당하기 십상이었다. 동료들과 진위를 알 수 없는 갈등이 생기면 그저 답답한 마음만 안고 있을 수밖에 없기도 했다. 길은 잘 찾지만 받는 사람이 아닌 이에게 물건을 배달하거나 돈을 받아와야 하는 과정에서 실수를 연발하기도 했다. 그래도 이런 문제들은 좋아하는 대중교통을 마음껏 이용하는 것에 비하면 별 것 아니어서 이겨낼 수 있었다. 용재는 출근 시간보다 한 시간 앞서 출발하고 퇴근 시간을 훌쩍 넘겨 집에 들어오기를 반복하면서도 연신 '행복하다'고 했다.

용재는 그렇게 행복했던 지하철 택배 일을 오래 할 수는 없었다. 어머니가 대학에 진학하는 것을 원했기 때문이다. 어머니가 아이의 행복을 가로막고 싶어 그런 것은 아니다. 오히려 대학에 진학해 배우고 삶의 기술이 축적되면 더 행복할 수 있다고 믿었을 것이다. 용재가 좀 더 넓은 세상을 알아갈 기회를 주고, 졸업 후에도 좋아하는 일을 찾을 수 있을 거라는 믿음을 갖고 지하철 택배 일을 그만두게 한다고 하셨다. 아이를 걱정하고 잘 되길 바라는 부모의 마음이 얼마나 크겠는가? 그런 어머님의 말씀에 충분히 공감하면서도 내게는 짙은 아쉬움이 남았다. 목표한 대학은 아니었지만 어머니의 바람대로 용재는 결국 대학에 입학했다.

대학 졸업반이 된 용재는 다양한 기관으로 실습을 다녔다. 하지만 졸업하고 2년이 지나서도 용재는 그 어떤 일도 하고 있지 않았다. 대학교를 졸업할 때까지 다양한 실습을 했지만 적당한 일자리를 찾지 못해 다시 복지관에서 직업 훈련 프로그램을 받고 있었다. 용재가 일자리를 못 구했다고 해서 지금 불행하다고 단정 지을 수는 없다. 그러나 안타까운 것은 사실이다. 용재가 예전처럼 다시 일하며 '행복하다'라는 말을 할 수 있도록 어떻게 도와줄 수 있을지는 여전히 고민이다.

흔히 100세 인생이라고 한다. 수명이 예전보다 길어져 앞으로 살아갈 인생이 길다. 너무 일찍 자신의 진로를 정하고, 그 일만 하면서 한평생 살아갈 수 있는 시대는 아니다. 젊은 시절 이것저것 해보며 자신이 할 일을 찾아가는 것도 좋다. 그런데, 용재처럼 스스로 행복하다고 느끼는 일이 있음에도 불구하고 그 일과 비슷한 그 어떤 직업도 갖지 못한 채 직업훈련만 몇 년째 받고 있다면 얼마나 안타까운 일인가? 내가 용재에게 무언가 더 해주었어야 했던 것들이 있지 않았을까 아쉬움이 남는다. 좋은 재능이 있으면서도 재능을 살리지도, 여전히 사회에 뿌리내리지도 못하고 20대 중반을 맞이하는 제자를 보면 왠지 모를 미안한 마음이 든다.

'취업'을 최고의 진로지도로 생각했던 시절도 있었다. 어쩌면 '취업' 그 자체가 목적이었기 때문에 당시에는 일자리를 잡는 데 급급했다. 공단을 비롯한 복지관 등에서 일자리 하나 났다고 연락이 오면 더는 선택의 여지가 없었다. 어떻게든 일단 합격할 만한 학생을 보내 취업시켜야 했다. 그것이 최선이었다. 아니 최선이라고 생각했다. 어떤 아이의 경우 좋아하는 것이 분명하고 취업시켰을 때 어떻게 될 것인지 그림이 그려지기 때문에 학부모 상담을 통해 취사선택을 하기도 했지만, 대개의 경우 아이들이 일할 수 있는 자리라면 누구라도 합격을 시켜 자리를 잡도록 해야 했다. 그러다 보니 막상 졸업할 때가 되어 일을 관두는 학생이 생겼다. 2월까지는 아직 학교에 재학 중이고 교육 기간이라고 생각해 싫어도 참고 직장을 다녔지만, 졸업과 동시에 힘든 직장생활도 끝내야겠다고 생각한 듯했다. 졸업 시즌이 아니더라도 취업한 지 1년 이내 이직을 하는 경우가 꽤 많았다. 아이들이 원하는 근무환경이 아니거나 자신의 적성에 맞지 않는 일을 꾹 참고 하기에는 너무 괴로웠기 때문이기도 했다. 아이의 적성에 맞지 않는 일은 오래가지 않는다. 나는 여러 차례 아이들의 뼈아픈 경험을 통해 시간이 걸리더라도 아이들에게 맞는 일자리를 찾을 때까지 기다려야 된다는 것을 배웠다.

몇 해 졸업반을 지도하다 보니 차츰 직장을 고르는데도 여유가 생겼다. 아이들에게도 직장 선택의 기회를 주고 싶었다. 취업이나 직장을 결정하는 시점을 꼭 '졸업 시즌'으로 잡지 않아도 된다고 생각했다. 졸업 후 2년 정도까지 좀 더 여유롭게 잡아도 되겠다는 생각도 들었다. 덕분에 진로 준비도 학년별로 차근차근히 할 수 있게 되었다. 다양하게 학생의 적성에 맞는 일을 찾기 위해 학교 교육과정을 통해 다양한 경험을 하게 해 주고, 직장 체험의 기회도 최대한 늘렸다. 2학년부터 직장 체험을 하게 하고 3학년 1학기에 1차 현장실습, 2학기에는 다른 업종으로 2차 현장실습을 보냈다. 가능하면 취업은 3학년 2학기부터 나가되 가급적 졸업식까지 혹은 그 이후가 되더라고 아이에게 딱 맞는 좋은 일자리를 찾기 전까지는 실습만 여러 번 하도록 권했다.

대성(가명)이는 몸이 약했다. 결석 일수를 줄여야 해서 거의 매일 지각을 하던 아이였다. 그러나, 컴퓨터를 잘 다뤄서 관련 자격증도 거의 다 취득하고 있었다. 컴퓨터 수업 시간에 내가 막히는 부분이 있으면 친절하게 해결해주었다. 아래아한글, 엑셀 스프레드시트, 파워포인트 등 다루지 못하는 프로그램이 거의 없는 친구였다. 서울복지재단의 지원을 받아 3학년 때는 컴퓨터 그래픽까지 익힐 만큼 재능도 많고 경제적으로 활용할 수 있는 기술도 충분했다. 하지만 몸이 약했기 때문에 재택근무 할 수 있는 일을 찾고 있었다. 컴퓨터를 잘 한다는 장점을 살리기 위해 자격증을 모두 첨부해 이력서를 장애인고용공단에 제출하고 기다렸지만 정작 공단에서는 재택근무는 포기하라고 했다. 아무리 자격증과 이력서를 제출해봐야 지적장애가 있는 사람이 지체장애인을 이길 수 없다는 것이다.

구직등록을 하고 두세 달이 흘러 12월이 되니 대성이는 식당 급식

보조 자리 공고를 보고는 면접을 보러 가겠다고 할 정도로 불안해했
다. 나는 기다려보자고 달래면서도 속으론 걱정이 밀려왔다. 내심 재
택근무가 나올 것 같지 않기도 해서, 적당한 사무 보조 자리라도 나오
면 들어가라고 하고 싶은 심정이었다. 지적장애 학생에게는 사무 보
조 자리도 거의 추천이 들어오지 않았던 시절이라 나도 자신 없어지
기는 마찬가지였다. 시간은 야속하게 또 한 달이 흘렀다. 결국 해를
넘기고 공단에서 연락이 왔다. 지체장애인들만 면접 기회를 준다던
한국○○에서 대성이도 시험을 치러 오라 했다는 것이다. 컴퓨터 기
술을 기반으로 하는 재택근무 자리였다. 일정량의 과제를 주고 시간
안에 끝내는 시험을 통과해야 했다. 컴퓨터 활용 능력을 충분히 갖췄
던 대성이는 당연히 합격을 했고 1년간 우수한 성적으로 업무를 수
행했다. 재택근무를 하는 동안 컴퓨터 기술을 더 갈고 닦아 컴퓨터 활
용능력 1급 자격증도 땄다. 재택근무가 끝나고 경력을 인정받아 인쇄
소에 취직했다. 인쇄용 문서 편집도 하고 사원들이 컴퓨터를 쓰다 막
히는 문제가 있으면 해결하고 기술도 알려 주면서 일하고 있다고 했
다. 다시 만난 대성이는 학교 다닐 때 보다 훨씬 밝아지고 건강해진
모습이었다.

　내가 오로지 당장 '취업'시키는 것이 최고의 진로지도라고 생각하
던 시절에 대성이를 만났다면 어떻게 되었을까? 대성이가 졸업할 때
까지 취직을 못 하고 기다리고 있어도 괜찮다고 다독거릴 수 있었을
까? 내가 불안해서 아이를 안심시키지 못했을 것이다. 내 불안감이

대성이에게까지 전염되어 한동안 많은 시행착오를 겪었을지도 모른다. 나는 그저 기다려보자고 말한 것뿐이긴 하지만 내 안의 불안을 넘어야 했고 인고의 3개월을 버텨야 했다. 다행히 불안을 넘어 아이를 다독였던 그 시간이 오늘의 대성이를 있게 했다. 일자리를 알아본 것도 시험을 준비한 것도 모두 대성이와 부모님께서 알아서 한 일이다. 그리고 뒤늦게나마 기존의 편견을 깨고 대성이의 진가를 알아보고 지적장애인에게도 기회를 만들어 준 장애인고용공단의 역할도 컸다. 그렇지만 어떤 자리든 그 자리에 서서 헤쳐 나가야 할 몫은 아이에게 있다.

성실한 장애학생들은 자신이 선택한 직업에 최선을 다하고 적응하려고 노력한다. 수민(가명)이도 그런 아이 중 하나다. 당시 근무하던 학교 안에는 카페가 있었다. 아이들의 실습을 위해 마련된 카페는 아니었다. 자주 봐서 익숙해서 였을까? 수민이는 일찍부터 바리스타로 취업하고 싶어 했다. 2학년 진로 상담에서도 장래에 바리스타가 되기를 원했다. 다른 일도 경험해 보라고 직장 체험을 보내봤지만 그때도 자신은 바리스타가 더 좋겠다고 했다. 바리스타 꿈을 향해 2급 자격증도 취득하고 취업에 필요한 조건을 하나씩 갖추어 갔다. 내가 보기에 수민이는 바리스타에 대하여 너무 큰 기대를 하고 있는 것 같았다. 아이들은 아무래도 자신이 원하는 직업을 동경할 수밖에 없고, 그러다보면 자칫 현실적인 어려움을 간과하기도 한다. 나는 수민이와 어머니를 모시고 선배들의 경우를 예로 들며 현실적인 고민을 이야기했다. 장애인을 전면에 내세우는 특별한 매장을 제외하고는 바리스타로 취직하더라도 장애인 바리스타가 직접 커피를 만드는 일은 매우 드물다. 급여도 대개가 최저임금만 받는다. 주로 하루 5시간 근무하기 때문에 근무시간도 많지 않을뿐더러 급여도 많지 않다. 하루 8시간 충분히 일할 수 있으면 좋은데, 5시간 근무하고 퇴근하면 시간이 남기 때문에 매일 할 수 있는 다른 일을 만들어야 한다. 수민이처럼 능력 좋고 에너지가 넘치는 학생의 욕구가 충족되기 어려울 수 있어 고민이 필요하다고 말씀드렸다. 하지만 수민이는 한결같았다. 바리스타가 되기를 희망했고, 도전해 마침내 유명 커피 전문점에 입사했다.

수민이가 커피전문점에 입사한 지 3년이 되어간다. 수민이는 바리스타라는 자부심이 대단해 매장 유니폼을 몰래 입고 다니곤 했다(규정상 유니폼을 입고 밖으로 나가면 안 된다). 직원에게 주는 원두를 챙겨와 학교에 갖다 주면서 매장 홍보에 열을 올리기도 했다. 후배들에게 취업과 직장생활에 대한 조언도 잊지 않았다. 직장에서 생기는 어려움과 그 어려움을 극복하는 방법에 대해 몇 시간이고 강연을 해도 될 만큼 할 말도 많았다. 해마다 열리는 선후배와의 모임에서 혹시 직장을 옮길 생각이 없냐는 후배의 질문에 확신에 찬 목소리로 답했다. "근무지를 옮길 생각은 전혀 없습니다. 저는 ○○에서 끝까지 살아남고 싶습니다. 지금은 아이스 음료만 겨우 만들고 있지만 몇 년 뒤에는 다른 선배님처럼 커피를 만들고, 우리 ○○대표님처럼 이름난 스페

셜 바리스타가 되고 싶습니다." 사실 커피전문점에 취직한 지 3년이 되었음에도 아직 커피를 만드는 바리스타가 된 것은 아니었다. 유명 커피전문점 매장이 아니라 장애인을 내세운 매장이었으면 벌써 커피를 능숙하게 뽑고도 남았을 것이다. 아직 수민이가 고객에 맞춰 커피를 만드는 능력이 부족할 수도 있고 회사 나름의 업무배치 시스템이 있을 수 있다. 그러나 취직한 지 3년이 넘었음에도 커피를 만드는 것이 아니라 여전히 바리스타 일은 멀리 있다는 현실에 나는 놀랍고 안타까운 마음이 들었다. 여전히 우리 사회에서는 장애인이 일터에서 자리 잡기가 쉽지 않나보다.

이 글을 마무리할 즈음 수민이에게 연락이 왔다. 정직원이 됐다고 한다. 근무 시간도 늘어나고 월급도 조금씩 올라갈 거라고 했다. 조금씩 발전하는 모습, 성실한 모습이 마음에 든다는 칭찬도 들었다고도 했다. 대견하고 가슴 뭉클했다. 학창시절 수민이가 바리스타들이 착용하는 긴 앞치마를 입고 린넨으로 포터 필터(커피 추출기에 장착하는 부품으로 원두를 담는 용기)를 닦을 때, 그라인더로 원두를 갈아 멋지게 포터필터에 담고 커피머신에 장착할 때는 마치 바리스타 쇼를 보는 것 같았다. 액션이 크고 과장되어 있어 꼭 박수를 쳐야 할 것 같았는데 이제 정말 박수를 보낼 일이 생겼다.

발달장애인들이 직장을 골라서 취직하기는 쉽지 않지만, 그래도 자신의 적성에 딱 맞는 직업을 찾는 것이 중요하다. 다행히 최근에는 발달장애인들의 특성에 맞는 틈새 일자리를 개발하려는 시도가 여기저기서 이루어지고 있다. 서울시에서는 유명 택배회사와 함께 '발달장애인 택배 사업'같은 사회적 일자리를 만들었다. 대기업 공장에서 나오는 작업복과 수건 등을 세탁하고 정리하는 일, 대기업의 자회사 형태로 공장직원을 위한 빵과 쿠키 같은 간식을 만드는 일에 발달장애인을 고용하는 회사들도 생겨났다. 과거에 의사가 손으로 쓴 진료기록을 스캔하여 전산화하는 작업을 하는 발달장애인 작업장도 있다. 대중교통을 이용한 꽃 배달, 인쇄, 바리스타와 제빵 같은 발달장애인의 특성에 적합한 다양한 일을 개발하는 사회적 기업은 이미 유명하다. 시간이 좀 더 지나면 발달장애인의 특성에 적합한 일자리가 더 많이 개발될 것이다. 이제는 취업 자체에만 매달리던 과거에서 벗어나 학령기 이후에도 좋은 이웃으로 행복하게 살아갈 수 있도록 장애학생 진로지도의 시각이 바뀌고 있다. 교실에 있는 한 명 한 명의 아이들이 자신의 능력을 발휘하면서 즐겁게 할 수 있는 일에는 어떤 것들이 있을까? 적성에 맞으면서 만족감과 자부심을 느낄 일은 무엇이 있을까? 어떻게 하면 아이들이 좋아하고 잘하는 일을 하면서 인생을 살아갈 수 있을지 상상력이 필요한 때다.

고립

한동안 연락이 끊겼던 졸업생 학부모로부터 연락이 왔다. 몇 년 전 특수학교에서 고1, 2학년 담임을 하던 때 제자였던 명효(가명)가 죽었다고 했다. 당시 같은 반 아이의 학부모께서 함께 지냈던 동기생들에게 연락을 해주려고 하는데 딱히 전화할 곳이 없더란다. 장례식장에 가 보니 전화하셨던 가온(가명) 어머니와 당시 같은 학년이었던 학생들의 학부모님 몇 분이 와 계셨다.

명효는 철길에서 교통사고로 죽었다. 명효는 졸업 후 취직을 한 것도 아니고 참여하는 정기적인 프로그램이 있었던 것도 아니었다. 그래서인지 시간이 많았고 무척 심심해했다고 한다. 가끔 복지관에 다녀올 때를 제외하면 대부분 집에 혼자 있거나 친구 부모님이 운영하는 교회에 가 있을 때가 많았다. 주말에는 교회에서 활동했다. 부모님은 맞벌이로 바빴고 고등학생인 동생은 명효와 함께해 줄 시간이 없었다. 명효는 고등학교 시절부터 답답하다는 말을 입에 달고 살았고, 심지어 등굣길에도 발걸음을 돌려 버스를 타고 정처 없이 바람을 쐬러 다니던 아이였다. 졸업 후에는 '답답해'에 더해 '죽고 싶다'라는 말을 부쩍 많이 했다고 한다. 부모님도, 다른 학부모들도 그저 늘 하는 소리려니 생각했다고 하셨다. 그날도 외숙모 집에 간다고 나갔는데 외숙모 집에는 가지 않고 홀로 철길에서 사고를 당한 것이다. 철로를 걷다가 뒤에서 오는 기차 소리를 듣고 당황해서 몸이 말을 듣지 않아 미처 피하지 못했을 거라고 했다.

유독 친구를 그리워한 명효였다. 중학교까지 일반 학교 특수학급에 다녔는데 친구 관계가 워낙 안 좋았다. 결국, 고등학교 진학 후에는 특수학교로 전학을 왔다. 중학교에서 친구를 사귀고 싶었고 또 사귀기도 했다. 그러나 친구라고 생각했던 아이들은 오히려 명효에게 갖은 폭력을 행사했다. 마음의 상처를 많이 받았다. 전학 온 특수학교에 마침 명효처럼 특수학급에서 전학 온 다른 아이가 있었다. 동병상련의 아픔을 공유할 수 있어 둘은 서로 친구가 되어갔다. 마음에 맞는 친구가 생기자 중학교 때 받은 상처도 어느 정도 아무는 듯했다. 그런데 졸업을 하자 상황이 바뀌었다. 평일에 같이 활동할 친구가 없었던 것이다. 단짝이던 친구는 멀리 이사를 가서 주말에나 교회에서 볼 수 있었고, 친분이 있던 다른 친구는 낮에 근무를 하기 때문에 저녁이나 되어야 볼 수 있었다. 집에는 아무도 없었다. 함께 마음을 나누고 교류할 친구가 없는 외로움이 명효를 힘들게 했을 것이다.

그 긴 시간을 혼자 무엇을 하며 지냈을까? 어쩔 수 없는 혼자만의 세계에 외로이, 그리고 깊숙이 빠져 들어갈 수밖에 없었던 것은 아닐까? 전화라도 한번 해볼 걸…. 자책이 몰려왔다. 성가가 울려 퍼지는 장례식장에서 명효에게 미안해 고개를 들 수가 없었다.

장례식장에 학부모는 몇 분 계셨으나 떠나는 친구 곁에라도 온 아이는 한 명밖에 없었다. 함께 학교생활을 했던 친구들은 대부분 장애가 심해서 친구의 장례식장에 올 수가 없었다. 부모님들이 자녀를 데려오지 못한 이유를 말씀하실 때마다 가슴이 무너졌다. 상황 파악이 안 되어서 자꾸 웃을까 봐 걱정되어서 데려오지 못한 아이, 우울증이 심한데 친구가 죽은 것을 알게 되면 더 심해질까 걱정되어서 아직 이 사실을 알리지 못한 아이, 졸업 후 집 밖으로 거의 나오지 않아 근육이 거의 사라져 버린 아이 등. 그나마 연락되는 어머님들은 당시 학교 활동을 적극적으로 하셨던 분이고 아이들도 졸업 후 어느 정도 안정적으로 지냈던 경우다. 다른 아이들이 어떻게 지내는지는 대부분 모르셨다. 연락이 끊긴 친구들은 복지관을 몇 군데 돌다가 집에 있거나, 잠시 취직을 했다가 경기가 나빠져 퇴사한 이후에 일이 없어서 집에 있다고도 했다. 세상을 떠난 친구를 배웅해 줄 친구가 그나마 한 명이라도 있어서 다행이라고 해야 하나? 학교를 졸업하고 세상에 나간 우리 아이들에게 현실은 넘기 힘든 거대한 장벽 같았다. 그렇지. 그랬었지. 특수학교를 졸업한 우리 아이들은 이렇게 어려웠었지.

특별히 하는 일이 없이 집 안에만 있는 학생들(더는 학생도 아이도 아니지만)은 부모님이 데리고 밖으로 나가지 않는 한 어떤 사회적 활동도 하지 않는 경우가 많다. 일상생활은 어느 정도 자립이 되고 문제행동은 크게 없지만 보호작업장이든 시설이든 취직할 능력이 없는 학생들이 주로 그렇다. 부모님들이 보기엔 크게 문제가 없는 아이들이지만 혼자서는 버스를 타고 지역사회로 이동이 불가능하거나 반나절 이상 작업을 할 만한 힘이 부족하기도 하다. 당장은 아이가 혼자 집에 있어도 크게 부담이 없고 무엇을 배우게 하기에는 아이들을 받아줄 만한 기관이 없어 포기한다. 그러다 몇 년이 흐르면 아이는 가족 외는 누구와도 소통할 기회를 놓치게 된다. 그때가 되어 아이에게 다시 무엇인가를 배우라고 적극적으로 권유하기에는 너무 늦었다.

나는 특수학교 제자들을 잠시 잊고 있었다. 일반학교 특수학급으로 자리를 옮기면서 새로운 상황에 적응해야했다. 특수학교에 비해 어찌되었던 능력이 좋은 아이들, 장애가 다른 새로운 아이들을 만나면서 해야 할 고민도 바뀌었다. 상대적으로 경미한 장애를 가진 특수학급 아이들을 어떻게든 사회로 내보내기 위해 온통 진학과 취업에 대해 고민했었다. 그러나, 장례식장에서 제자들에 대해 들은 이야기는 뒤통수를 한 대 맞은 것같은 충격이었다. 바로 내 등 뒤에서 벌어지는 세상을 잠시 잊고 있었던 것이다.

고립. 고등학교를 졸업하면 '고립'은 그렇게 시작된다. 대부분 가족들은 아침에 나가서 밤에 들어오는 생활을 한다. 그동안 덩그러니 아이만 홀로 남아 집을 지키고 있는 경우가 많다. 일반인들은 직장이 없더라도 가끔 친구라도 만나러 가고 생활필수품을 사러 마트에 가기도 하고, 하다못해 주변의 공원을 산책하거나 가벼운 운동을 한다. 외출을 하고 친구도 만나고 세상과 소통하면서 살고 있다. 그런데 중증발달장애 아이들은 학교를 졸업하고 성인이 되어서도 가고 싶은 곳을 마음대로 갈 수 없어서 집에 있어야 한다. 대개는 스마트 폰이나 TV를 벗 삼아 하루하루를 지낸다. 그나마 드라마나 뉴스를 보고 이해할 능력이 있는 아이는 그 작은 창으로나마 세상과 소통하기도 하지만, 그것조차 재미를 느끼지 못하는 아이들은 그저 빨리빨리 바뀌는 화면을 보고 시간을 보내는 것밖에는 안 된다.

나는 아이들의 이런 생활이 사회적인 고립이라고 생각한다. 가족도 없고 세상과 완전히 단절되어야만 고립이 아니다. 성인은 가족만으로 사회적 욕구를 채울 수 없다. 가족과 함께 살더라도 집에서 종일 홀로 있다면, 누군가와 이야기를 하고 싶어도 마땅히 이야기 할 상대가 없어서 외로워한다면 그것이 바로 고립이다. 이처럼 완전히 세상과의 연결 고리가 끊긴 채 살아가는 장애인들이 우리 주변에 있다. 우리가 가르친 제자 중에도 분명히 있을 것이다. 자기 안의 그 무엇과 싸우면서 혼자 외롭게 살아가는 아이들이, 세상을 향해 손을 내밀어 보지만 아무도 그 손을 잡아 주지 않아 혼자만의 세상으로 되돌아가는 장애인이 주변에도 있을 것이다. 그들 가운데서 특히 열린 마음으로 사람들을 좋아하는 성향을 가진 지적장애인들이 느끼는 외로움은 더 할 것이다. 고립된 환경이 두드러지지 않아도 벽 속에 갇혀 외롭게 지내는 우리 아이들, 사회에서 고립된 채 살아가는 아이들을 위해 우리가 해 줄 수 있는 것은 무엇이 있을까?

　나도, 주변의 다른 사람들도 인식하지 못한 가운데 명효는 그렇게 세상에서 고립되어 있었던 것이다.

독립도
준비가 필요하다

"졸업하고 어디든 다녀야지 집에만 있으면 어쩌겠어요. 제가 저 아이 옆에 24시간 붙어 있지도 못해요. 저희도 먹고살아야지요, 선생님." 최근 우리반 학부모께서 아이가 졸업 후에 다닐만한 새 둥지를 찾으면서 하신 말씀이다. 자립 능력이 낮아 24시간 돌봄이 필요한 아이의 부모는 한결같이 이렇게 말한다.

중증장애인이 취업하거나 낮에 사회활동을 할 수 있는 곳은 여전히 부족하다. 모두는 아니지만, 학교를 졸업하고 보호작업장이든 주간보호센터든 정기적으로 다닐 곳을 마련하지 못한 장애인들은 대개 집에서 혼자 지낸다. 졸업 후 진학이나 취직을 못 하는 중증장애인의 생활 반경은 지극히 제한될 수밖에 없다.

보호작업장은 장애인 취업 기관 가운데서도 중증장애인이 일하는 곳이다. 그런데 특수학교에서는 보호작업장에 취직하는 것도 상위 10%나 가능한 얘기다. 한 반에 1~2명만 훈련생이든 근로생이든 보호작업장에 등록되어 일정 금액의 훈련 수당을 받으며 정기적으로 출근할 수 있다. 보호작업장마저 갈 수 없다면 아이들은 복지관이나 사회복지시설에서 운영하는 주간보호센터를 찾아가야 한다. 성인 장애인 수용기관이 한정되어 있어 특별한 경우를 제외하고는 1년에 들어갈 수 있는 자리가 3개 미만에 그친다. 2년 정도 대기하는 것이 기본인 기관도 여러 곳이다. 처음에 알아볼 때 2년 정도 대기해야 한다고 하면 일단 포기하지만, 졸업 시즌이 다가오면 이런 자리라도 대기하려는 부모님들이 많아진다. 전공과를 졸업할 때가 되면 더는 시설이 어떻고 어떤 철학을 갖고 운영을 하느냐보다 졸업한 아이를 받아주기만 하면 된다.

중증장애가 있는 자식을 주간보호센터라도 보내라고 하거나, 돈을 내더라도 일할 수 있는 보호작업장에 보내라는 말을 하면 처음 듣는 부모님은 교사가 너무 냉정하다고 여긴다. 부모님 마음에는 성인이 다 되어가도 중증장애가 있다면 아직 품에 안고 있어야 한다는 믿음이 강하기 때문이다. 그러나 조금만 더 생각해보면, 고등학교를 졸업하고 10년만 지나도 독립은 피할 수 없는 선택에 가깝다. 부모님은 점점 나이가 들어가고 장애가 있는 자녀를 가족이라는 이유로 형제들에게 떠맡길 수도 없다. 아이가 고등학교를 갓 졸업한 학부모들에게는 아직 먼 얘기 같을 수 있다. 그러나 독립은 보다 일찍부터 준비해야 한다. 졸업하고 취직을 하거나 지역사회 내 주간보호센터를 다니는 것은 시작일 뿐이다. 부모에게서 독립을 준비하는 데만도 상당한 시간이 필요하기 때문이다.

이제는 학부모들이 아이가 성인이 되었을 때를 적극적으로 대비해야 한다. 부모라고 언제까지나 젊고, 아이를 부양할 수 있는 것도 아니다. 조만간 나이가 들어 더 돌볼 수 없을 때가 올 것이다. 그렇지 않더라도 부모를 떠나 독립해 생활하는 것은 인간으로서 누구나 피할 수 없는 숙명이다. 어떻게 독립생활을 준비하고 훈련할 것인지 관심을 가져야 한다.

주간보호센터는 턱없이 부족하다. 그러면 주간보호센터라도 찾지 못하면 어떻게 해야 할까? 또는 장애가 너무 심해서 주간보호센터에도 갈 수 없으면 어떻게 해야 할까? 아무도 없는 집에 혼자 있어야 할까? 저마다 생각이 다를 수 있겠지만, 나는 장애인시설에 가는 것도 염두에 두어야 한다고 생각한다. 시설에 보내는 것이 자식을 버리는 것 같은 생각이 들어 마음이 편치 않다는 부모님들이 계시다는 것도 알고 있다. 가끔 뉴스나 신문에서 중증장애인 보호시설의 인권침해 기사를 접하면 나를 거쳐 간 학생들도 생각나고 마음이 무겁다. 하지만 그런 기관만 있는 것은 아니다. 시설도 좋고 다양한 프로그램을 운영하는 곳도 점점 많아지고 있다. 음악치료, 미술치료, 공예 같은 취미 활동을 하기도 하고 간단한 농사나 작물 재배, 원예, 동물 키우기 같은 생산적인 일을 가르쳐주는 곳도 있다.

적성에 맞는 직장을 찾고 마음에 맞는 배우자를 찾듯이, 성인기를 살아갈 우리 학생들에게 잘 맞는 시설을 찾아보는 것도 미래를 위한 준비다. 결혼한 자식들과 가끔 왕래하고 전화 연락을 하듯이 자녀가 좋아하는 음식을 싸가서 함께 먹거나 일 년에 한두 번 함께 여행도 다니며 가족만의 시간을 보낼 수도 있을 것이다. 혼자서 온종일 집에 있으면서 TV와 컴퓨터 앞에서 하루하루를 보내기보다 같이 이야기할 사람이 있는 곳, 같이 눈을 맞출 사람이 있는 곳, 우리 아이들을 위해 일해 줄 사람이 있는 곳이 더 필요한 환경일 수 있다.

비장애인 성인은 주로 직장을 갖거나 결혼을 하면서 독립해 살아간다. 집을 구하고 집 안에 들일 물건들을 갖추면 어느 정도 독립 준비는 끝난다. 하지만 중증장애인의 경우는 사정이 다르다. 비장애인과 달리 성인이 되어서도 혼자 살아갈 준비를 마치 학교 공부처럼 해야 한다. 학교에서 교육과정에 맞춰 사회에서 살아갈 적응을 준비한 것처럼 성인이 되어서도 여전히 일상생활 적응훈련을 하고 독립생활을 준비해야 한다. 언젠가는 스스로 살아갈 중증장애인에게 혼자 옷 고르기, 밥해 먹기, 냉장고에서 반찬 꺼내 상 차리기, 세탁기 사용하기, 저녁 시간 혼자 보내기, 장보기, 가족이 없는 상태에서 혼자 또는 낯선 사람과 함께 지내기 등은 독립생활을 위한 준비라고 볼 수 있다. 보통 성인이 되면 자연스럽게 익혀지는 일상생활에 대한 준비를 중증장애인들은 오랜 시간에 걸쳐 익혀야 한다.

장애인에게 조기 교육이 중요하듯 독립도 잘하려면 전문교육이 필요하다. 예를 들면 '그룹홈(자활꿈터)'같은 전문기관의 지원과 체계적인 전문교육과정을 거치는 것이 좋다. 그룹홈이란 소규모 복지시설로 장애인들이 공동으로 생활하는 가정을 뜻한다. 중증장애인들이 일반 가정과 같은 소규모 시설에서 함께 생활하면서 독립적 일상생활이 가능하도록 지원한다. 별도의 시설이 아니라 지역사회 내에 있는 일반주택에서 생활하기 때문에 사회적으로 고립되지 않은 환경에서 자립생활을 훈련하는 데 상대적인 장점이 있다. 장애인 4~5명에 사회복지사 1명이 함께 지내는 유형이 일반적이다. 그룹홈을 담당하는 전문 지도교사는 미리 짜인 프로그램에 따라 가족 같은 환경에서 장애인들의 독립적인 생활기술의 습득을 돕는다. 독립을 위한 준비 과정이기 때문에 가족이 있는 장애인이라면 월~금요일은 그룹홈에서 지내고 주말에는 가족들과 함께 지내는 형식으로 운영하는 경우가 대부분이다.

아주 먼 얘기라고 여길 수 있겠지만 부모님이 더 연로해지면 아이들을 보살피기 어려워지는 것은 자명하다. 그럴 때 우리 아이들이 좀 더 안정적이며 최선을 다해 돌봐줄 수 있는 좋은 기관을 찾아 여러 사람과 함께 지낸다면 가족 못지않은 따스함을 느낄 수 있을 것이다. 기관의 프로그램에 따라서는 직장생활도 하고 문화생활도 하면서 지속적인 사회생활을 즐길 수 있을 것이다.

이제는 가정에서 끝까지 돌보고 책임진다는 생각에서 벗어나야 한

다. 성인이 되면 누구나 독립을 하듯이 장애학생들도 각자 자신에게
맞는 독립을 해야 한다. 자립이라는 큰 과제를 해결하는 데는 학교에
적응하는 것보다 몇 곱절 더 많은 시간이 걸릴지 모른다. 몸에 이어
마음마저 독립하려면 오랜 시간이 걸릴 것이다. 부모님들에게도 마찬
가지일 것이다. 일찍부터 차근히 독립을 준비해서 오래오래 여러 사
람과 어울리며 살아갈 수 있었으면 좋겠다.

친구, 인생의 동반자를
만들어주자

'약속'이 있는 저녁, '약속'이 있는 주말은 어쩌면 평범하다. 성인이 되고 사회생활을 하는 사람이라면 자주 있는 일이고, 최소한 한 달에 몇 번은 있는 평범한 일상이다. 사회는 사람들로, 그 사람들 사이의 관계로 엮여 있어서 만남과 약속은 피하기 어려운 생활의 일부다. 일반 사람들에게 이처럼 별일 아닌 '약속'과 약속이 있는 저녁과 주말도 발달장애가 있는 성인들에게는 의도적으로 만들어야 하는 특별한 일이다.

특수학교에서 오래 근무를 해서 그런지 발달장애인들은 친구 관계가 지속되기 어렵다는 선입견이 있다. 발달장애인들은 졸업 후에 가족, 친척이나 직장에서 만나는 사람이 대인 관계의 대부분인 경우가 많다. 학부모들이 서로 연락하지 않으면 친구들과의 관계가 단절되는 것도 많이 보았다.

그동안 경험한 대부분의 학생들은 친구들을 무척 좋아했다. 그렇잖아도 관계의 폭이 좁은데 졸업 후 학창시절의 친구들과 교류가 끊기거나 만날 수 없다면 무척 외로울 것이다. 실제 몇 년간 경험한 바로는 졸업한 학생들이 그런 상황에 자주 놓여 있었다. 나는 아이들이 졸업하더라도 친구들과 단절되지 않았으면 좋겠다는 마음이 간절했다.

고등학교 특수학급으로 옮겨 생활 지도를 하면서는 학부모들에게 졸업 후에도 교우 관계가 유지될 수 있도록 준비해야 한다는 점을 늘 강조했다. 우리 아이들은 친구를 원하는데도 좀처럼 친구를 사귀기가 쉽지 않다. 통합교육을 하는 사람이라면 대부분 공감할 것이다. 늘 겪는 어려움이다. 비장애 아이들은 잠시 친구처럼 지내다가도 이내 멀어지기 일쑤다. 아이들은 자기를 괴롭히고 놀리는 것도 알지만 그 친구가 아니면 아무도 자기에게 말을 걸어주지 않으니까 오늘도 그 친구에게 다가간다고 한다. 친구가 그립다는 얘기를 들을 때마다 마음이 너무 아팠다.

사실 청소년기 모든 문제의 해결책은 친구관계에 있다고 해도 과언이 아니다. 공부는 물론이고 자잘한 일상의 문제도 다 친구들과 해결한다. 내가 지나온 시간을 되돌아보더라도 10대에서 20~30대까지 20여 년 이상은 친구가 인생에서 가장 중요한 존재인 양 생각하는 시기다. 내가 만나는 아이들도 마찬가지로 그런 소중한 친구를 간절히 원하는 10대의 한복판에 있다. 그런데 이런 시기에 곁에 있어줄 친구가 없어서 고민이라니….

특수교사들은 아이들에게 친구가 중요하다는 것을 알고 초등학교 때부터 아이들에게 좋은 친구를 만들어 주려고 노력한다. 아이들과 어울릴 친구를 1대 1로 맺어주려고 애쓴다. 그런데 우리 아이들은 친구를 원하지만 많은 비장애 학생들은 상당수가 봉사와 선행으로 친구관계를 인식한다. 봉사 이상의 친구 관계를 거부하기도 한다. 학년이 올라갈수록 그 현상은 더 심해진다. 특수학급 학생들끼리도 친구관계 형성이 잘되지 않는다. 중학교는 3개 학년을 통틀어 특수학급 학생이 10명도 안 될수 있는 환경이기 때문에 친구가 될 대상이 적어 관계 형성이 어렵기도 하다.

고등학교는 사정이 좀 다르다. 고등학교에는 대개 학년별로 하나의 특수학급이 있다. 학급당 법정 인원만 있다 해도 1학년부터 3학년까지면 20명이 넘는 학생이 있다. 학교마다 상황은 다르겠지만 내가 근무하는 학교는 매번 법정 인원을 넘겨서 학년당 10명 안팎이 배정되었다. 3개 학년을 합하면 30명 내외의 인원이니 무시 못할 규모였다. 이 정도 인원이 되면 죽이 잘 맞는 친구가 같은 학년에 없더라도 선배나 후배 가운데는 있을 수 있다. 코드가 맞고 서로 소통하고 어울릴 수 있다면 한두 살 차이는 대수롭지 않다. 꼭 나이가 같아야만 친구가 되는 것은 아니지 않은가?

나는 고등학교 진학상담을 할 때 가능하다면 특수학급 학생이 많은 곳을 찾아가라고 조언한다. 아이들에게는 소규모 학급에서 교사의 손길 한 번 더 닿는 것도 매우 중요하지만 고등학생쯤 되면 대규모 학급에서 또래 관계를 형성하고 사회성을 키워 나가는 것도 그 못지않게 매우 중요하기 때문이다. 많은 문제가 친구 관계에서 생기고 또 친구를 통해 해결된다. 아이들 각자 중학교 때의 경험이 다르고 서로 견제하느라 고등학교 1학년 때는 관계가 삐걱거리고 다툼도 많다. 하지만 1년이 지나면 선배들과 친구들 사이에서 유연해지고 심리적 여유도 생긴다. 모났던 성격도 두리뭉실하게 다듬어져 가는 학생을 여럿 볼 수 있다.

특수학급 아이들은 교육을 통해 혼자 이동도 잘 하고 돈도 어느 정도 관리할 수 있다. 또 서로 약속을 잡고 관계를 유지하는 방법도 익힐 수 있다. 이 정도로 일상생활 능력이 좋은 아이들이 졸업 후에노 서로를 의지하며 살아갈 수 있기를 바랐다. 그러려면 학창 시절에 친구 관계가 잘 맺어져야 하지만 졸업 후에도 관계가 잘 유지되어야 한다. 여기에는 현실적으로 학부모들의 협조가 절실히 필요하다. 학부모 또한 그런 생각을 가져야 하고, 관계 유지를 위해 학부모들끼리의 연락과 소통도 중요하다.

학부모들께 협조를 구했다. 초반에는 학부모를 중심으로 모임을 정기적으로 조직해야 했다. 학부모들이 자리를 만들고 아이들을 데리고 나와 함께 만나도록 도움을 주어야 했다. 기술이 발전하면서 이제는 SNS로 일상적으로 소통하고 만남을 만들어가는 것이 가능해졌다. 학부모들이 만남의 자리를 만들고 아이들을 데려오다 보니 아무래도

20대 초반 아이들의 모임 분위기는 아니기도 했다. 그렇지만 정기적으로 모이는 이런 자리를 싫어하는 졸업생은 하나도 없었다. 모임이 만들어진 지 5년이 지났는데 지금도 유지되고 있다. 아이들에게 친구가 소중하다는 것을 인식하고 있는 부모님들의 노력이 만들어낸 결과다. 만나서 하는 일이 대부분 맛있는 것을 먹고 짧게 근황을 나누고 당구장, 노래방 등으로 이어지는 것이지만 이런 평범한 일상이 아이들에게는 그 무엇보다 중요하다. 친구를 만나고 떠들고 노래 부르고 즐기는 시간이 없다면 삶에 무슨 재미가 있겠는가?

SNS로 모임을 유지할 수 있게 되자 부모님들의 역할은 점점 축소됐다. 여전히 정기적인 모임은 1년에 한두 번 정도 있지만, 대신 번개 모임이 잦아졌다. 월급 타는 날 번개 모임, 휴무일이 맞는 아이들끼리의 번개 모임, 선후배가 만나서 이루어지는 맛집 탐방, 가끔은 술자리도 갖는다. 날씨가 좋은 날은 고등학교 때 현장학습 다녔던 장소를 찾아 한강에서 자전거 타기, 춘천에 닭갈비 먹으러 가기, 인천 차이나타운 탐방 등 서울 근교를 다니며 짧은 여행을 하는 아이들도 있다. 만남이 늘어난 만큼 관계도 잘 유지되고 있다. 모임 후에는 꼭 SNS에 사진을 올려 친구들에게 자랑한다. SNS를 통해 보는 아이들의 얼굴은 반갑고, 행복한 모임 사진을 보면 흐뭇해 나도 모르게 미소가 핀다. '친구들'이 있고, 그렇게 부를 수 있고, 그런 '약속'을 만들 수 있고, 즐겁게 외출할 수 있고, 친구들을 만날 수 있어서 참 다행이다 싶다.

꼭 인위적이고 정기적인 모임을 만들지 않더라도 서로 연락하고 지낼 아이들도 있을 것이다. 반대로 아무리 정기모임이나 번개 모임이 자주 있더라도 성향이 맞지 않거나 여건이 되지 않는 아이들은 참여하기 어려울 수 있다. 그렇지만 나는 이런 모임이 갖는 의미가 매우 크다고 생각한다. 아이들에게 친구가 중요하고, 친구를 만나고 교류하는 것이 필요하다면 어떻게든 방법을 찾아야 한다. 부모님이 먼저 중요성을 인정해야 모임도 만들어지고 쉽게 깨지지 않는다. 꼭 필요한 것이라면 문화를 만들고, 그 문화가 일상이 될 때까지 누군가는 부단히 노력하는 수밖에 없다.

우리 친구들도 인생에서 오래오래 함께 할 수 있는 친구, 동반자가 필요하니 말이다.

동창회

사회생활을 하다 보면 공적인 모임과 사적인 모임이 있다. 공적인 모임이 여러 사람이 얽혀 있고 조직 사회에서 정한 모임이라면, 사적인 모임은 몇몇 지인들의 약속으로 만들어지는 만남이다. 사적인 모임이 편하고 부담이 적은 반면 공적인 모임은 아무래도 부담감이 있지만 그래도 소속감과 자부심을 느끼게도 된다. 사회생활을 활발하게 하지 않는 발달장애인들에게 공적인 모임은 1년에 손에 꼽을 만큼 거의 없다. 종교 생활이라도 하지 않는다면 더욱 공적인 모임이 줄어들 것이다.

내가 근무하던 학교는 역사가 제법 오래된 학교였다. 근무하던 중 개교 90주년을 맞이하여 대대적인 기념행사도 진행했다. 개교한지 90년이 넘었을 정도니 거쳐 간 동문도 많고 동문들이 학교에 많은 기부를 하기도 한다. 동문의 도움으로 고등학교 치고는 학교 축제도 제법 큰 규모로 치르기도 한다. 장학제도, 발전기금 외에도 학생들이 피부로 느낄 수 있는 '동문'의 존재와 힘은 상당하다. 특수학급에서 사회집단에 대해 가르치다 우리 학생들이 유독 동문회에 관심이 많다는 것을 알게 되었다. 학교 내외에서 '동문'이라는 이름을 자주 접하고, 행사나 축제 때 학교에 방문하는 선배들에 익숙한 탓이었을 것이다.

나는 학생들이 졸업 후에도 지속해서 관계를 유지하기를 원했다. 졸업생들끼리 서로 만나고 교류하는 것도 필요하고 재학생과 졸업생들의 연결 고리가 있으면 더 좋겠다는 생각을 했다. 학교의 역사도 있고, 동문회에 익숙하고 친숙한 분위기를 활용해 '동창회'를 조직했다. 우리의 동창회는 한 학년에 제한되지 않으니 엄밀하게 말하면 동문회의 성격이었다. 게다가 특수학급 학생들로만 이루어지니 엄밀하게 말하면 '특수학급 동문회'였다. 졸업생과 재학생이 함께 만나는 자리니 다른 말로 불러야 할 것 같기도 했지만 어쨌든 우리는 '동창회'라고 부르기로 했다. 그리고 1년에 한 번 동창회를 열기로 했다. 1년에 한 번 특수학급의 졸업생과 재학생이 학교에서 공식적인 모임을 가질 수 있게 되었다. 학교에서도 도와주고 학부모들도 협력해 주었다. 여러 관계자들이 함께 협력해야 가능한 모임이었다. 동창회는 매년 11월이 끝나가는 금요일 저녁에 열린다. 재학생과 졸업생, 그리고 참석가능한 학부모들이 함께 모여 서로 살아가는 얘기를 나눈다.

졸업생은 직장생활이나 대학생활 경험을 후배들에게 들려준다. 후배들이 직장인으로서 어떻게 살아야 하는지, 대학을 다닐 때 어떤 점을 더 중요하게 생각해야 하는지 미리 알고 싶어 하기 때문이다. 선배들은 어떻게 준비해야 하는지를 일러준다. 일러주는 선배들도, 듣고 새기는 후배들도 더 열심히 살아갈 힘을 얻는다. 회사 제복을 입고 오거나 회사 명찰을 달고 와서 보여주는 졸업생들도 있다. 자기소개를 하다 보면 사장님이 칭찬했던 말을 들려주느라 5분을 훌쩍 넘기기도 한다. 입사 초기의 졸업생은 자신이 하는 일을 한참 동안 자랑하기도 한다. 또 입사한 지 3년쯤 지난 선배들은 평생직장을 꿈꾸며 사회에서 자리 잡고 살아가는 데 대해 희망을 연설하기도 한다. 대학을 진학한 학생들은 또 다른 세상을 향한 설렘과 두려움을 고백하기도 한다. 대학교에서 학점 따기 어려웠던 일, 여러 가지 실습을 해 보면서 고등학교 때 몰랐던 새로운 생활이나 연애했던 경험 등 또래 청년들이 겪을 재미난 이야기를 풀어 놓기도 한다.

재학생도 이날을 손꼽아 기다린다. 얼굴도 모르지만 선배들의 다양한 삶을 보며 자신도 몇 년 뒤 취직을 하거나 대학에 들어가겠다는 생각을 하게 된다. 특히 연애 얘기에 제일 관심이 많다. 고등학교에서는 접하기 어려운 연애담을 듣고 싶어 나오는 선배마다 애인이 있는지 물어본다. 재학생 소개 시간이 되면 자신이 꿈꾸는 미래에 관해 이야기하는 학생들이 있다. 수업 시간에 '내가 직업을 가진다면'이라는 주제로 발표하는 것과는 사뭇 다른 분위기로 진지하게 자신의 꿈을 고백하기도 한다. 사회생활을 하는 선배들을 보며 '나도'라는 생각을 하는 것 같았다. 특히 현장실습을 통해 사회의 맛을 알게 된 고3 학생들은 선배, 후배 그리고 학부모들에게 자신이 지금껏 성취한 결과물을 소개하고 싶어 안달이다. 멋진 사복을 입고 와서 갓 취직한 회사, 갓 합격한 대학의 이야기를 들려준다. 이 작은 모임을 통해 재학생은 자연스럽게 미래를 그릴 수 있고, 어쩌면 자신의 미래를 미리 살고 있는 선배들을 보며 결의를 다진다.

동창회에 참석하는 학부모는 대개 재학생 부모님들이다. 특히 1학년 학부모의 참석율은 100%에 가깝다. 오히려 재학생들보다 더 많은 질문을 쏟아내며 선배 졸업생의 생활에 대해 알고 싶어 한다. 어떻게 취직할 수 있었는지? 해당 직종은 어떤지? 회사와 업무는 어떤지? 급여는 어떻고 회사 생활, 다른 사원들과 관계는 어떤지? 아이들이 거쳐 간 준비 과정에서부터 그들의 고충까지 학부모들이 누구보다 열심히 궁금증을 풀어 간다. 학부모들은 아이의 미래를 미리 그려볼 수 있고, 미래를 위해 무엇을 준비해야 하는 지에 대해 쉽게 얻기 힘든 실질적인 정보와 힌트를 찾아가는 것이다.

졸업생들의 SNS는 해마다 10월에 접어들면서부터 동창회 얘기로 시끌시끌해진다. 이번에는 어떤 얘기를 하고 싶은지, 어떤 옷을 입고 갈지 그리고 친구들은 어떻게 지내고 있을지 모두들 궁금해 한다. 사적인 모임에 외출을 잘 허락하지 않는 학부모도 이날 만큼은 밤늦게까지 외출을 허락한다. 게다가 다른 학교로 전근가신 선생님들도 이날은 모두 모여 얼굴 보는 자리로 굳어져 있다. 그러고 보니 교사들의 친목회까지 하는 셈이다. 우리의 특수학급 동창회는 시간이 짧다고 느낄 만큼 아쉬움을 가득 안은 채 끝난다.

야간에 동창회를 한다는 것은 교사에겐 일반적인 업무 외의 일이다. 학부모님과 자주 만나야 하고 시간과 방법, 먹거리 등을 조율하느라 연락도 자주 해야 한다. 학교장의 허락도 구하고 관리자들의 도움도 얻어야 한다. 또 졸업생들에게도 일일이 연락을 하고 이벤트도 만들고 물품도 준비해야 한다. 동창회 당일에는 행사를 진행하고, 뒷정리까지 해야 한다. 그러다보면 밤 11시가 넘는다. 교사도 학부모도 일이 느는 셈이지만 막상 아이들이 즐거워하는 것을 보면 뿌듯하다. 수업과 체험만으로 충족할 수 없는 부분을 졸업생들이 함께 채워주는 것이다. 나는 우리 아이들의 성인기 삶을 준비하는데 동창회가 큰 도움이 된다고 확신한다. 공립 고등학교임에도 몇 년째 우리 특수학급 동창회가 이어져오는 이유다.

동창회에 참석했던 학부모께서 한 말씀 하셨다. 우리는 영원히 유치원 학부모인 것 같다고. 남들은 초등학교 저학년 때 끝내는 뒷바라지를 수십 년째 해야 하는 것 아니냐고. 자녀가 다 커서도 같이 학교 행사에 참여하고, 친구 만나는 것도 같이 알아보고, 심지어 약속 장소에 데려다주기도 해야 한다고 하소연하기도 했다. 다른 학부모는 그래도 우리 아들이 많이 커서 이번에는 술 한 잔 먹고 들어와도 맘이 편하다고 말씀하셨다. 장애학생을 키우는 학부모들의 마음은 여러모로 복잡하다. 특히나 이제 장성해 성인이 다되고 어떤 식으로든 자립할 수 있도록 준비해야 하는 고등학생쯤 되면 더 복잡해질 수밖에 없다.

학부모가 되어 자녀의 성인기를 준비하는 데는 아주 많은 것들이 필요하다. 그 중에 사회적인 모임 참석은 아주 작은 부분일 수 있다. 교사에게는 졸업생과 재학생의 관계를 맺어주는 일은 하지 않아도 되는 일일 수도 있다. 그러나 정기적인 모임을 기다리는 힘으로 한 달의 스트레스를 이기고, 친구들과 오랜만에 연락할 대화 소재가 생기고, 주말의 약속을 떠올리며 오늘의 힘든 일을 묵묵히 참아내는 아이들을 생각한다면 우리의 작은 노력이 아주 값질 것이라고 생각한다.

별 것 아니라고 생각할 수 있지만 공적인 모임은 나름의 가치가 있다. 사적인 모임도 그렇지만 공적인 모임도 직장생활을 하는 데 큰 활력소가 된다. 복지관에서도 '자조모임'이라는 형식을 빌어 취식한 장애인들의 모임을 운영하기도 한다. 우리에게는 아이들이 졸업해 진학하고 취업하는 것이 초미의 관심사 가운데 하나다. 덧붙여 아이들이 사회 진출 후에도 관계를 유지하고 서로 조력할 수 있는 단단한 틀을 만드는 데도 관심이 필요하다. 아이들에게는 친구와 선후배가 인생을 살아가는 데 큰 힘이 될 것이기 때문이다.

공식적인 모임과 약속. 이런 모임과 약속이 늘어나고, 사회적 관계가 넓어져야 아이들을 사회로 내보내면서 조금이나마 안심이 되지 않을까? 그래야 학교도, 지역사회도 조금씩 변화해가지 않을까?

통합교육,
함께 성장하는 힘

윤형진

통합학급 교사로 7년, 특수교사로 12년 동안 근무하다가 부산광역시교육청에서 특수교육담당 장학사로 근무하고 있습니다. 부산교육대학교에서 초등교육을 공부하고, 대구대학교 대학원에서 특수교육을 전공하여 석사, 박사학위를 취득했습니다. 대구대학교 특수교육대학원 겸임교수를 역임하였고, 부산대학교 교육대학원, 부산교육대학교에서 오랫동안 강의를 하였습니다. 전국 교육연수원과 교육지원청 등에서 300여 회의 특수교육 관련 강의를 하였습니다.

"선생님, 올해 장애학생들이 몇 학년에 있나요?"

"1학년, 3학년, 5학년에 각각 2~3명씩 있어요. 무슨 일로 그러시죠?"

"희망 학년을 써넬 때 2, 4, 6학년은 피해야겠네요."

"아니 대학원에서 특수교육까지 전공하신 선생님께서 왜 그러세요?"

"솔직히 말씀드리면, 뻔히 답이 아닌 줄 아는데 피할 수 있으면 피하고 싶어요."

2월 말 일반학급 담임을 맡고 계신 선생님이 특수교사인 내게 전화를 하셨다. 새 학년 희망서를 쓰면서 특수교육 대상 학생들을 피하고 싶다는 것이다. 그분은 교육대학원에서 특수교육을 전공하셨는데도 우리 아이들을 피하고 싶어 하니 더 당황스러웠다.

전화를 끊고 그 선생님의 마지막 말에 한동안 마음이 무겁고 부끄러웠다. 특수교사로 전환하기 전에 일반학급을 담당하던 시절의 내 모습이 떠올랐기 때문이다. 일반교사를 하던 7년 동안 나는 공교롭게도 매년 장애가 있는 아이들을 만났다. 솔직히 그 7년 동안 나에게도 가끔 우리 아이들을 피하고 싶은 마음이 있었고, 어떻게 교육해야 할지 몰라 당황하곤 했다. 당시엔 교육이 무엇인지에 대한 본질적인 고민도 부족했고, 특수교육에 대해서도 문외한이었기에 교사로서 부끄러울 수밖에 없었다. 그런데 특수교사가 된 지금도 가끔 어쩔 수 없는 무기력감을 느끼고 우리 아이들에 대한 미안함이 여전히 내 마음 한쪽에 자리하고 있다. 마치 그것을 들킨 것 같아 마음이 무겁고 부끄러워졌다.

사실 나는 처음부터 장애가 있는 아이들을 잘 가르치기 위해 특수교육을 공부한 것이 아니었다. 어릴 적부터 초등학교 교사가 꿈이었던 나는 교대를 졸업하고 평범한 일반교사가 되었다. 그러나 뜻하지 않게 매년 장애가 있는 아이들을 만나게 되었고, 그렇게 만난 아이들을 어떻게 교육해야 할지 아무것도 몰랐다. 장애가 있는 우리반 아이를 위해 해줄 수 있는 것이 별로 없다는 사실이 미안하고 부끄러웠다. 적어도 우리 교실에서만큼은 그 어떤 아이도 소외당하지 않게 잘 가르치는, 모든 아이를 위한 선생님이 되고 싶었다. 이것이 내가 특수교육을 공부하게 된 이유다.

아이들을 만나고 특수교육을 알아가면서 교육을 과거와 다른 새로운 관점으로 바라보게 되었다. 교육이 인간행동을 긍정적으로 변화시키기 위한 계획적인 노력이라면 한 사람 한 사람의 개별적인 특성을 잘 알아야 한다. 아이가 장애가 있다면 그것은 아이의 개별적이고 독특한 특성일 뿐이다. 교사인 내가 장애를 병리적인 관점으로 바라봐서는 안 된다는 결론을 얻었다. 병리적으로 보는 것은 의사의 일이다. 따라서 특수교육이 제대로 되려면 개별화와 특성에 맞는 교육이 필요할 뿐이다. 이제는 '특수'라는 말부터 사라져야 하지 않을까? 나는 특수교육이 아닌 그냥 '교육'을 하는 것이다. 장애가 있어 개별적인 관심이 좀 더 필요한 아이들의 특성에 맞춰 한 사람 한 사람 성장시키는 교육을 하는 것뿐이다. 특수교육이라고 해서 특수한 것이 아니라 그냥 교육일 뿐이라는 평범한 진리를 깨달았다.

나는 만나는 모든 아이에게 '차이'와 '다름'이 가진 소중한 가치와 의미를 알게 하고 싶다. 서로 배려하고 나눌 줄 아는 아이로 성장시키고 싶다. 그래서 나는 통합학급 교사였을 때도, 특수교사로 근무하면서도 교실과 현장에서 부단히 많은 시도를 해왔다. 수많은 시행착오도 거쳤고 소중한 결실도 있었다. 일반교사와 특수교사 두 가지 역할을 해본 나의 경험과 다양한 선생님들과 나누었던 고민들이 특수교사든, 일반교사든 또는 학부모든 누군가에게는 도움이 되었으면 좋겠다. 우리 아이들이 함께 어울리며 성장하는 교육이 되는 데 미약하지만 내 도전과 경험, 생각들이 작은 거름이 되었으면 좋겠다.

우리는
정상인가요?

특수교육을 하다 보면 별 것 아닌 사소한 것들에 민감해야 하는 경우들이 있다. 그중 하나가 차별과 편견들이 배어있는데도 우리가 일상에서 무심코 쓰는 '말'이다. 그런 말들은 무감각하게 사용되고 심지어 남용되고 있다. 통합교육을 하는 것은 교육을 통해 문화를 개선하고 장애·비장애 아이들이 차별 없이 어울려 함께 살아가는 세상을 만들어가기 위해서다. 문화는 사람들의 생각이자 태도이다. 우리가 일상에서 사용하는 언어도 사람들의 생각과 태도를 반영하고 있는 우리 시대의 문화이다. 이것이 내가 '정상正常'이라는 말에 민감하고, 굳이 이 글을 쓰는 이유다.

"선생님, 철수는 좀 이상해요. 정상이 아닌 것 같아요."

학교에서 아이들이 흔히 하는 말이다. 정상이란 단어는 어른들도 일상에서 자주 쓴다. 별다른 뜻 없이 쓰는 경우가 대부분이다. '정상'이란 단어는 평범해 보이지만, 차별과 편견을 품고 있는 말이기도 하다. 정상의 의미는 다분히 추상적이다. 경계도 모호하며 비교 대상에 따라 상대적이다. 더구나 앞에서 아이가 말한 것처럼 '정상이 아니다'라고 하면 차이가 차별로 정당화되거나 편견과 선입견을 불러일으킬 수 있다. 일상에서 별다른 문제의식 없이 쉽게 쓰는 말이지만, 뜻을 어떻게 받아들이고 개념화하는가에 따라 아이들의 행동과 태도는 차이가 생길 수 있다. 교실에서 누군가 앞서처럼 말하거나, 또 '정상'에 대해 묻는다면 우리는 그리고 선생님들은 뭐라고 대답할까? 많은 교사들은 당황스럽고 설명하기 힘들다고 한다. 아이들이 보기에는 철수의 조금 부족해 보이는 점이 자신들과 다르다고 여겨졌을 것이다. 자신이 정상이라고 생각하니 아이들 입장에서 바라본 철수는 비정상인 것이다. 보통은 이런 표현에 "친구들에게 그런 말 하면 안 돼요."라고 말하면서 넘어가는 것을 종종 보게 된다. 이를 달리 생각하면 선생님의 대답은 철수의 상태에 대한 아이들의 편견 어린 생각에 동조하고 있으나 윤리적으로 그렇게 표현해서는 안 된다는 말로 들릴 수 있다. 이런 말과 표현을 만날 때가 차별 없는 생각과 태도를 교육할 때다. 아이들과 정상과 비정상을 나누는 기준은 뭔지, 정상이 뭔지에 대해 이야기를 나눌 좋은 기회이다.

일반적으로 쓰는 정상正常의 사전적 의미는 '특별한 변동이나 탈이 없이 제대로인 상태'를 말한다. 그런데 여기서 '제대로 된 상태'란 무엇을 의미하는 것일까? 나는 아무리 생각해봐도 잘 모르겠다. 특히나 불확실하고 급변하는 현대 사회에서 제대로 된 상태라는 것은 객관적이거나 보편적일 수 없다. 그러고 보니 우리는 '정상'이 뭔지 '비정상'이 뭔지 딱히 정확하게 가르기 어렵다. 이렇듯 개념에 대해 분명한 고민 없이 사용하거나, 정상과 비정상에 관한 이야기를 일상생활에서 많이 듣곤 한다. 사실 정상의 반대는 비정상이 아니라 '이상異常'이다. 평소와는 다른 상태를 일컫거나 모양이 서로 다른 것이다. 우리가 일상에서 쓸 때 '이상'과 '비정상'은 전혀 다른 맥락을 형성하기도 한다. 이상은 조금 다르다고 이해하지만, 비정상은 무언가 모자라거나 삐뚤어져 대단한 문제인 것처럼 인식한다. 그런데, 일상에서 아이들이 '정상이 아닌 것 같아요'라고 할 때의 의미는 대부분 이상의 의미가 아니라 비정상의 의미다. 그런데, 이렇게 의미를 잘못 이해하는 것은 비단 아이들 뿐만은 아니다. 주변에서 만나는 많은 어른, 선생님들도 잘못 이해할 때가 많아 보인다. 비슷하게 교육받아오거나 개념을 잘못 습득했기 때문이기도 하다. '단어' 하나이지만 지목된 누군가는 순식간에 부정적 이미지를 갖게 된다.

도대체 정상과 비정상의 기준은 뭘까? 왜 우리는 '정상'을 '이상'하게 쓰고 있을까? 아이들에게 어떻게 설명하면 좋을까? 평소에 이런 의문을 가지고 답답해했던 내가 몇 가지 이야기를 함께 나누며 생각해보고 싶다. 바로 잡기는 의외로 어렵지 않다. 그럴 때 우리도, 아이들에게도 인식을 바르게 하는 기회로 삼을 수 있을 테니까 말이다.

왼손잡이는 비정상인가요?

어릴 적에 친구 집에 놀러 가서 저녁 식사를 같이한 적이 있다. 왼손잡이인 친구는 밥상머리에서 할머니에게 손등을 수저로 맞으며 야단을 들었다. 왼손으로 밥을 먹는다는 이유였다. 지금이야 어떤지 모르겠지만 내가 어릴 적만 해도 학교나 유치원에서 왼손으로 밥을 먹거나 글씨를 쓰면 혼나곤 했다. 선생님들은 오른손을 쓰라고 부단히 강조하셨다. 가끔은 왼손을 쓰면 손등을 때리며 열성적으로 교정을 하려는 분들도 계셨다. 그 시절 할머니는 왼손잡이로 태어난 손주에게 왜 그리 모질게 오른손을 쓰라고 강요했을까? 왜 선생님들은 따끔하게 주의를 줘서라도 바꿔야 한다고 생각했을까? 왼손잡이가 장애라고 생각했던 것일까? 한국 사회에서 왼손잡이로 살아가는 것이 얼마나 힘든지 삶으로 체득해 알고 계셨기 때문일까?

되고 싶어서 왼손잡이가 된 사람이 있을까? 왼손잡이는 왜 불편해하고 힘들어해야 할까? 대다수가 오른손잡이라서 그런 건 아닐까? 왼손잡이는 '한 손으로 일을 할 때 주로 왼손을 쓰는 사람 또는 오른손보다 왼손을 더 잘 쓰는 사람'일 뿐이다. 스스로가 왼손잡이를 선택해 태어난 것도, 왼손잡이가 되고 싶어서도 아니다. 그런데, 왼손을 주로 쓴다는 이유로 온갖 불편을 감수해야 한다. 어릴 적 내 친구처럼 야단까지 맞아가며 오른손잡이가 되려고 기를 써야 한다. 오른손잡이인 그 누가 의도하지는 않았더라도 왼손잡이의 처지에서 보면 그건 다수의 폭력이라고 느낄 수도 있을 것이다. 다수多數의 오른손잡이가 만든 틀에 맞춰 소수少數의 왼손잡이들이 감내하고 있는 고통을 대다수 오른손잡이는 잘 모른다. 오른손잡이에게 맞춰진 세계는 너무나 당연해 보이는 일상이라 의식하기조차 어렵기 때문이다. (독자 대부분도 오른손잡이일 것이다. 혹여 왼손잡이라면 고려하고 읽어주시기 바란다.)

주위를 조금만 둘러보면 우리 사회는 온통 오른손잡이들을 위한 것들로 가득하다. (오른손에 맞춰 디자인된) 가위, (오른쪽에 셔터버튼이 있는) 카메라, (오른쪽에 동전 투입구나 카드 삽입구가 있는) 자판기, 버스 같은 대중교통의 카드 인식 단말기, 지하철 개찰구 승차권 인식기 등 오른손잡이에 맞춰 설계된 것투성이다. 독자들도 잠시 왼손잡이가 되어 자판기 앞에 있다고 상상해보자. 자판기 앞에 서서 동전이나 카드를 넣거나 상품을 고를 때 자세는 어떨지, 왼손을 쓰려면 몸을 어떻게 틀어야 할지 떠올리면 어색함부터 느끼게 될 것이다. '아, 그렇구나. 진짜네. 미처 몰랐네'라는 생각이 들지도 모른다. 오른손잡이인 나는 상상만으로도 그렇게 느꼈다.

그렇다면 나를 비롯한 많은 오른손잡이는 이런 사실을 왜 지금껏 잘 모를까? 아니 무감했을까? 답은 의외로 간단하다. 오른손잡이들이 가득한 세상에서 주류는 오른손잡이다. 그들이 편리하게 살도록 세계가 설계되고 운영되기 때문이다. 대다수인 오른손잡이는 별다른 불편 없이 누리며 살고 있다. 오른손잡이를 위한 세상에서 오른손잡이들을 위해 갖추어진 시설을 당연한 권리로 마음껏 누리면서 살고 있다. 오른손잡이가 별달리 불편한 것이 없다는 이유로 왼손잡이의 어려움은 관심 밖이고 배려하지 않았다. 그러나 조금만 관심을 기울이면 우리 주변에는 왼손잡이가 있고 그들의 어려움이 보인다. 왼손잡이는 여러 사람이 함께 앉는 책상이나 식탁에서도 늘 왼쪽 끝에 앉아야 불편함 없이 공부하고 식사할 수 있다. 그런데 특정 좌석을 고집하면 까탈스럽다거나 별 것 아닌 것을 가지고 유난을 떤다는 핀잔을 들어왔다. 불편을, 그리고 인내를 강요당해온 것이다. 그들은 왼손을 통해 수시로 장애 아닌 장애가 되는 것이다.

왼손잡이들은 우리 사회에 무엇을 바라고 있을까? 지하철 개찰구의 많은 승차권 인식기 중 한 개만이라도 왼손잡이를 위해 위치를 바꿔 달라고 말하면 너무 심한 요구일까? 강의실에 일체형 책상-의자가 꼭 있어야 한다면 다만 몇 개만이라도 왼손잡이용으로 갖춰 달라고 한다면 지나친 요구일까? 왼손잡이 처지에서 생각해보면 대한민국 국민으로서 각종 세금을 내며 의무를 다하고 있으나 정작 권리를 제대로 보장받고 있지 못하다고 여길 것이다. 오른손잡이들의 세상에서 그냥 많은 것을 포기하라고 강요당하며 살아가고 있는 것은 아닐까?

그들은 소위 말하는 비정상인가? 왼손잡이로 태어난 것이 왜 비정상이 되어야 하는가? 왜 사회적 소수는 비정상으로 취급받아야 하는가?

역사적으로 무수히 많은 편견이 켜켜이 쌓인 문화적 결과이기도 하다. 악수에 대한 기록은 고대 바빌론까지 거슬러 올라가지만, 고대 로마의 카이사르가 가장 널리 알려져 있다. 카이사르는 오른손으로 악수하는 인사법을 그의 장군들에게 가르쳤다고 한다. 중세시대에는 기사들이 악수할 때 무기를 사용하는 오른손을 서로 맞잡았다. 싸울 의사가 없다는 것을 증명하는 방법이었다. 서서히 악수는 평화를 상징하는 의식이 되었다. 이 평화의 상징은 은연중 오른손잡이들 위주였다. 왼손잡이는 '못 믿을 사람'이라고 여겨졌고, 중세 유럽에서 예술성이 뛰어난 왼손잡이는 악마에게 재능을 받았다고 의심을 받기도 하였다. 예수가 로마 병사의 창에 왼쪽 옆구리를 찔렸고, 승천 후에는 하느님의 오른편에 있다는 말로 왼쪽에 대한 편견이 생겼다는 주장도 있을 정도다.

1988년 학자들의 연구에 따르면 전체 성인의 7~10%가량이 왼손잡이라고 한다. 영국의 왼손잡이클럽에 따르면 전 세계 인구의 약 10%가 왼손잡이라고도 한다. 우리나라는 이보다 약간 낮은 5% 정도라는 한국갤럽의 2013년 조사 결과가 있다. 전 세계 인구에서 소수에 속한다는 이유로 그들은 오른손잡이들의 세계에 어쩔 수 없이 맞춰 살아가고 있다. 오죽했으면 1976년부터 8월 13일을 '세계 왼손잡이의 날'로 정하고 오른손잡이가 주가 된 사회환경 속에서 왼손잡이의 불편한 생활과 왼손 사용에 대한 편견을 깨려고 할까? 왼손잡이에 대한 인식을 개선하고 사회적 소수자를 배려하는 사회로 나아가야 한다고 외치고 있을까? 참고로 우리나라는 1999년 한국 왼손잡이협회가 창립되어 2000년 대학로 마로니에 공원에서 기념행사를 하기도 했다.

왼손잡이들의 날이라는 웹사이트 www.lefthandersday.com에는 다음과 같은 구절이 있다.

> August 13th is a chance to tell your family and friends how proud you are of being left-handed, and also raise awareness of the everyday issues that lefties face as we live in a world designed for right-handers.
> 8월 13일은 당신의 가족과 친구들에게 당신이 왼손잡이인 것을 얼마나 자랑스러워하는지 말하고, 왼손잡이들이 오른손잡이를 위해 설계된 세상을 살아가면서 직면하게 되는 일상적인 문제들에 대한 인식을 높일 기회입니다.

내 어설픈 영어 실력으로 해석해보아도 이 글에는 지금까지 비록 오른손잡이들을 위한 세상이었지만 앞으로는 존중과 배려의 세상이 되기를 바라는 소망이 담겨 있다. 다수에게 각성을 촉구하면서, 소수에게도 당당하게 맞서 살아가라는 내용이다.

지금까지 우리 사회에서 정상의 기준은 다수였다. 그러나 소수는 다수에 속하지는 않은 것일 뿐, 비정상을 의미하지도 의미해서도 안 된다. 사회적으로 소수라는 이유로 비정상 취급을 하는 것이 오히려 문명사회가 아닌 비정상 사회다. 오히려 피카소, 레오나르도 다빈치, 미켈란젤로, 베토벤, 처칠, 나폴레옹, 간디, 슈바이처, 뉴턴, 아인슈타인, 니체, 괴테 등 위대한 왼손잡이들이 많다. 이들을 보면 어쩌면 소수들이 가진 다양성과 새로운 발상이 위대한 문명의 기초가 되었는지도 모른다. 우리가 잊지 말아야 하는 것은 어떤 손을 사용하느냐가 아니라 그 손으로 무엇을 하느냐가 더 중요한 가치가 되어야 한다는 것이다. 왼손잡이든 오른손잡이든 그들이 이 사회에서 함께 행복하고 아름다운 세상을 만들어 갈 수 있도록 배려와 존중의 문화가 필요한 것이다.

프랑스의 사회심리학자 귀스타브 르 봉^{Gustave Le Bon}은 '군중은 진실을 갈망한 적이 없고, 구미에 맞지 않으면 증거를 외면해버리고, 자신들을 부추겨주면 오류라도 신처럼 받든다.'며 군중심리^{群衆心理}라는 개념을 만들었다. 좋은 것이든 나쁜 것이든 한 사람이 목소리를 내고 또 다른 사람들이 그 목소리를 따라 하다 보면 거스를 수 없는 흐름이 되어 어떠한 다른 생각도 용납되지 않는 맹목적인 결론이 되어 버릴 수도 있다는 것이다. 우리는 다수가 아무런 근거 없이 만들어낸 기준을 비판도 없이 맹목적으로 따르는 군중이 되어서는 안 된다. 그 다수의 군중에 속하지 못하면 그냥 이유 없이 비정상이 되는 세상을 바꾸기 위해 지금부터라도 다양성을 위한 작은 목소리에 귀를 기울여야 한다.

왼손잡이는 오른손잡이들이 많은 세상에서 한두 명 왼손을 즐겨 쓰는 사람일 뿐이다. 사람은 누구나 차별받지 않고 평등하게 대접받고 싶어 한다. 그렇게 하기 위해서는 각 개인의 차이 즉, 다름을 인정하고 서로를 존중해주는 배려가 우선되어야 한다. 우리는 아이들이 대화 속에 흔히 등장하는 '정상과 비정상'이란 말의 모순된 의미를 정확하게 이해할 수 있도록 가르쳐야 한다. '차별'이 아닌 '차이'와 '다름'을 인정하고 서로를 배려하는 세상을 위한 노력이 절실한 순간이기 때문이다. 아이들을 교육하는 교사로서 모든 인간은 평등하고 차별 없이 대해야 한다고 가르친다. 지극히 당연한 그 말이 교과서에 나와 있는 문구에 그치지 않고 제대로 실현될 수 있도록 하는 것 또한 우리의 몫이다. 그 일은 일상에서 별 고민 없이 사용하는 단어와 생각을 바로 잡는 것부터 시작해야 한다고 나는 믿는다. 그렇지 않으면 차이와 다름이 공존하는 학교와 문화는 교과서 안에만 있을 것이며 그만큼 사회의 다양한 소수자들이 보호받고 차별받지 않으며 함께 어울리는 민주 사회는 멀어질 것이다.

정상분포곡선

"정상과 비정상을 가르는 기준은 무엇인가요?"

"기준은 있는 건가요?"

이렇게 묻는다면 사람들은 어떻게 답할까? 어쩌면 '대다수의 많은 사람이…', '보통의 사람들이…', '일반적인 사람들이…'라는 말을 먼저 꺼내며 마치 '다수'가 생각하고 느끼는 것이 당연히 정상이라고 답할지 모른다. 다수가 생각하고 행동하는 것이 정상이 되고 가치 판단의 기준이 된다면 앞서 말한 귀스타브 르 봉이 말한 군중심리가 되지 않겠는가?

우리는 '정상'이라는 관념을 어떻게 극복해 나갈 것인가? 다수가 선택하고 결정하는 모든 것이 정당화된다면 소수는 무엇인가 문제가 있거나 틀렸다는 편견을 은연중에 인정할 수밖에 없게 된다. 가치판단의 기준을 정상과 비정상으로 두다 보면 장애인과 비장애인도 차이와 다름으로 접근하기 어렵게 된다. 어른들이 무감하게 쓰는 언어와 그 안에 담긴 편견, 선입견들이 아이들에게 무분별하게 교육된다면 사회적 소수와 약자들은 비정상의 틀에서 벗어나기 힘들 것이다.

우리는 언제부터 정상이란 말을 배워서 사용했을까? 나는 언제, 어떻게 정상이란 말을 배우고 개념화했을지 떠올려 보았다. 지난 학창 시절을 돌아보면 수학책에서 배우고 익숙해진 것 같다. '정상분포곡선正常分布曲線, normal distribution curve'. 독자들도 대부분 기억하고 있을 것이다.

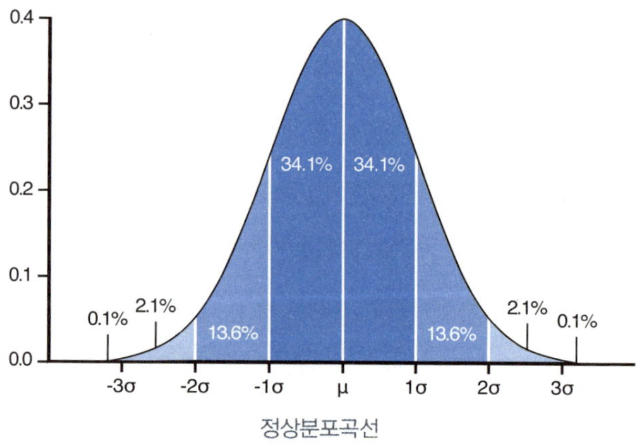

정상분포곡선

고등학교 수학 시간에 '확률과 통계' 영역에서 배웠던 것 같은데 솔직히 기억이 잘 나지는 않는다.

여러 수학 교과서와 참고서를 뒤져 예전에 배웠던 정상분포곡선(또는 정규분포곡선이라 부르기도 한다)의 뜻을 다시 살펴보았다. 그래프에 측정치의 도수(각 계급에 해당하는 수량)를 그린 형상이 평균치를 중앙으로 하여 좌우에 균등하게 분포한 종 모양의 곡선을 나타내는 것이란다. 정상(정규)곡선이라 부르기도 한다고 적혀있다. 다 읽고 나서도 솔직히 무슨 말인지 선뜻 이해하기가 어렵다.

이름 그대로 해석하면 정상적으로 분포된 곡선이란 뜻 같은데, 그냥 눈에 들어오는 건 종 모양의 곡선이라는 것과 그 중앙에 평균치가 있는 것으로 봐서 평균이 중요한 것 같다. 정상이란 말도 우리가 평소에 쓰는 정상의 의미로 한자로 '正常', 영어로 'normal'로 같은 뜻이다. 그렇다면 정상분포곡선에서 말하는 정상은 평균을 말하는 것에 가깝지 않은가?

흔히 곡선의 왼쪽 끝 또는 오른쪽 끝으로 갈수록 정상正常이 아닌 비정상非正常 즉 이상異常에 가깝다고 말을 하곤 한다. 통계학에서는 전체 값들 가운데 약 68%의 값들이 평균에서 양쪽으로 1표준편차 범위($\mu\pm\sigma$)에 존재하고, 약 95%의 값들이 평균에서 양쪽으로 2표준편차 범위($\mu\pm2\sigma$)에 존재한다고 한다. 쉬운 예로 지능지수라고 말하는 아이큐IQ로 대입해 살펴보면, 정상분포곡선에서 정상 지능의 범위는 통계적 기준으로 삼는 중앙치인 IQ 100을 기준으로 1표준편차라면

IQ 85-115를 말한다. 그래서 그 범위를 넘어서거나 모자라면 정상이 아니다. 좀 더 솔직히 말하면 IQ라 말하는 수치가 115를 넘어서면 정상의 범주를 벗어남에도 부러운 것이고, 85~115의 범주라면 다행이고, 85보다 낮으면 안타까운 일이 되는 것이다. 쉽게 말해 뭐든지 평균에 가까워야 정상이라는 것이다. 그러나 사람들은 평균보다 그 수치가 높은 오른쪽으로 가는 것에 대해서는 상당히 긍정적인 반응을 보이지만 낮은 수치를 보이는 왼쪽으로 갈수록 거부하거나 꺼리게 된다.

그러나 평균의 개념은 그냥 많다는 뜻으로 다수가 그곳에 모여 있다는 것일 뿐 '옳고 그름'의 문제는 아니다. 정상분포곡선에서 말하는 비슷한 수치를 가진 사람들이 많이 모여 있다고 해서 그 사람들이 말하고 행동하는 것이 세상의 중심이 될 수는 없다. 그들만이 정상의 기준은 아니라는 것이다. 우리는 표준화와 획일성의 시대를 넘어 다양한 생각과 행동이 존중받고 인정받는 다양성의 시대에 와 있다. 나는 자신의 색깔과 목소리를 내며 살아가고 있는 소수 또한 우리 사회를 구성하는 아름다운 기준이라는 사실을 말하고 싶다.

엄밀히 말하자면 정상분포에서 '정상'은 자연 세계에서 관찰 가능한 현상들이 대부분 앞서 제시한 그래프와 같이 평균을 중심으로 좌우 대칭의 분포를 따른다는 의미이다. 자연과 세상 대부분에서 평균의 양쪽으로 다양하게 펼쳐져 존재하는 것이 정상이라는 것이다. 편차는 있지만, 평균에서 멀어져 다양하게 분포하고 있어도 지극히 정상적이고 자연스럽다는 의미다. 어쩌면 이것이 우리가 이해해야 할 세계와 자연의 본 모습일지도 모른다. 우리가 '정상'의 의미를 너무 '평균'에만 초점을 맞춰서 생각하고 있는 것은 아닌지 살펴봐야 한다.

원래 비싸고 유명한 것은 다 수량이 적거나 부족하다. 그래서 많은 사람은 그 독특하고 다양한 모양, 색깔, 향기 등을 좋아하며 갖고 싶어 한다. 쉬운 예로 난蘭을 키우는 사람은 독특한 색깔의 꽃이나 특이한 선을 가진 잎을 보면 좋아서 어쩔 줄 모른다. 그 이유는 다르기 때문이다. 물론 엄청 비싸겠지만 그 가격의 기준은 다른 곳에서 볼 수 없이 귀하고 오직 하나 밖에 없는 난이라는 이유다. 드물고, 부족하고, 독특한 것이 대우 받지만, 교육 현장에서는 오직 다수가 기준이 된다. 나는 가끔 정상분포곡선의 종처럼 불룩하게 튀어 오른 가운데를 밑으로 꾹 눌러서 평평한 일자一字를 만들고 싶어진다. 그러면 모두가 기준이 될 수 있으니까….

장애인障碍人은 없다

우리 사회에서 다수, 소위 스스로 정상이라고 생각하는 사람들이 비정상이라고 여기는 이들은 대부분 사회적 소수이거나 약자인 사람들이 많다. 그 중 대표적인 사람들이 장애인이다. 그럼, 장애는 무엇이며, 어떤 사람을 장애인이라고 할까?

나는 그 의미가 궁금하여 국어사전을 찾아보았다. 장애障碍는 '신체 기관이 본래의 제 기능을 하지 못하거나 정신 능력에 결함이 있는 상태’이며, 장애인障碍人이란 ‘신체의 일부에 장애가 있거나 정신적으로 결함이 있어서 일상생활이나 사회생활에서 제약을 받는 사람’이라고 정의하고 있다. 나는 선뜻 이 말의 의미를 이해하거나 동의하기 어려워 외국에서는 어떻게 정의하고 있는지 살펴보았다.

국제연합UN은 ‘장애인 권리선언(1975년 12월 9일)’에서 장애인을 ‘선천적이든 후천적이든 신체적, 정신적 능력의 불완전으로 인하여 일상의 개인적 혹은 사회적 생활에서 필요한 것을 자기 자신으로서는 완전히 또는 부분적으로 확보할 수 없는 사람’이라고 정의하였다. ‘세계 장애인의 해(1981년)’를 제정하면서는 개인과 그를 둘러싼 환경과의 관계를 고려하여 사회적 불이익handicap도 장애의 범위에 포함해야 한다고 하였다.

1980년 세계보건기구WHO는 국제장애분류ICIDH: International Classification of Impairments, Disabilities and Handicaps에서 장애의 개념을 손상impairment, 무능력disability, 사회적 불이익handicaps이라고 구분하고, 이 3가지 장애는 분리된 것이 아니고 인과적, 시간적 연속관계에 놓여있다고 강조하였다. 즉, 장애란 심리적, 생리적, 또는 기능적 손실이나 이상을 뜻하는 손상으로 인해 능력에 제한을 받거나 부족함이 있는 무능력이 있고, 그 결과로 야기되는 사회적 불이익을 경험하게 되는 상태를 의미한다.

그러나 이러한 학문적인 정의를 떠나서 나는 다소 받아들이기 힘든 것들이 있다. 장애의 사전적 정의에 나와 있는 ‘제 기능’과 ‘결함’은 도대체 어떤 기준에서 누가 정의한다는 말인가? 사회적 불이익이 발생하는 원인을 사회 구성원들의 편견과 선입견이 아닌 개인의 결함 즉, 개인의 손상과 무능력에 무게 중심을 두고 있다는 점이 문제인 것이다. 나는 이 사회를 구성하는 그 어떤 사람도 '자신의 의도와 상관없이 타고난 개인적 특성'으로 인해 불이익을 받아서는 안 된다고 생각한다. 앞서 이야기한 왼손잡이처럼 타고난 개인적 특성이 다수가 아닌 소수라고 해고 차별을 받아서는 안 된다. 다수가 정해놓은 범주와 규준에 소수가 이유 없이 따라야 하고 적응을 강요받는 것이 차별이 아닐까? 그 소수의 대표적인 이름이 장애라면 그건 다수에 속한 사람들이 마음대로 정해놓은 일종의 폭력과 같은 것이다.

노라 엘렌 그로스Nora Ellen Groce가 연구하고 펴낸 책『마서즈 비니어드 섬 사람들은 수화로 말한다』(박승희 옮김, 한길사)를 소개하고 싶다. 17세기부터 20세기 초까지 미국 매사추세츠주 남동부 근해 마서즈 비니어드Martha's Vineyard 섬사람 중에는 유전으로 인한 청각장애인이 많았다. 이 섬에서 청각장애는 누구에게나 발생할 수 있는 자연스러운 일이었기에 큰 불행으로 여기지 않았다. 그들은 일반적인 청각장애인들과는 다르게 자신을 장애인이나 소외된 그룹으로 생각하지 않았다. 건청인hearing people들과 자연스럽게 소통하며, 동등한 구성원으로서 공동체의 삶을 영위하였다. 그들 모두는 비니어드 섬 사회의 정치, 문화, 직업, 교회, 사회생활 및 여가생활에 완전히 통합되었다. 섬 주민들이 수화를 소통의 수단으로 자연스레 사용하였기 때문이었다. 건청인들은 영어와 수화라는 이중언어를 자연스럽게 사용했다. 아이들은 어렸을 때부터 영어를 배우듯 수화를 습득했다. 건청인과 청각장애인이 함께 있을 때면 대부분 수화를 사용했기에 청각장애를 가지고도 전혀 불편하지 않게 대화하며 생활했다고 한다.

그러나 섬이 발전하고 외부인들이 유입됨에 따라 청각장애가 있는 사람들은 대화와 생활에 불편함을 겪기 시작하였다. 외부인들은 청각장애를 하나의 낙인stigma 또는 부끄러워해야 하는 그 무엇으로 취급했다. 또한, 19세기 말에서 20세기 초 우생학자들은 비니어드 섬사람들을 근친결혼의 악습을 가진 미개인으로 취급하기까지 했다. 그들은 자연스레 소외되고 공공연하게 적대의 대상이 되어가고 있었다. 그런 까닭에 점차 귀가 잘 안 들리는 사람은 결국 장애인으로 인식되었고, 그 불편함은 사회화되었다.

노라 엘렌 그로스는 마서즈 비니어드 섬의 청각장애인과 건청인의 통합된 삶의 이야기를 통해 개인의 제한된 능력은 생물학적 이상이나 질병 때문이 아니라 한 사회가 그 개인의 제한된 능력에 어떻게 반응하는지에 따라 달라진다고 하였다. 장애를 이해하는 관점에 따라 달라지는 것이다. 결국, 장애라는 것은 사회적 범주 개념에서 접근해야 하며, 장애인handicapped person이라는 용어에 함축되어 있는 많은 문화적인 선입견들을 제거해야만 장애를 제대로 정의할 수 있음을 시사했다. 장애란 사람마다 성격이나 피부색 등이 다른 것처럼 지극히 개인적인 특성일 뿐이다. 그러한 개인적 특성으로 인해 발생하는 사회적 불평등을 장애라 정의할 수 없다. 개인의 장애는 그 사람이 함께 살아가는 사회 구성원들의 인식에 따라 규정될 수밖에 없으며, 장애에 대한 지각은 그 사람이 사는 사회에 의해서 조절된다는 것이다.

비록 섬의 규모가 작고, 청각장애인이 할 수 없는 일이 없을 만큼 기술적으로 단순한 사회였다고 할지라도 당시 비니어드 섬에서 청각장애인이 차별 없이 일상을 영위할 수 있었던 이유는 모든 사회 구성원들이 경쟁보다도 협동이 훨씬 더 중요한 가치라는 것을 알고 있어서였다.

"그들은 장애인이 아니었어요. 그들은 단지 듣지 못하는 사람이었지요."

그들 사회 구성원들은 청각장애가 있는 사람들의 상태를 있는 그대로 인정하고 기억했다. 장애는 사회 구성원 개개인의 특성일 뿐 그 이상도 그 이하도 아니다. 손상과 무능력으로 인한 사회적 불이익을 고민하기 이전에 지역사회가 장애를 개개인의 특성으로 이해하고 수용한다면 장애인들은 지역사회에 의미 있는 구성원이 될 수 있다. 결국, 장애는 없어지고 사람만이 남을 것이다.

EBS 지식채널e에서 「또 다른 언어」란 이름으로 수화를 소개(2013년 4월 24일 방영)한 적이 있다.

전 세계에서 인구 밀도가 가장 높은 나라 중 하나인 방글라데시에는 인구의 10%인 약 1400만 명이 장애인이다. 그중 20%인 약 300만 명의 사람들은 듣지 못하고 말하지 못하는 청각장애인이다. 소리언어만을 강요하는 세상에서 자기 생각과 감정을 표현하고 소통하고 싶은 가장 인간적인 욕구를 충족하지 못하는 그들을 위해 방글라데시 정부는 2009년 '벵골어 수화도 우리 국어다.'라며 수화를 국가 공용어로 선언한다. 결국, 벵골어 수화는 청각장애인에게 더 많은 배움을 제공하며 벵골어 다음으로 많이 쓰이는 언어가 된다. 이에 방글라데시는 2012년에 매년 2월 7일을 국가 기념일인 '벵골어 수화의 날'로 제정했다.

지구상에는 6000여 개의 언어가 존재한다. 그러나 방글라데시처럼 청각장애가 있는 일부 국민과 소통하기 위해 소리 언어가 아닌 수화를 국가 공용어로 선택한 경우는 드물다. 이는 사회가 장애가 있는 개인에게 적응을 강요하는 것이 아니라, 사회가 장애인에게 적응하며 지역사회의 구성원으로서 의미 있는 역할을 할 수 있도록 한 대표적인 사례라 할 수 있다. '서로 마주하지 않으면 대화할 수 없다.'라는 단순한 명제를 가장 의미 있는 방법으로 실현함으로써 장애가 갖는 사회적 제약을 넘어선 것이다. 방글라데시의 소통과 배려의 힘은 더불어 살아가야 하는 우리 모두에게 근본적인 해답을 던져준다.

"나는 청각장애인을 사람마다 목소리가 다르다고 생각하는 것 이상으로 생각하지 않았소."라고 마서즈 비니어드 섬의 한 노인은 말한다. 장애인을 나와 다른 특성을 가진 개인으로 바라본다면 차이와 다름만이 존재할 뿐 세상 사람들이 말하는 장애란 존재할 수 없는 말이라 할 수 있다. 진정한 의미의 장애는 개인을 불편하게 하는 이 사회가 갖는 구조적인 모순과 인식의 차이가 아닐까? 장애가 무엇이든 간에 분명 그것은 그들의 삶을 힘들게 한다. 그러나 그것보다 더 넘어서기 힘든 것은 장애를 특별함으로 바라보는 왜곡된 사회의 시선이다.

장애인, 그들은 나와 다른 특성을 가진 평범한 내 이웃일 뿐이다. 나는 이제 장애障碍를 장애長愛로 바라봐야 할 때라고 믿는다. 왜곡된 편견과 선입견으로 막고障 꺼리는碍 장애인障碍人이 아니라, 오랫동안 변함없이長 사랑愛하는 소중한 내 가족 같이 귀한 사람이 장애인長愛人인 것이다.

나는 앞으로도 내가 가르치는 우리 아이들을 오랫동안 변함없이 귀하게 아끼고 사랑하는 선생이 될 것이다.

＊ 기억해요

• 세계 장애인의 날 – 12월 3일
UN은 1981년 '세계 장애인의 해'를 선포하고, 1983년부터 1992년까지를 '재활 10년(Rehabilitation Decade)'으로 선포하였다. 이후 1992년 12월 3일부터 공식적으로 세계 장애인의 날(International Day of People with Disability)을 시행하였다.
• 대한민국 장애인의 날 – 4월 20일(세계장애인의 해 기념 1981년 제정)
• 세계 자폐인의 날 – 4월 2일(국제연합총회에서 2007년 제정)
• 흰지팡이의 날 – 10월 15일(세계시각장애인연합회 1981년 제정)
• 점자의 날 – 11월 4일(훈맹정음 발표일〈1926.11.4일〉 기념 제정)
• 지적장애인의 날 – 7월 4일(한국지적장애인복지협회 2005년 제정)
• 농아인의 날 – 6월 3일(조선농아협회 설립일〈1946. 6월〉을 기념하여 6월의 '6'과 귀의 모양을 형상화한 '3'이 결합되어 제정)
• 지체장애인의 날 – 11월 11일(한국지체장애인협회 2001년 제정)

다르기 때문에
아름답다

아주 오래전 일반교사로 4학년 담임을 할 때 이야기다. 요즘은 낯선 풍경이겠지만 당시에는 학교에서 폐품을 모으던 적이 있었다. 폐품을 많이 모은 반에는 상품으로 아이들을 위해 배구공을 주곤 하였다. 은근히 옆 반과 경쟁을 하기도 하였다. 어느 날 모은 폐품을 자루에 담다가 우연히 '천하장사 삼손'이라는 만화를 발견했다. 내가 좋아하는 만화였다. 내용은 대략 이렇다. 삼손은 학교에 가고 싶었다. 무식한 것이 힘만 세다는 말을 듣기 싫었기 때문이다. 삼손은 몸에 맞지도 않는 교복을 입고 꿈에 그리던 학교에 갔는데, 교문 앞에서 학생주임 선생님을 만난다. 학생주임 선생님은 처음 보는 삼손의 긴 머리카락을 지적하며, 왜 긴지 대답할 기회도 주지 않고 교칙에 위반된다며 머리털을 잘라버린다. 결국, 삼손은 머리털을 짧게 잘려 아무런 힘도 쓸 수 없는 평범한 아이가 되어버렸다는 이야기이다. 주인공 삼손은 우리가 익히 들어본, 성경에 나오는 초인적인 힘을 가진 그 삼손이다. 개인의 특성과 재능에는 무관심한 체 평균과 표준에 맞춰 교육하는 우리의 학교 문화에 대한 날카로운 만평인 셈이다. 삼손이 평범해졌다는 것은 학령기 내내 타고난 자신의 엄청난 재능을 발휘할 기회와 능력을 잃어버렸다고 볼 수 있다. 폐품에서 발견한 작은 만화는 내게 심각한 질문을 던졌다. 그 만화 속의 학교가 혹시 내가 서 있는 바로 이곳은 아닐까? 혹시 내가 그 학생주임과 비슷하지는 않은가? 학교란 곳이 학생들을 똑같은 잣대로 재단하여 찍어내는 곳이라면 장애가 있는 우리 아이들은 그 속에서 어떻게 살아남을 수 있을까? 우리 아이들이 가진 가능성과 잠재력은 도대체 어디에서, 어떻게 찾아낼 수 있을까?

삼손을 바보로 만드는 학교

4학년 담임을 하던 당시 우리반에도 한쪽 귀가 잘 들리지 않아 불편해하는 창수(가명)라는 제자가 있었다. 새 학급에서 아이들과 처음으로 만나 인사를 나누는 데, 살짝 옆으로 째려보는 듯한 아이가 눈에 들어왔다. 왜 선생님을 째려보느냐고, 째려보지 말고 고개를 똑바로 하고 앞을 보라고 야단을 쳤다. 그러나 야단치는 동안에도 여전히 옆으로 고개를 돌려 째려보듯 하면서도, 아주 큰 목소리로 "째려보지 않았어요."라고 했다. 나는 화가 많이 났지만, 첫날이라 참았다(제대로 된 교사라면 첫날 아니라도 참고 타일러야 하는 것이 백번 옳지만 당시엔 큰 인심 쓰듯 용서해줬던 것 같다). 나중에 알고 보니 한쪽 귀가 잘 들리지 않는 것이었다. 잘 들리는 귀를 내 쪽으로 돌렸고, 잘 안 들리니 목소리는 자연스레 커졌다. 창수는 선생님에게 집중하려고 최선을 다하고 있던 것이다. 잘 모르는 선생님이 외려 삐딱하게 본 것이다.

창수는 초등학교 2학년 때부터 갑자기 오른쪽 귀가 들리지 않아 힘들어했다. 반곱슬머리에 눈이 크고 밝은 성격이었으며, 만들기를 잘하고 종이접기를 좋아하던 아이였다. 수학을 좋아하고 과학자가 되어 좋은 물건을 만들고 싶어 했으며, 봉투에 '늘 좋으신 우리 선생님께'라며 꾹꾹 눌러 써서 편지를 보내던 사랑스러운 아이였다. 무식한 선생님의 제자 창수는 그랬다. 사정을 알게 된 이후로 창수는 언제나 바르고 사랑스러운 아이였다.

창수가 5학년에 올라가고, 담임신생님이 출산 휴가를 간 이후 문제가 발생했다. 기간제 담임선생님과 마찰이 시작된 것이다. 기간제로 오신 선생님은 차분하고 조용하면서도 단호한 성품을 가진 좋은 분이셨다. 그런데 창수에 대해서는 이해하기 힘들었던 모양이었다. 4학년 때 담임이었던 나와 의논하시며 창수로 인해 많이 속상해하셨다.

"윤 선생님, 도대체 4학년 때는 어떻게 하셨어요? 왜 이렇게 말을 안 듣습니까? 야단치면 더 째려보고, 일부러 더 큰 목소리로 대답하고…"

그 선생님은 내가 처음 창수에게 느꼈던 것처럼 창수의 행동을 오해하고 계셨다. 내가 난청으로 인한 문제라고 말씀을 드려도 창수의 장애를 다소 이해하기 어려워하는 눈치였다. 창수는 쉬는 시간마다 우리 교실 뒷문에 붙어서 나를 물끄러미 쳐다보는 날들이 많아졌다. "매일 조용히 해라. 째려보지 마라. 뭐도 하지 말고 뭐도 하지 마라." 라고 하신다며 내게 담임선생님에 대한 불만을 말하기 일쑤였다. 실제로 담임선생님께서 그렇게 하시지 않으셨겠지만, 창수는 그렇게 느낀 모양이었다. 창수는 더는 4학년 때처럼 무엇이든 열심히, 즐겁게 노력하며 행복해하던 천하장사 삼손이 아니었다. 선생님의 말씀엔 정면으로 쳐다보며 "예"라고 대답해야 하고, 목소리도 조용히 낮춰야 한다는 교실생활 규칙으로 인해 그냥 의욕 없이 무기력하고 불만 많은 학생이 되어 버렸다. 담임선생님이 제시한 규칙은 정당한 요구와 생활지도의 틀일 수 있지만, 한쪽 귀가 불편한 창수에게는 너무나 힘든 제약이었던 것이었다. 수업에 집중하기 위한 그만의 방법과 노력이 오히려 오해를 받고 야단을 맞는 상황으로 악화되었으니 창수 입장에서는 억울할 만했다.

더는 적극적으로 자기 생각을 말하지 않고, 더 움츠러드는 창수의 모습을 보며 우리 교육의 현실을 보게 되었다. 무식한 것이 힘만 세다는 소리에 충격을 받고 삼손이 갔다 머리카락을 잘린 학교처럼 오히려 자신이 가진 능력마저도 발휘할 수 없도록 만드는 곳 같았다. 똑같은 틀에 맞춰 똑같이 행동하고 성장해야 하는 우리 아이들…. 인성과

창의성 교육을 외치면서도 좋은 대학에 보내기 위해 초등학교 때부터 학력과 표준에 맞춰 줄 세우고 경쟁을 강요하는 교육 현실에 마음이 아팠다. 학교는 더는 따뜻한 곳이 될 수 없었다.

언젠가 본 '광수생각'이라는 카툰에 이런 글이 실려 있었다. '선생님, 선생님의 잣대에서 벗어난다고 전부 잘라버리는 것은 옳지 못합니다. 선생님 당신이 힘드시다는 것을 잘 압니다. 하지만 전 조금의 수고를 더 부탁드리고 싶습니다. 학교가 좀 더 따뜻한 곳이라는 것을 그들이 알게 해 주십시오.'라고. 그 구절처럼 '선생님의 잣대', 아니 '세상이 만든 이해할 수 없는 잣대'로 인해 아이들은 특히, 장애가 있는 우리 아이들과 어머니들까지 학교가 어렵고 힘들다.

아이들은 다들 제각각의 재능이 있다. 보이지 않던 아이의 재능을 발견하는 순간 우리는 깜짝 놀라기도 한다. 재능이 없는 것이 아니라 아직 드러나지 않았거나 보지 못한 것뿐이다. 특히 장애가 있는 아이들의 재능은 장애에 가려 잘 드러나지 않거나 비장애 아이들의 기준에 맞추느라 드러내기 어려운 상황인지 모른다. 삼손에게는 삼손에게 맞는 교육이 있듯 우리 아이들 각자에게 맞는 교육이 있고, 아이들은 그런 교육을 받을 자격이 있다. 우리 교육 현장은 여전히 아이들에게 표준을 강조하고 있지만, 그래도 세상의 변화에 맞춰 학교도, 교육도, 선생님들도 조금씩 나은 방향으로 변화하고 있다고 믿는다.

광수생각 카툰의 마지막 구절 '학교가 좀 더 따뜻한 곳이라는 것을 그들이 알게 해 주십시오.'라는 기도가 지금도 가슴을 뜨겁게 한다.

안녕, 바나나

우리는 표준화와 평균의 함정에 빠져 있다. 보편 교육의 기초 역할인 교육과정이 어느새 표준이 되고, 우리 교육은 표준과 평균에 맞추기 위해 노력하고 있다. 표준에 맞추려는 노력이 자칫 표준화, 동질화, 획일화로 가고 있지 않은지 염려될 때가 많다. 이 모두는 차별의 시작이자 다양성을 배제하는 원천이기도 하다. 내가 바나나 이야기에 주목하는 이유이기도 하다.

'바나나' 하면 나는 초등학교 1학년 첫 소풍이 떠오른다. 할머니께서 손자가 첫 소풍 가는 날이라며 당시에는 엄청나게 비쌌던 바나나를 사 오셨다. 나는 너무나 기뻤고, 소풍 가서 친구들에게 자랑할 생각으로 무척 설렜다. 그런데 내가 잠이 들면 바나나를 다 먹어버리겠다는 아버지의 농담에 나는 바나나를 꼭 안고 잠이 들었다. 아침에 눈을 떠보니 바나나는 식빵 사이의 잼처럼 이불에 잘 발려져 있었다. 당연히 어머니께 호되게 야단을 맞았다. 바나나도 제대로 맛보지 못하고 야단을 맞아야 했던 가슴 아픈 기억이 있다.

유년 시절 아픈 기억의 바나나는 EBS 지식채널e에서 방영한 「안녕, 바나나」를 보고 전혀 다른 이미지로 바뀌었다. 바나나를 통해 종種의 다양성, 사람과 건강에 대한 인식의 기준이 근본적으로 바뀌게 된 것이다.

내용을 간략히 요약하면 이렇다. 1870년 미국에서는 우연한 기회에 자메이카 바나나를 수입하게 된다. 당시 미국에서 바나나는 과시

용으로 소비되는 사치품이었다고 한다. 사치품으로 유행하자 바나나를 원하는 사람들이 많아졌다. 그러자 점점 더 많이 더 싸게 바나나를 생산하고 거래하기 위해 과테말라는 국토의 80%, 온두라스는 국토의 50% 이상의 열대우림을 밀어내고 대규모 농장을 건설했다. 그 대규모 바나나 농장에 하나의 품종 '그로 미셸Gros Michel'만을 재배한다. 그로 미셸은 맛도 진하고, 향도 달콤한 데다 단단하기까지 해서 장거리 운송에도 적합했기 때문이다. 그로 미셸은 그렇게 19세기 말부터 2차 세계대전 무렵까지 전 세계에 공급된다. 그러나 파나마병(1903년 파나마에서 처음 발견된 바나나에 치명적인 전염병)이 발생하자 그로 미셸은 끔찍한 재앙을 맞이한다. 바나나의 암으로 불리는 파나마병을 치료할 수 없자(현재까지도 치료법이 없다고 알려져 있다.) 그로 미셸은 결국 1960년대에 재배가 중단된다. 이렇듯 획일화된 종은 전염병이 발생하면 멸종할 수도 있다.

파산 직전의 바나나 기업을 회생시킨 건 캐번디시Cavendish 품종이다. 현재까지 우리가 먹고 있는 단 한 종의 바나나다. 캐번디시는 그로 미셸보다 맛도 없고 상품 가치도 떨어지지만, 파나마병에 저항성을 가진 탓에 살아남은 것이다. 재앙은 반복되기 마련인 것처럼 또다시 변종 파나마병이 발생하여 1980년대 대만에서 재배되던 캐번디시는 70%가 사멸되어 버렸다. 다행히 아직 남미로는 퍼지지 않았단다.

단일 품종의 대량생산 체계가 갖는 위험성! 다양성이 사라진 바나나, 어쩌면 다음 세대에게 전해줄 수 없는, 책 속에만 존재하는 과일이 될지도 모른다는 왠지 모를 불안감이 나를 휘감았다. 「안녕, 바나나」에 대한 영상을 보고 갑자기 '배는? 사과는? 괜찮을까?'라는 생각에 자료를 찾아보았다. 다행스럽게도 배는 원황, 황금, 화산, 신고, 감천, 추황, 만풍, 만수, 장십랑 등 국내에만 10개 이상의 품종이 있고, 사과는 전 세계적으로 7500개의 품종이 재배되고 있다고 한다.

왠지 모를 안도감과 함께 든 생각은 그렇다면 우리는? 우리 인간은 어떨까? 라는 것이었다. 굳이 책을 찾지 않아도 기준 없이 나의 상식 수준에서 떠오르는 다양한 이름들…. 황인, 백인, 흑인, 동양인, 서양인, 중동인, 한족, 말갈족, 거란족, 여진족 등 사회책이나 역사책을 통해서 한 번쯤 들어본 이름들이 떠오르기 시작하다가 심지어 요즘 대한민국을 휩쓸고 있는 다문화 가족에 대한 감사함까지 늘기 시작했다. 미국이 세계 최고의 강대국이 된 것 또한 다양한 나라의 다양한 사람들이 모여 다양성을 인정하며 다름의 힘을 누리고 있기 때문은 아닐까?

어릴 때부터 학교에서 반강제적으로 외웠던 국기에 대한 맹세가 2007년 바뀌었다. 이제 조국과 민족을 강조하던 시대는 가고 인류애를 고민하는 시대가 도래한 것이다. '조국과 민족'은 세계화 시대에 어울리지 않기에 '자유롭고 정의로운 대한민국'으로, '몸과 마음을 바쳐'는 지나친 애국심 강요라는 지적에 삭제되었다. 물론 개정된 지 10년이 넘게 지난 이 시점까지도 '조국과 민족', '몸과 마음을 바쳐'란 구절이 빠진 것을 아쉬워하는 분들이 종종 계시긴 한다. 하지만 다

문화 가정 자녀의 37%가 학교에서 왕따를 당하고 있다는 신문기사도 나오고 공공연하게 사회적 문제가 되고 있어 반만년 단일민족의 자부심은 이제 타민족에 대한 배타심으로 비칠 수밖에 없다. 난 자유롭고 정의로운 내 나라가 조국과 민족을 넘어 인류를 위해 헌신할 수 있기를 바란다. 나도 국민의 한 사람으로서 내 몫을 다할 것이다. 그리고 내 곁에 있는 다문화 가정의 아이들 또한 모두 내 이웃이자 대한민국 국민의 한 사람으로 건강하게 성장할 수 있도록 그들의 다름을 존중하고 배려할 방법을 고민하고 묵묵히 실천할 것이다. 그것이 다양성을 지키는 길이며, 내가 사랑하는 대한민국을 더욱 건강하게 하는 지름길이기 때문이다.

어릴 적 아무렇지도 않게 사용하던 물감이나 크레파스의 '살색'이 사라졌다. 이제 우리는 다양한 피부색을 특정한 피부색으로 한정할 수 없다는 국가인권위원회 판결을 당연하게 받아들일 만큼 다양성과 인권에 대한 가치를 존중하는 시대에 살고 있다. 살색논란은 외국인 이주 노동자들의 인권을 위해 애쓰던 김해성 목사(2001년 당시 성남외국인노동자의 집 원장)의 목소리로부터 문제제기 되었다. 국가인권위원회는 2002년 7월 31일 '헌법 제11조 평등권'을 침해할 소지가 있다는 판단을 내리고 한국산업규격KS상 크레파스와 수채물감의 '살색' 명칭을 개정하라고 권고한다. 이에 따라 크레파스 등 문구류의 색을 기술표준원이 '연주황'으로 개정 고시(2002년 11월 26일)하였다. 그런데 '연주황'이란 색명色名 또한 한자표기로 그 뜻을 쉽게 알 수 없고 이는 어린이들에게는 또 다른 차별이자 인권침해라는 민원이 접수되어 결국 2005년 8월 '살구색'으로 바뀌었다. 그동안 아무렇지도 않게 사용해왔던 '살색'이 '연주황'이 되고 다시 '살구색'이 될 때까지 누군가 인권을 고민하며, 평등한 세상을 꿈꾼 것이다.

모두가 비슷비슷하다면 어떨까? 생김새도, 성격도, 말투도, 하는 행동도. 그러면 아이들도 우리도 모두 지루하고 재미없을 것이다. 모두가 공부를 잘해서 대학교수가 되거나 고위 공무원, 판검사, 경영자가 된다면 과연 우리 사회는 행복해지고 최고의 선진국이 될 수 있을 것인가? 당연히 그럴 수 없다는 것을 알면서도 어쩌면 교육이란 이름으로 아이들에게 공부 잘하고, 인성 바르고, 뭐든 잘하고 뛰어난 사람이 되라고 강조하는 일이 단일 품종의 바나나를 목표로 교육하고 있는 것은 아닐까? 하는 의구심이 들기도 한다. 교육은 아이들이 누구에게도 주눅 들지 않고 당당하고 책임감 있게 자기 삶의 주인으로 살아가도록 성장시키는 것이라고 생각한다. 설령 아이에게 두드러진 재능이 보이지 않거나, 장애가 있더라도 그 아이만이 가질 수 있는 유일한 '다름'을 찾아 주는 일이다.

다양성! 참 고맙다. 다르기에 더 강하고, 더 아름답고, 더 오래 생명을 유지할 수 있다. 다양한 사람들이 함께 사는 세상! 다양한 문화 속에서 서로가 가진 다름을 인정하고, 다르기 때문에 아름다울 수 있다는 보편적 가치를 바나나와 살구색을 통해서 배운다. '생각이 다르다고 틀린 것은 아니다.'라는 말처럼 '이상하다'가 아니라 '다르다'라는 생각이 필요한 시점이다. '정상과 비정상'의 구분이 필요한 것이 아니라 '각자 다른 생각과 모양을 가진 사람'으로 인정해주는 다양성이 필요하지 않을까?

교실 속 우리 아이들을 떠올려본다. 다른 피부색을 가진 아이들, 다른 목소리를 내고 다른 특성을 가진 우리 아이들, 세상 사람들이 말하는 장애를 가져 더 특성이 다양한 우리 아이들이 함께 어울려 있다는 사실이 오히려 나를 더 편안하게 한다. 장애는 어쩌면 다양성의 다른 이름이 아닐까? 장애인, 비장애인의 이분법적 사고가 아닌 그냥 다른 특성을 가진 우리가 모두 공존할 수 있는 아름다운 세상은 다양성을 인정하는 순간에 시작된다. 각자가 가진 개성과 특성이 함께 어우러져 세상을 아름답고 강하게 만들 수 있다. 그래서 내 삶엔 이상한 사람은 없다. 나와 다른 사람이 있을 뿐이다.

장애는 극복하는 것이 아니다

어릴 적 선생님들께서는 항상 책을 많이 읽으라고 하셨다. 특히 고난을 극복하고 세상을 변화시킨 위인들의 이야기를 많이 소개해주셨다. 그러나 나는 위인전이 제일 읽기 싫었다. 도저히 그 책의 주인공처럼 할 자신이 없었기 때문이다. 책을 읽는 내내 '우와 대단하다!'라는 감탄사만 연발할 뿐 도무지 그들을 따라갈 수 있는 현실적인 대안은 보이지 않았다. 가끔 팔, 다리가 없거나 뇌병변 장애가 있는 장애인을 소개해주시기도 했다. 그 사람이 장애를 극복하고 지금 어떤 사람이 되어 있는지 알려주기도 했는데, 항상 마무리는 "너도 그런 훌륭한 사람이 되어야 한다."라는 부담스러운 결론이었다.

도대체 어떻게 해야 그런 사람이 될 수 있는가? 임진왜란이라는 국난을 극복하는 데 혁혁한 전공을 세운 성웅 이순신, 루게릭 병을 앓았던 세계적인 물리학자 고故 스티븐 호킹 Stephen Hawking 박사, 심지어 '널리 인간을 복되게 하라'는 단군 할아버지의 건국이념을 가슴에 새기며 살아야 한다는 강요 아닌 강요를 받을 땐 정말 뭐라고 할 답이 없었다. 그분들에 비하면 난 항상 초라하고 무기력해졌다. 좀 더 구체적이고 실현 가능한 삶의 목표와 방법을 가르쳐준다면 나도 도전해보고 싶은 생각은 있었다. 그러나 무슨 일이든 의지만 있다면 징말로 극복할 수 있는 것인지 나는 늘 궁금했다. 아니면 극복할 수 있는 일과 극복할 수 없는 일이 따로 있는지 확신하기 어려웠다.

사람들은 장애가 있는 사람이 어떤 분야에서 두각을 나타내어 유명한 사람이 되면 흔히 장애를 '극복'했다고 말한다. 극복克服의 사전적 의미는 악조건이나 고생 따위를 이겨 낸다는 것이다. 처해있는 난관을, 고난을, 어려움을, 시련을 불굴의 의지로 넘어서는 것을 말한다. 극복이 이런 의미라면, 도대체 어떻게 장애를 극복할 수 있다는 말인가? 보이지 않는 눈이 노력하면 보이게 되고, 들리지 않는 소리가 노력으로 들리게 된다는 말인가? 보이지 않는 눈이 보이게 되고, 들리지 않는 소리가 들리게 되는 것은 의지의 문제가 아니고 의학적으로 치료되었다고 하는 표현이 오히려 더 적합할 것이다.

나는 장애인의 의지와 가능성을 깍아내리고 싶은 생각이 추호도 없다. 우리는 극복이라는 말을 너무 쉽게 사용한다. 이렇다 보니 아직도 장애로 어려움을 겪는 사람들을 이겨낼 의지가 없거나, 의지가 부족한 것처럼 은연중에 인식하게 한다. 그래서 나는 특히 장애인에게 '극복'이라는 말은 또 다른 차별의 언어가 될 수 있다고 생각한다.

「장애는 극복하는 것이 아니다. 단지 견딜 뿐이다」라는 제목의 신문기사가 눈에 번쩍 들어왔다. 시각장애가 있는 하모니카 연주자 전제덕의 글이었다. 그는 이렇게 썼다.

내가 제일 싫어하는 수식어가 '장애를 극복한'이다. 그 힘들고 불편한 장애를 무슨 수로 극복한단 말인가? 되돌릴 수 없으니 그저 체념하고 받아들이고 견디는 것뿐이다. 나는 성자가 아니다. 장애를 극복할 수 있다고 하는 믿음은, 사실 비장애인들의 한가로운 생각일 뿐이다. 장애는 절박한 것이다. 그 절박함을 비장애인들은 잘 모른다.

그는 장애를 극복할 수 있다고 하는 믿음은 비장애인들의 한가로운 생각일 뿐이라고 한다. 비장애인이 당장이라도 눈을 한번 감고 움직여 보면 답답함을 넘어 몰려드는 두려움이 무엇인지 알게 될 것이라고 한다. 또한, 시각장애란 세상의 모든 정보로부터 완벽하게 차단당해 버려진 것 같은 느낌이며, 영원히 힘들고 말할 수 없이 불편한 것이며, 이를 이길 장사는 없다고 말한다. 그는 자신이 연주하는 곡의 아름다움이나 즐거움보다 시각장애에 비중을 두고 그의 연주를 '신의 거룩한 섭리' 쯤으로 바라보는 사회의 시선이 더 극복하기 어렵다고 말한다. 미디어를 비롯하여 우리 사회의 왜곡된 시선은 장애인을 분별없는 동정심으로 바라보고, 장애인의 삶을 평범함이 아닌 휴먼드라마로 포장하여 오히려 사회와의 분리를 조장하고 있다고 지적한다.

극복은 말 그대로 주어진 어려운 상황을 이겨내는 것이다. 장애 여부와 상관없다. 자신이 처한 어려운 상황을 넘어서고자 하는 용기와 도전을 통한 성취라면 누구라도 우리를 대리 만족시키고 감탄하게 한다. 저제덕의 말처럼 장애가 아니라 그의 공연을 통해 음악을 느끼고 감동하고 소통할 때 극복하는 것이고 의미 있는 것이다. 자신의 공연을 보고 "은혜를 입었습니다. 용기 잃지 마세요."라고 말할 것이 아니라 "오늘 공연이 너무 좋았습니다. 제게 깊은 위로가 되었습니다."라고 말했으면 좋겠다는 전제덕의 말이 새삼 무겁게 다가왔다. 우리 사회에 팽배한 특별함에 대한 숭배와 배려가 오히려 단절의 벽을 세워 넘어설 수 없는 고립을 만들어가는 것이다. 그 특별한 배려가 그들에게는 그저 단순한 위로와 동정에 불과하다.

많은 장애인은 특별함이 아닌 비장애인과 똑같이 느끼고 생각하는 평범함을 원한다. 예를 들어 선천적 또는 후천적 사고로 인하여 장애인이 된 사람 중 붓을 입에 물고 또는 발가락에 끼워 그림을 그리는 화가의 모습을 보게 되면 우리는 장애를 극복한 대단한 사람이라며 추켜세우곤 한다. 그러나 그들이 진정 원하는 것은 그러한 장애에 대한 특별한 시선이 아니라 비장애인과 똑같이 자신이 꿈꾸고 희망하는 그 무엇을 위해 노력하는 평범한 사람이라는 인정이다. 그 화가는 주위의 반응과 상관없이 자신의 만족감을 위해서라도 계속 입 또는 발가락을 이용하여 그림을 그릴 것이다. 그러나 그가 편하고 좋아서 그렇게 그림을 그리겠는가? 손으로 그리면 훨씬 편하고 잘 그릴 수 있지만, 손을 사용하는 것이 여의치 못하기 때문에 다른 방법을 찾은 것뿐이다. 자신의 꿈을 이루고 그림을 그리고 싶은 욕망이 더 강해서다. 이는 장애를 극복했다기보다는 장애라고 불리는 개인의 특성을 인지하고 자신만의 방식으로 문제를 해결하는 것이다. 다만 비장애인들 보다 그 과정이 힘들고 오래 걸리는 경우가 많아 인간 승리의 과정으로 인식되는 것일 뿐 장애인이나 비장애인 모두 자신의 꿈을 향한 도전과 노력의 가치는 소중하다.

내가 하고 싶은 말은 장애가 있는 사람에게 '극복' 이란 용어를 사용해서는 안 된다는 것이 아니다. 현대 의학으로도 어찌할 수 없는 것을 장애인 당사자에게 극복의 대상으로 인식하게 하여 마치 의지로 극복해야만 하는 것으로 강요해서는 안 된다는 것이다. 또한, 장애를 이겨내는 과정을 보기보다, 결과를 장애라는 특별한 필터를 통해 바라봐서도 안 된다는 것이다. 극복의 대상은 장애로 인한 개인의 무력감, 꿈에 대한 상실감일 뿐 장애 그 자체가 아니다. 중요한 것은 장애나 장애의 극복 여부가 아니라 누구든 자신이 꿈꾸는 것을 포기하지 않고 자신만의 방식을 찾을 수 있도록 애쓰는 것이다. 우리가 교육 현장에서 할 일이 바로 이것이 아닐까? 장애인과 비장애인 모두가 서로의 꿈을 이룰 수 있도록 격려하고 도움을 줄 수 있는 건강한 사회적 패러다임을 만들어가는 일 말이다.

자신만의 방식으로 꿈을 이루고 희망을 만들어 가는 사람들을 소개하고 싶다. 12살에 청력을 잃게 된 애블린 글래니Evelyn Glennie는 20여 년 동안 각고의 노력 끝에 미세한 대기의 변화로도 음의 높낮이를 읽어 내고, 50여 개의 타악기를 한꺼번에 다룰 수 있게 되었다고 한다. 그녀는 손과 발로 전해지는 울림과 감각을 이용하여 소리를 느끼고, 1년에 120회 이상 타악기 공연을 하는 연주가가 되었다. 현재 청각장애 어린이들의 음악 치료법을 지원해 주는 '런던 베토벤 기금단체'의 회장으로 활동하고 있다. 그녀의 TED 강연은 꼭 한번 보기를 권한다.

화가 존 브램블리트John Bramblitt는 11살 때부터 시력이 좋지 못했고 뇌전증으로 인해 30살에 완전히 시력을 잃어버렸지만, 촉감으로 색깔을 구분하고 대상을 만져서 얻는 느낌과 과거의 기억을 바탕으로 그림을 그린다고 한다. 강렬하고 역동적인 그의 그림은 멋진 작품들로 탄생했고, 언론의 주목을 받는 화가로 성장했다. 존 브램블리트는 역경을 장애물로만 보지 말고 배우고 성장할 기회로 삼아야 한다고 말한다.

그들은 잃어버린 청력과 시력을 대신하여 미세한 대기의 변화와 손과 발로 전해지는 울림을 통해, 색깔에서 느껴지는 촉감과 대상을 만져서 얻는 느낌 그리고 과거의 기억을 통해 그들만의 방식을 만들었다. 자기만의 방식으로 자신의 꿈을 향한 도전과 변화를 계속하고 있고 그래서 그들의 삶은 장애인이어서가 아니라 음악과 그림에 대한 열정과 도전의식, 삶에 대한 강렬한 의지로 인해 우리를 더 감격하게 한다. 위의 두 경우 외에도 장애인 중에는 비장애인들보다도 훨씬 뛰어난 능력을 가진 사람들이 많이 있다. 자폐증과 시각장애가 둘 다 있음에도 천재적인 음악성을 가진 코디 태현 리Kodi Taehyun Lee, 난독증이 있으면서도 뛰어난 연기력을 보여주는 톰 크루즈Tom Cruise, 사지마비 장애가 있음에도 세계 최고라는 존스홉킨스 병원 재활의학과 의사가 된 이승복Robert Seung bok Lee, 온몸이 돌처럼 굳어가는 석회화증으로 몸이 굳어감에도 영혼을 울리는 시를 쓰다 2016년 돌아가신 '돌 시인' 박진식 등 이루 말할 수 없다.

소리를 듣지 못하는 사람이 악기를 연주하고, 보지 못하는 사람이 그림을 그리는 일은 장애를 극복한 것이 아니다. 장애로 인하여 불편하고 어려워도 자신이 원하고 꿈꾸는 일을 그 누구보다도 치열하고 아름답게 자신만의 방식으로 이뤄가는 것이다. 주어진 삶의 조건 앞에서 당당하고 성실하게 문제를 해결하는 것이다. 평범하고도 비범한 그래서 더욱 인간적인 아름다움, 그 자체를 우리는 장애를 극복했다고 너무 쉽게 말하고 있다. 사람은 다양하고 주어진 삶의 문제 또한 각양각색이다.

우리가 주목해야 할 것은 장애가 아니라 그들이 가진 다양성이고 자존감이다. 또한 자신의 꿈과 목표를 이루기 위해 가능한 모든 자원을 동원해 이루려는 도전과 노력이다. 우리가 아이들에게 길러주어야 하는 것은 아이들 각자가 가진 다양성과 주어진 조건을 인정하고 받아들이도록 하는 것이 아닐까? 아이들에게 위대한 성취가 아니라, 역경을 어떻게 성장의 기회로 만들지 가르치고, 자기만의 방식을 찾도록 돕는 것이 아닐까? 어떤 상황과 조건 아래서도 존중받는 인간으로서 자존감을 가지도록, 또 원하는 삶과 목표에 실패하더라도 끊임없이 도전하도록 격려하고 지원해 주는 것이 우리가 하고자 하는 교육이 아닐까?

『고릴라 왕국에서 온 아이』의 저자 던 프린스 휴즈Dawn Prince Hughes 박사는 36살이 되어서야 자폐의 일종인 아스퍼거증후군Asperger Syndrome 진단을 받게 되었다. 젊은 시절 남들과 달라 소외되고 상처받아 암울한 삶을 살았지만 우연한 기회에 동물원 고릴라들을 만나게 되면서 비로소 세상과 소통하게 되었다. 이후 자연스레 세상 속으로 스며들어 문화인류학 교수로 거듭나게 되었다고 한다. 많은 언론에서 던 프린스 휴즈의 사회적 성공에 대해 놀라워하면서 인터뷰하였다. "당신은 어떻게 아스퍼거 장애를 극복하고 문화인류학 교수가 되었습니까?"라는 질문에 당당하게 대답한다. "나는 사람들이 정해놓은 아스퍼거라는 장애를 극복할 수도, 극복하고 싶지도 않습니다. 나는 여러분들이 말하는 것처럼 다른 사람들과의 대인관계에 있어서 의사소통은 어려워하지만, 고릴라를 사랑하고 문화인류학을 좋아하는 던 프린스 휴즈일 뿐입니다. 저는 그냥 다른 사람들과 다른 특성을 가진 한 사람의 개인일 뿐 장애의 틀로 저를 바라보지 않았으면 좋겠습니다." 라는 멋진 대답을 한다. 세상이, 아니 다수가 마음대로 정해놓은 장애라는 이름은 극복할 수도 없고, 극복할 대상도 아니라는 던 프린스 휴즈의 한 마디가 내게 용기를 준다.

중요하지 않은
아이도 있나요?

"산타님, 전 세계 모든 아이들이 다 선물을 받았다고 하셨는데, 아이 한 명이 선물을 못 받았다는 소문이 사실인가요?"

"아, 그게 사실이긴 하지만 별로 중요한 건 아니야, 그냥 딱 한 명일 뿐이야."

"예? 알고 계셨단 말이에요? 어떻게 산타님이 그렇게 말할 수 있나요? 그럼 중요하지 않은 아이도 있단 말인가요? 중요한 아이는 도대체 어떤 아이인가요?"

영화 「아더 크리스마스」에서 나를 깨운 대목이다. 크리스마스이브, 전 세계 모든 어린이가 산타할아버지의 선물을 받았는데 한 아이가 실수로 선물을 받지 못한다는 설정은 특수교사인 내게 묘한 공감대를 만들어 주었다. 선물을 기다리는 그 소녀의 모습에서 장애가 있는 우리 아이들이 떠올랐다. 요정과 산타 일가의 모습은 우리 아이들을 대하는 교육 현실의 한 단면을 떠올리게 만들었다.

효율성, 경제성을 강조하며 장애가 있는 우리 아이들은 언제나 소외당하고 뒷전이었던 가슴 아픈 교육 현실 속에서 '애쓴 만큼 표가 나지 않는 특수교육'을 한다고 나는 지쳐있었다. '진정한 산타는 선물을 잘 전달하는 사람이 아니라 아이들의 마음을 사랑하고 그 마음을 지켜주기 위해 행동으로 실천하는 아더 같은 사람'이라는 뻔한 교훈은 그런 나를 부끄럽게 하였다. "중요하지 않은 아이도 있나요?"라는 요정의 외침이 자꾸만 내게 묻는 것 같다. 당신의 학교에서, 교실에서 중요하지 않은 아이도 있나요?

장애 병아리, 마음을 열게 하다

"아~ 아~ 나와요."

"선생님, 저기 부리가 보여요."

"선생님, 알에서 병아리가 나와요."

아이들의 목소리가 떨린다. 떨리는 가슴으로 새 생명의 탄생을 지켜보는 아이들의 눈빛은 참으로 감동적이다. "삐악, 삐악" 소리와 함께 알을 깨고 병아리는 나오고 있는데, 그 탄생을 지켜보는 아이들은 제대로 숨도 쉬지 못하는 듯 떨고 있었다.

초등학교 3학년 과학과 공통교육과정에 '동물의 한살이'가 있다. 나는 그 수업을 위해 밀양에서 방사해 키운 닭의 건강한 유정란을 어렵게 구했다. 아이들에게 생명이 태어나는 순간을 마주하고 어떻게 살아가는지 생생하게 보여주고 싶었다. 암탉의 품속과 같은 온도와 습도를 유지해주며 건강한 병아리가 태어나길 기다렸다. 21일이 지나니 마침내 자신의 부리로 알에 구멍을 내고 웅크려 있던 몸을 펴서 스스로 세상 밖으로 병아리는 모습을 드러내었다. 쉼 없이 울음소리를 내며 자신의 존재감을 드러내고 있는 병아리를 보며 나 또한 뜨거운 무엇이 가슴에서 올라와 울컥하였다. 그 어떤 생명이든 생명을 맞이하는 순간은 경이롭다. 아이들과 함께 상자를 구해 병아리 집을 만들고 고운 모래를 깔고 온도 유지를 위해 백열등까지 달아 주었다. 노란색, 갈색, 검은색 등 다양한 털색을 가진 병아리들이 "삐악, 삐악" 소리를 내며 이리저리 쪼아대는 모습은 보는 것만으로도 예쁘고 감동을 주었다. 생명, 그것은 참으로 아름다운 이름이었다.

그런데, 22일이 지나고 23일이 되었는데도 알에 구멍도 뚫리고 "삐악, 삐악" 울어대기는 하는데 완전히 깨고 나오지 못하는 병아리가 있었다. 무슨 문제가 있나 싶어 알을 깨고 나올 수 있도록 조금 도와주었더니 힘겹게 알에서 나와 몸을 부르르 떨었다. 혼자 힘으로 서려고 애쓰는 병아리가 안타까워 자세히 보니 한쪽 발목이 접혀 있었다. 장애가 있는 병아리가 태어난 것이었다. 너무나 당황스러웠다. 건강하게 태어난 병아리도 어떻게 키워야 할지 잘 모르는 상황에서 장애가 있어 절뚝거리는 병아리의 탄생 앞에서 말문이 막혔다.

책에 나와 있는 대로 2~3일 쯤 지난 후부터 삶은 달걀의 노른자를 곱게 갈아서 먹이를 줬다. 그런데 아니나 다를까 건강하게 태어난 힘 센 병아리들이 그 먹이를 다 먹어버리고 장애가 있는 병아리는 한구 석에서 꼼짝을 못 하고 서 있었다. 그 모습을 안타깝게 지켜보던 아이 들은 새로 상자를 가져와서 병아리들의 집에 딱 붙여서 더 튼튼하고 예쁜 집을 만들어 주고 먹이도 따로 주었다. 먹이를 다 먹은 연후에는 함께 어울려 놀 수 있도록 상자 사이에 문도 만들어 주었다.

아이들과 병아리를 키우는 과정은 마치 통합교육의 한 장면 같아 보였다. 다양한 색깔의 털을 가진 병아리들과 장애가 있는 병아리가 함께 어울려있는 모습이 영락없는 통합학급이었다. 장애가 있는 병아 리를 위해 따로 먹이를 주는 시간은 시간제 특수학급에서 수업을 받 는 모습이었고, 나머지 시간에는 함께 어울릴 수 있도록 통합환경에 노출해 공감과 소통의 시간을 나누는 듯하였다. 가끔 힘센 병아리들 이 장애가 있는 병아리를 쪼거나 코너로 몰아붙이면 우리 아이들이 힘센 병아리를 다른 방으로 격리하기도 하면서 어떻게 하는 것이 바 른 행동인지 스스로 깨닫고 실천하는 듯하여 흐뭇하기도 하였다. 아 이들 스스로 생명의 소중함을 알고, 서로의 의견을 존중해주며 병아 리를 잘 키워가는 모습을 보며 이것이 통합교육의 가장 중요한 기능 이 아닐까 하는 생각이 들었다.

통합학급 선생님과 협의해 이 내용으로 비장애 학생들을 위한 교

육과정 지원 및 장애이해 교육을 실시하였다. 동물의 한살이 교육과
정에 맞게 알을 부화시켜 병아리가 태어나고 병아리가 어린 닭, 어
른 닭으로 자라는 과정을 직접 보여주려고 했다. 자연스레 장애 병아
리가 태어날 수도 있다는 것을 스스로 깨달을 수 있고, 생명의 신비
를 이해하는 것이 진정한 의미의 장애이해 교육이 될 거라고 확신했
다. 2002년 6차 교육과정 슬기로운 생활의 '자라는 모습'이라는 단원
을 가르치기 위해 처음으로 병아리를 부화시킨 이후 15년이 지난 지
금까지 매년 10~12개의 알 중 꼭 1~2개의 알에서 장애가 있는 병아
리가 태어났다. 같은 농장에서 건강한 유정란을 받아왔고, 온도와 습
도를 똑같이 유지해줬음에도 변함없이 장애가 있는 병아리는 태어났
다. 난 그 과정에서 장애란 것은 너무나도 자연스러운 현상이라는 사
실을 알게 되었다.

"얘들아, 장애 병아리가 왜 태어날까?"

"모르겠어요."

"선생님도 잘 모르겠어."

"그 알에 무슨 문제가 있는 것이 아닐까요?"

"너희들도 알듯이 똑같은 농장에서 가져온 건강한 유정란이었고,
온도와 습도도 똑같이 유지해줬는데도 왜 그런지 모르겠어."

"다 똑같이 해줬는데 왜 장애 병아리가 태어나요?"

"글쎄다. 선생님도 잘 모르겠는데, 병아리뿐만 아니라 사람도 10명
중 1명은 장애인이란다."

"정말이에요?"

"태어날 때부터 심각한 장애가 있는 사람도 있고, 살다가 우연히 사고로 장애를 갖게 되는 사람도 있고, 병에 걸리거나 일시적으로 장애를 갖게 된 사람들을 다 합하면 10명 중 1명은 장애인이란다."

"맞아요. 저희 할아버지도 사고를 당해서 휠체어를 타고 다니세요."

"하느님, 부처님, 조물주가 인간이 하도 교만해서 모두에게 조금씩 장애를 줬어. 그런데도 겸손하지 않고 교만한 거야. 그래서 너희들에게 조금씩 나눠줄 장애를 모두 모아서 한 사람에게 다 몰아줬지. 그래서 너희들이 말하는 장애인이 태어난 거야."

"그럼, 어떤 사람이 장애인이 된 거예요?"

"너희들이 태어나기 전에 두 가지 중 하나를 선택하게 했단다. 첫 번째는 장애인으로 태어나서 다른 사람에게 도움을 받으며 사는 것, 두 번째는 비장애인으로 태어나서 다른 사람을 도와주며 사는 거래. 너희들은 뭘 선택한 것 같아?"

"두 번째요."

"그래, 너희들이 다 두 번째를 선택해버려서 누군가 한 사람은 너희들 대신에 첫 번째를 선택할 수밖에 없었단다. 그럼 너희들은 너희들 대신에 장애를 갖고 태어난 친구에게 어떻게 해 줘야 할까?

"잘해줘야 해요. 좋은 친구가 되어줘야 해요."

"그래, 신神이 10명 중 1명을 장애인으로 만든 이유는 나머지 건강한 9명이 장애가 있는 1명의 친구를 잘 도와주고, 서로 사랑하며 겸손하게 살라는 뜻일지도 모르지. 그러니까 건강하게 태어난 9명 중 1명인 너희들은 신이 만든 완벽한 대책이지 않을까? 그리고 장애를 갖고 태어난 친구도 항상 도움을 받기만 하는 것이 아니라 너희들이 생각지도 못한 일들을 스스로 척척 해내며 오히려 너희들을 도와주는 경우도 많잖아?"

선생님의 신화 같은 이야기를 진지하게 듣고 고개 끄덕이는 아이들을 보며 마음이 참 따뜻해졌다. 자연 현상 속에 언제든지 일어나는 장애 병아리의 탄생을 통해 장애인을 이해하고, 자신과 다른 특성을 가진 사람들과 함께 어떻게 살아야 하는지를 되돌아볼 기회였다. 장애를 자연스럽게 이해하고 포용할 수 있는 시간이 참으로 소중하고 감사했다.

"선생님, 처음에는 장애가 있는 병아리가 태어나서 불쌍하다는 생각만 했는데, 그것은 병아리 잘못이 아니라는 것을 알고 나니 장애가 있는 친구들도 똑같겠다는 생각을 했어요."라고 재희가 말했다.

"선생님, 병아리가 알에서 부화하였을 때 우리가 엄마 뱃속에서 태어난 것처럼 우리와 같은 생명이 태어난 것 같아 신기하고 건강하게 잘 크기를 바라는 마음도 생겼어요. 그런데 장애 병아리를 보니 마음이 아팠어요. 장애 병아리가 잘 클 수 있도록 도와줘야 하는 것처럼 우리반에 제 도움이 필요한 친구들에게도 잘 해주고 싶어요."라는 주희의 이야기에 참 행복했다. 아이들이 지식을 넘어 마음 깊이 장애를 이해하고 받아들인 것 같아 뿌듯했다.

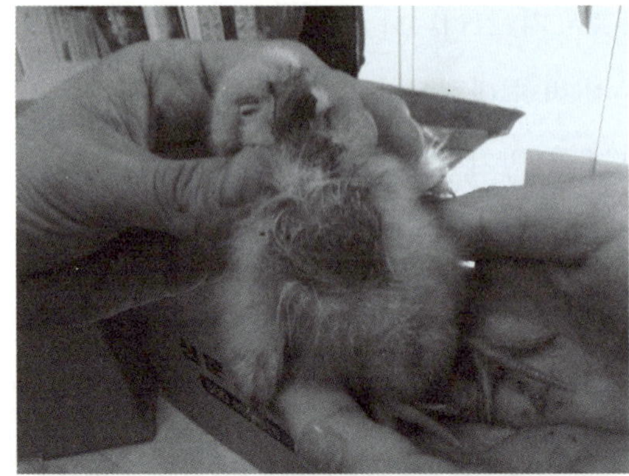

가슴이 부풀어 오른
심장기형 병아리

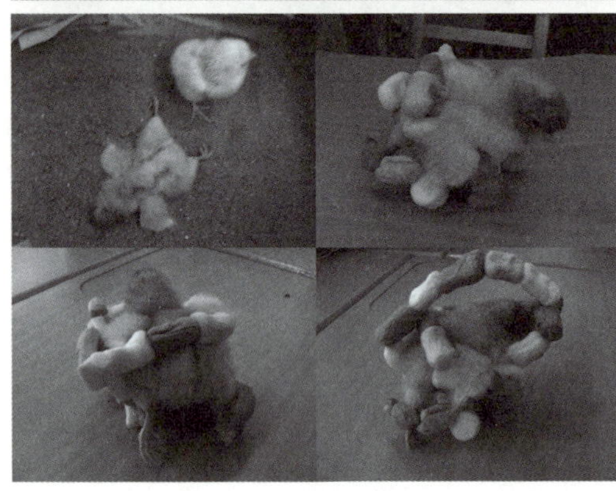

양쪽 다리가 마비된 병아리를
위해 매직 콘으로 만든 워커

장애 병아리의 부화를 통해 느낀 생명의 소중함, 나눔과 배려의 가치가 우리 아이들이 커서도 가슴 속에 늘 살아 있기를 기도한다.

올래 올래, 절묘한 반전을 노래하다

조만간 장애가 있는 아이들을 위한 캠프가 열릴 예정이었다. 나는 캠프의 장기자랑 시간을 대비하여 우리반 아이에게 노래를 가르치기로 했다. 그 아이는 4학년 음악 교과서에 있는 '산마루에서'라는 노래를 좋아했다.

"산마루에서 외쳐보자 야~호 야~호 야~하~호

나무들이 노래한다 야~호 야~호 야~하~호"

아이에게 상을 받게 해주고 싶은 생각에 열심히 노래를 연습시켰다. 마치 군대에서 이등병의 어디라도 '툭' 치면 관등성명을 말하듯 반사적으로 입에서 튀어나오게 말이다.

캠프가 열리고 우리반 아이가 장기 자랑을 할 차례가 되었다. 거의 한 달을 열심히 준비했기에 내심 최고상을 기대하고 있었다.

"산마루에서 외쳐 보자~" 첫 소절을 멋지게 시삭했나. 그런네, 갑자기 아이가 노래를 멈추고 멍하니 하늘을 처다보고 있는 게 아닌가? 하는 수 없이 사회자에게 다시 한 번 하게 해달라고 부탁했다. 기회를 얻어 다시 노래를 부르게 되었다. 그런데, 이번엔 연습했던 것과 달리 새로운 노래를 만들어 부르는 게 아닌가?

"산마루에서 외쳐보자 올~래 올~래

살랑살랑 불어오는 바람 타고 왔나요~

내 맘을 흔들흔들 흔들리게 해놓고~

알고도 모른 척한다면 너무나 얄미운 당신~ 올래 올래"

'산마루에서'라는 동요가 뜻밖에 장윤정의 '올래'라는 대중가요로 순식간에 바뀌어 버렸다. 그런데, 아이는 마치 이렇게 노래를 부르려고 편곡하고 가사를 준비한 것처럼 멋지게 불렀다. 장기자랑 자리에 모인 사람들은 환호했다. 결국, 최고상 대신 인기상을 받게 되었다. 많은 선생님은 아이의 멋진 노래와 쇼맨십에 감탄했다며 나의 지도력을 들먹거렸다. 전혀 그렇게 의도한 것이 아니었다. 난 상을 받아서 기쁜 것보다 갑자기 궁금증이 발동했다. '아이가 어떻게 장윤정의 노래를 알고 불렀을까?'

숙소에서 밤새 고민하다가 마침내 실마리를 찾았다. 우리반 아이는 자동차와 타이어에 관심이 많았다. 그래서 학교에서도 선생님들 자동차의 타이어를 가위로 찔러대 여러 대를 펑크 내기도 했다. 그 때문에 어떻게 해야 할지 한동안 골치를 앓았다. 부모님의 요청으로 경찰 아저씨 앞에서 손가락을 걸고 약속도 하고, 다양한 방법으로 긍정적 행동지원 방안을 모색하던 차였다. 그러던 중 울산에 있는 '맑은내 배꽃 마을'이라는 곳에 현장체험을 가게 되었는데 마을 체험 프로그램 중에 경운기 타보기 체험이 있었다. 아이는 울퉁불퉁한 근육질의 경운기 앞바퀴에 반했다. 배 따기 등 다른 체험에는 관심도 없이 계속 경운기만 타다가 학교로 돌아왔다. 문제는 그때부터였다. 아이는 개별화교육계획에 따른 수업에는 전혀 관심이 없고, 몇 날 며칠을 계속 경운기 바퀴 이야기만 하는 것이었다. 하는 수 없이 학부모님과 상담도 하고 개별화교육 지원팀을 소집하여 '경운기 그리기, 색칠하기, 만들기, 개수 세기, 이야기 꾸미기' 등 '경운기 주제학습'으로 변경해 수업을 진행하게 되었다. 아이의 수업을 위해 인터넷에서 경운기 관련

블로그를 찾아서 보고 이야기를 나누거나 '경운기 따라 그리기' 등의 활동을 했다. 그 즐겨 찾던 블로그의 배경 음악이 장윤정의 '올래'였던 것이다. 나도 별생각 없이 그 음악을 들으며 경운기 사진을 보면서 설명하고 따라 그리기 등 수업을 진행했다. 그렇게 아이는 좋아하는 경운기 바퀴를 보면서 자연스레 장윤정의 노래를 익히고 흥얼거리게 된 것이었다. 그렇게 익히고 흥얼대던 그 노래가 장기자랑의 순간에 '야~호 야~호' 후렴 대신에 '올~래 올~래'로 절묘하게 바뀐 것이다.

그랬다! 비록 내가 의도한 교육과정이 아니었지만, 아이가 한 번도 그 노래를 듣지 못했다면 부를 수 있었을까? 어쩌면 통합교육의 힘은 이런 것이 아닐까? 통합환경에서 비장애 아이들과 함께 어울려 있는 것만으로도 성장을 위한 많은 이야기를 공유하고 나눌 수 있게 해주는 것! 의도하지 않아도 지각知覺 경험을 통해 자연스레 배움을 공유하고, 서로의 다름을 이해하고 어울림으로써 생활연령을 높이고 함께 성장할 수 있도록 하는 힘! 나는 이것이 통합교육이 가진 힘이라고 생각한다.

나는 비로소 깨달았다. 내가 가르치려고 이미 정한 교육과정보다 정작 우리 아이들에게 더 필요한 것은 곳곳에 있었다. 아이들이 일상에서 깨우칠 기회를 특별한 눈으로 하나하나 엮어주는 일, 우리 아이들 스스로 가슴에 배움의 예쁜 단추들을 하나씩 달도록 도와주는 일이 더 필요했다.

장애가 있다는 이유 하나만으로 특수학교에 보내야 하는 건 아닌가라고 말하는 선생님들이 주위에 간혹 있다. 그분들에게 통합교육이란 어쩌면 교사가 의도하지 않아도 '올래 올래' 즐겁게 노래 부르며 절묘한 반전을 만들어 내는 힘이라고 말씀드리고 싶다.

너울가지, 어울림을 배우다

"영철이는 혼자서 자꾸 같은 말만 계속해요."

"은수 도와주느라 체육 시간에 축구도 제대로 못 해요."

"철수를 잘 도와줘야 하는 건 아는데, 자꾸 참기만 해야 하고 어떻게 도와줘야 하는지 모르겠어요. 그냥 그 친구가 싫어요."

"선생님, 선생님, 선생님…."

외로이 혼자 웅크리고 앉아 멍하니 창문만 바라보고 있는 아이, 다리가 불편해 화장실에 늘 데려다줘야 하는 아이, 온종일 혼잣말을 계속하는 아이 등 장애가 있는 아이들 때문에 힘들고 짜증난다며 특수교사인 내게 통합학급 아이들이 고자질하듯 이야기한다. 담임선생님은 장애가 있는 친구니까 그냥 아이들에게 참으라고만 한단다. 혼자 외로워하니까 같이 놀아주라고 하지만 정작 아이들은 그 친구를 어떻게 이해해야 할지, 어떻게 도와줘야 할지 몰라 힘들다고 하소연을 한다. 이럴 때면 마음이 아프고 생각이 많아진다. 아이들도 통합교육의 목적이 모든 아이를 행복하게 하기 위한 것이라고 알고 있는데도 매일매일 터지는 사건 사고로 아이들의 마음은 속상하다. 그런데 나는 마치 두더지 잡기 게임을 하듯, 아이들의 그 속상한 마음이 터져

나오지 못하도록 막고 있는 듯한 느낌이 드는 건 왜일까?

"선생님, 진수는 우리보다 생각주머니가 작아서 생각을 빨리 못하는 거죠?"

"생각주머니가 큰 우리가 잘 도와줘야 하는데, 제 말을 잘 안 들어서 도와주기 싫을 때도 있어요."

어느 순간부터 장애가 있는 친구들의 생각주머니가 작다는 말이 유행처럼 퍼지기 시작했다. '생각 주머니'가 도대체 뭐지? 아이가 하는 말의 의미를 대충 알겠지만, 그 말의 출처를 알 수가 없었다. 생각주머니가 작으면 무슨 일을 하든 생각주머니가 큰 사람들에게 도움을 받아야 하는 사람이 장애인이라는 거다. 이렇게 도움을 받는 사람과 도움을 주는 사람이 정해져 있다면 참으로 소통하기 힘든 구조라는 생각이 들었다. 통합교육의 핵심인 다양성에 대한 이해는 우월감에서 출발해서는 안 된다. 상대를 동등한 대상으로 인정해야 서로가 다르다는 것에 대해 이해하고 공감할 수 있다. 그래야 소통이 되고 건강한 성장을 함께 만들어 갈 수 있다.

장애인의 인권과 교육의 중요성에 대해 자칫 잘못 접근하면 장애이해교육이 아니라 장애'강조'교육이 되어버릴 수가 있다. 실제로 장애인을 수혜受惠의 대상으로 설정하고 비장애인이 늘 도와줘야 하는 구조로 접근한다면 그들과의 소통은 일어날 수 없다.

'어떻게 하면 우리 아이들이 서로 소통할 수 있을까?' 고민하다가 통합학급 학생들을 대상으로 '너울가지'라는 동아리 활동을 시작하였다. 소통을 위한 건강한 만남이 필요해 보였기 때문이다. 너울가지란 남과 쉽게 잘 사귀는 솜씨, 붙임성이나 포용성 따위를 이르는 순우리말이기도 하다. 장애의 유무를 떠나 아이들 모두에게 필요한 공감과 친화력을 향상시키려고 했다. 서로의 장점을 발견하게 함으로써 소통의 물꼬를 트기 위한 활동을 함께 했다. 외국어를 익히듯 시각이나 청각에 장애가 있는 친구와 소통하기 위해 점자나 수화를 가르치고 배웠다. 지체장애가 있는 친구를 존중하고 배려하는 마음을 갖도록 휠체어를 사용하는 방법을 설명하고 가르치기도 했다. 또한 사회적 약자의 이동 및 접근성의 문제점을 스스로 찾을 수 있도록 경사로를 비롯한 학교 내외의 다양한 시설, 구조물들을 둘러보기도 했다. 그러면서 아이들 스스로 보편적 설계Universal Design의 중요성을 몸으로 알게 되었다. 자연스레 모두를 위한 배려가 어떤 것인지 함께 토론하고 고민하는 계기가 되었다. 장애인을 위한 시설들이 과연 '장애인만을 위한 것인가? 아니면 장애인과 사회적 약자를 포함한 모두를 위한 것인가?'에 대한 논의를 통해 사회의 구조적인 모순과 변화의 필요성을 스스로 깨달을 수 있도록 하는 것이 진정한 의미의 장애이해 교육이 아닐까? 생각하며 교육을 진행하였다. 아이들은 한 번도 생각해보지 못했던 이야기들에 대해 재미있어하면서도 장애인뿐만 아니라 자신과 다른 특성을 가진 사람들과 소통하기 위해서는 얼마나 겸손하고 따뜻하게 사람을 대해야 하는지에 대해 진지하게 고민했다.

　너울가지 활동은 아이들을 변화하게 했다. 함께 상추와 방울토마토를 가꾸고 그것을 수확하여 나눔을 준비했고, 교장 선생님께 건의하여 몸이 불편한 친구를 위한 핸드레일hand rail을 설치하게도 했다. 그러면서도 그것은 모두를 위한 시설임을 강조했다. 고함을 지르고 자해하거나 공격적인 성향이 있는 자폐성 장애가 있는 친구라도 장점을 찾아 학교장 상을 받을 수 있도록 노력했다. 아이들이 친구의 단점보다 장점에 주목하기 시작한 것이다.

"선생님, 철수는 대단해요. 교실에서 고함지르고 드러눕기는 해도 희한하게도 절대 욕은 하지 않아요. 저는 조금만 화가 나도 욕을 하고 싶거든요. 이번 달 바른 말 고운 말 상에 추천하고 싶어요."

긍정의 눈을 가진 순수한 아이들의 마음이 교실을 아름답게 변화시키고 있었다. "중요하지 않은 아이도 있나요?"라고 말하는 요정의 외침에 대답하듯 우리 아이들은 자신이 가진 것을 나누고 서로를 배려함으로써 어울림의 의미를 배워갔다. 교사인 내가 의도하고 설계한 교육내용 그 이상으로 우리 아이들은 가정에서, 학교에서 자신이 느끼고 생각한 소중한 것들을 그들이 할 수 있는 수준에서 하나둘씩 현실로 만들어 가는 귀한 아이들로 성장하고 있었다.

우리 아이들은 공감과 소통의 힘을 안다. 누구나 아름다울 권리, 행복할 권리가 있다는 사실도 안다. 다르게 생각하고 다르게 행동해도, 모두가 함께 배우고 함께 성장하는 과정이라는 것을 안다. 이것이 통합교육이 주는 행복한 어울림이라는 것을 우리 아이들은 처음부터 알고 있었다.

통합교육,
희망을 말하다

2014년 10월 SBS 8시 뉴스에서 「모두가 1등인 가을 운동회」란 제목의 감동적인 사연이 소개되었다. 모두 아는 사연일 것이다. 연골 무형성증을 앓고 있어서 빨리 달리지 못하는 친구(지체장애 6급)의 손목에 달리기 1등 도장이 선명히 찍혔다. 경기도 용인시 제일초등학교 가을 운동회에서 4명의 아이들이 장애가 있어 몸이 불편한 그 친구가 6년 내내 달리기에서 꼴찌를 하게 할 수는 없다며 선생님께 건의하여 손을 잡고 나란히 결승선을 통과한 것이다. 장애가 있는 아이도, 장애가 없는 아이도 모두 "우리 모두 다 1등이야."라고 말하며 활짝 웃는 아이들의 모습은 많은 사람의 가슴을 먹먹하게 하였다.

가슴이 뛰었다. 저런 아이들을 가르치는 멋진 선생님이 되고 싶었다. 나뿐만 아니라 전국의 모든 선생님도 가슴 뜨거웠을 것이다. "친구야, 같이 가자."며 손을 내미는 아이들과, 친구들의 마음에 감동하여 눈물을 흘리며 함께 결승선을 통과하는 아이의 모습은 통합교육이 꿈꾸는 그런 따뜻한 학교의 모습이었다. 마치 마르쿠스 피스터 Marcus Pfister의 동화 『무지개 물고기』처럼 아름다운 장면이었다. 반짝이 비늘을 하나씩 나눠줘 반짝이 비늘로 가득 차 바닷속이 더 아름답게 빛날 수 있었던 것처럼 말이다. 비늘을 하나씩 나눠주면 줄수록 기쁨이 커지는 것처럼 우리 아이들 모두가 아름다운 무지개 물고기가 될 수 있었으면 좋겠다. 그렇게 자신이 가진 것을 나눌 줄 아는 아이로 성장시켰으면 좋겠다. 모두가 1등인 행복한 운동회를 만들어 낸 제일초등학교의 그 아이들처럼….

발끝으로 따뜻함을 느끼다

"선생님, 5교시 체육인데 또 비가 와요."

"지난주에도 비와서 체육 못했는데, 완전 짜증나요."

"체육 대신 뭐 할 거예요? 국어, 수학은 하지 마요~. 선생님~"

지구가 멸망해도 체육은 해야겠다는 아이들의 마음을 달랠 수 있는 건 현재 지구상에는 거의 없다고 확신한다. 급식을 먼저 먹게 해주는 것도, 숙제를 없애주는 것도, 청소 당번을 빼 주는 것도 소용없다. 오직 그들에게는 운동장에서 역동적으로 움직이며 노는 것이 필요할 뿐이다.

"양말 벗고 우산 들고 운동장에 모여라." 내 말 한마디에 아이들은 술렁이기 시작했다.

"선생님, 양말은 왜 벗어요?"

"비 오는 데 진짜 체육 하실 거예요?"

"앗~싸~"

난 아무런 대답도 해주지 않았는데, 아이들은 체육시간이니 당연히 체육을 할 거로 생각하고 운동장으로 뛰쳐나간다.

"오늘은 맨발 체험을 할 거다. 우산을 쓰고 조심조심 운동장을 밟아볼 거야."

아이들은 신기한 듯 나를 따라 운동장을 밟으며 발바닥의 느낌에 집중했다. 운동장에 깔린 조금 굵은 모래를 밟으며 따끔거린다며 발뒤꿈치를 들고 걷는 아이도, 바닷가 모래사장에서 모래집을 짓듯 씨름판의 부드러운 모래 속으로 발을 깊이 넣는 아이도 있었다. 보도블록 위를 걸으며 딱딱한 돌 느낌을 찌푸린 얼굴로 표현하는 아이도, 하수구 맨홀 뚜껑을 밟고서 온몸을 떨며 쇠붙이의 차가움을 표현하는 아이도 있었다. 아이들은 익숙한 학교 운동장에서 낯설고 새로운 느낌을 찾아내고 있었다. 그 다양한 느낌을 온몸으로 표현하고 있었다.

한 시간가량 학교 곳곳을 맨발로 걸었다. 내가 준비한 물통으로 아이들은 발을 씻고, 수건으로 발을 닦은 후 교실로 돌아왔다. 맨발로 비에 젖은 모래흙을 걸어서였을까? 아이들은 나무로 된 교실 바닥을 밟더니 하나같이 나무의 따뜻한 느낌이 좋다며 발가락을 꼼지락거리고 있었다.

"얘들아, 재미있었어? 어떤 느낌이 들었니?"

맨발 체험을 끝내고 아이들에게 물었다. 저마다 자기가 느낀 소감을 말하고, 친구들의 이야기에 귀를 기울였다. 아이들의 느낌은 거의 비슷했다. 굵은 모래를 밟을 때, 돌로 된 보도블록을 밟을 때, 쇠로 된 맨홀 뚜껑을 밟을 때 아프고 딱딱했다고 했다. 차가웠지만 씨름장의 고운 모래를 밟았을 땐 부드러운 느낌이 좋았다고 말했다. 그리고 무엇보다도 발을 씻고 교실 나무 바닥을 밟았을 때의 그 따뜻한 느낌이 가장 좋았다고 했다.

"선생님은 너희들이 우리반 모든 친구들에게 씨름판의 고운 모래처럼, 교실의 나무 바닥처럼 부드럽고 따뜻하게 대해 줬으면 좋겠어. 굵은 모래나 돌로 된 보도블록처럼, 쇠로 된 맨홀 뚜껑처럼 아프고 딱딱하고 차갑게 대하지 않았으면 좋겠어. 선생님도 너희들에게 부드럽고 따뜻한 선생님이 될 수 있도록 노력할게."

내 말의 의미를 이해하지 못할 거라 여겼던 10살밖에 되지 않은 3학년 아이들은 모두 숙연해졌다. 그리고 한 아이가 눈물을 글썽이며 말했다.

"선생님, 저도 씨름판 모래처럼, 교실 나무 바닥처럼 친구들에게 잘 대해줄게요."

"이제 호야에게도 잘해줄게요. 미워하지 않을게요."

"저도요, 저도요."

마치 약속이나 한 것처럼 우리반 아이들은 장애가 있는 친구를 힐 끗거리며 똑같이 말했다.

사실 우리반 아이들은 장애가 있는 친구 호야(가명)를 너무나 싫어했다. 아니 정확히는 힘들어했다. 호야는 체육시간만 되면 운동장을 가로질러 인근 아파트에 있는 사슴 사육장으로 도망가는 바람에 아이들은 친구를 찾으러 다닌다고 제대로 체육수업을 하지 못한 경우가 한두 번이 아니었다. 휴지를 씹어 어항에 뱉어서 이틀에 한 번꼴로 어항 청소를 해야 했고, 점심시간엔 먹기 싫은 반찬을 몰래 책상 안에 버려서 상한 음식 냄새로 힘들어 했다. 3학년 아이들이 감당하기엔 충분히 힘든 상황이었다.

그래서 우리반 아이들이 이런 말을 할 거라고는 꿈에도 생각하지 못했다. 그 친구를 싫어하던 아이들을 달래며 이해시키기가 쉽지 않았기 때문에 그냥 담임교사로서 부탁하고 싶었던 것뿐이었다. 그런데, 아이들은 비 오는 운동장과 학교를 맨발로 걷다 장애가 있는 친구 호야에게까지 마음이 움직인 것이다. 나는 단지 통합교육의 힘을 믿고 싶었고, 아이들의 순수한 마음에 희망을 걸고 싶을 뿐이었다. 그런데 우리반 아이들은 비 오는 날 운동장을 밟고 난 후 아직 젊고 서툴고 교육이 뭔지 잘 몰라 부족했던 담임의 마음마저 위로하고 있었다.

우리 아이들은 모두 다 알고 있었다. 부드럽고, 따뜻하고, 행복한 그 느낌을 말이다. 아이들과 함께 발끝으로 느꼈던 그 따뜻함이 내게도 가슴까지 올라왔다.

함께 등교하는 아이들

"내일부터 선생님은 아침에 진(가명)이와 함께 학교에 오기로 했다. 선생님과 함께 등교하고 싶은 친구들은 8시 40분까지 진이네 집 앞에 모여라."

자폐성 장애가 있어 친구들과 잘 어울리지 못하고, 학교생활이 즐겁지 않은 아이 진이. 진이는 학교에 오기 싫어 엄마와 아침마다 집 앞에서, 다시 교문 앞에서 실랑이를 벌이고 있었다. 신규 담임교사였던 내가 할 수 있는 일은 없었다. 어떻게 해야 할까? 아이가 어떤 장애를 가졌는지? 그러한 장애로 인해 친구들과 어울리지 못하는 이유가 무엇인지? 비장애 아이들은 장애가 있는 그 친구를 왜 꺼려하는지? 도무지 알기 어려웠다. 답답했다.

우리반 모든 아이가 즐겁게 학교에 올 수 있었으면 좋겠는데 방법이 없을까? 그 시절, 그 학교엔 특수학급도 특수교사도 없었다. 주위의 선생님들 가운데 자폐증에 대해 잘 알고 계신 분도 없었다. 나는 어떻게든 방법을 찾아야 했다. 혼자서 특수교육 관련 서적을 읽고, 대학교 특수교육학과 교수님들께 찾아가서 상담도 했다. 봉사활동을 다니던 재활원 사회복지사를 만나 답답함을 토로하고 어떻게 해결하는 것이 좋을지 묻기도 했다. 그러나 대부분 되돌아 온 말은 '그 아이의 장애는 원래 그런 특징이 있다.', '정상이 될 수는 없다.', '특수학교에 전학을 가게 하는 건 어떨까?' 등이 전부였다. 내가 할 수 있는 일이 별로 없다는 사실을 재확인하게 하는 순간이었다. 하는 수 없이 내가 할 수 있는 방법을 스스로 찾아야 했다. '학교에 오기 싫어서 버티는 아이라면 내가 데리러 가면 되지 않을까? 그래도 담임선생님인 나를 좋아하긴 하니 가능하지 않을까?' 고민에 고민을 거듭한 끝에 이렇게라도 시도해보기로 했다.

학급 모든 아이에게 '선생님과 함께 등교하기' 활동을 시작한다고 공표했다. 그리고 선생님과 함께 학교에 오고 싶은 친구들은 자율적으로 참여하면 된다고 했다. 나는 아침마다 진이네 집 앞에서 진이를, 그리고 아이들을 기다렸다. 그랬더니 참으로 놀라운 일이 벌어지기 시작했다. 어느 순간 40명이 넘는 아이들이 아침마다 진이네 집 앞에 모이기 시작한 것이었다. 선생님이 정말 매일 아침 진이네 집 앞에 계실까라는 궁금증은 진이를 좋아하거나 싫어하는 사실과는 아무런 상관없이 아이들을 하나둘씩 진이 집 앞으로 불러 모으기 시작한 것이다. 그리고 아이들이 모이면 다 함께 외쳤다. 40명이 넘는 아이들의 아침 합창이 된 것이다.

"진아, 학교 가자~."

이 글을 쓰는 지금 이 순간에도 귓가에 그 아침 아이들의 외침 소리가 들리는 듯 가슴이 벅차오른다. 5년 동안 가기 싫었던 학교를 즐거운 마음으로 함께 갈 수 있게 하려고 선생님과 친구들이 아침마다 집 앞에서 기다리고 있는 모습을 상상하는 것만으로도 감동적이지 않은가? 장애가 있던 진이는 이렇게 매일 아침 선생님과 친구들의 일굴을 번갈아 보면서 손을 잡고 함께 학교로 향할 수 있었다. 그렇게 우리반 모든 아이는 아름답게 변하고 있었다.

학교에 오기 싫어하고 외톨이처럼 혼자 있던 장애 아이를 위해 시작했던 치기만만한 담임교사의 서툰 발걸음을 통해 학급의 많은 아이들은 하나둘씩 그 아이 주위에 모여들기 시작했다. 그 마음을 잘 지켜갈 수 있도록 난 용기를 내어 여러 가지 프로그램을 만들기 시작했다. 장애아이뿐만 아니라 잘 어울리지 못하는 아이들을 위하여 부모님들께 부탁하여 생일 파티에 나를 초대해달라고 부탁하고, 많은 아이들이 그 자리에 함께 어울려 놀 수 있도록 했다. 주말이 되면 국어나 수학 숙제 대신 '친구 집에서 함께 자고 오기', '시장에서 함께 홍정하여 가장 싸고 예쁜 양말을 사서 다 같이 신고 오기' 등 재미있는 숙제를 내주었다. 아이들이 계속해서 함께 어울릴 수 있는 자리를 만들어주려고 애썼다.

벌써 20년이 지났다. 또다시 통합학급의 담임교사가 되어 그러한 상황을 맞이한다면 지금의 나는 어떻게 할까? 어쩌면 특수교육을 전공해 배우고 경험이 쌓인 나는 긍정적 행동지원 방안을 마련하기 위해 문제행동을 정의하고 기능을 진단하고 가설을 설정하는 등 나름의 전문성을 발휘하려고 아등바등하고 있을지도 모르겠다. 그러나 감히 말할 수 있다. 특수교육 관련 서적에 나와 있는 그 어떤 교육적 지원 방법을 살펴봐도 선생님과 친구들이 장애가 있는 친구를 함께 기다리고, 함께 손을 잡고 즐겁게 학교를 향해 걸으며 행복한 아침을 맞이하게 하는 것보다 나은 방법은 없을 거라고 말이다.

아무것도 모르겠던 그 시절, 무엇이 나와 우리반 아이들을 변화시켰을까? 좋은 선생님이 되고 싶은 마음이 간절해서였을까? 장애가 있는 아이의 절망을 지켜보는 것이 힘들어서였을까? 비장애 아이들의 철없는 행동이 속상해서였을까? 장애 아이 어머니의 속상해하는 뒷모습이 안타까워서였을까? 이런저런 이유를 아무리 떠올려봐도 분명한 이유를 모르겠다. 교실에 있는 모든 아이가 행복하게 학교생활을 할 수 있도록 하는 것이 담임교사인 내가 해야 할 일이고, 그 일은 특별한 이유를 찾지 않아도 될 만큼 너무나 당연하다. 당시를 회상할 때마다 나 자신에게 다시 묻는다.

'또다시 그런 상황이 온다면 20년 전처럼 매일 아침 진이 집 앞에서 아이들을 기다릴 수 있는가? 내 안에 그때의 뜨거움을 간직하고, 앞으로의 20년을 더 잘 버틸 수 있는가?' 진지하게 묻고 고민해본다.

통합교육이란 어쩌면 아침마다 학급의 모든 아이가 함께 모여, 서로의 손을 잡고 조잘대며 학교를 향해 함께 걸어가는 즐거움 같은 것이 아닐까? 모두가 소중하다는 것을 알고, 하나됨을 배워가는 일이 아닐까? 장애가 무엇인지 특수교육이 무엇인지도 모르던 시절, 장애가 있는 아이가 즐겁게 학교에 올 수 있게 하려고 애썼던 철부지 담임교사의 마음을 읽고 함께 해준 그 아이들이 못 견디게 그리운 순간이다.

교육은 깨지기 쉬운 달걀을 지키는 일

"얘들아, 내일 준비물은 달걀이다."

"삶은 달걀이요?"

"아니, 생달걀."

"생달걀을 가지고 와서 집에 갈 때까지 깨지 않고 잘 보관하면 선생님이 선물을 줄게."

선생님의 엉뚱한 요구에 아이들은 당황해하기도 하고 재밌어하기도 했다. 그런 아이들을 보며 '과연 몇 명쯤이나 달걀을 깨지 않고 마치는 시간까지 잘 가지고 있을까?' 내심 궁금하기도 하고 기대되기도 하였다. 아침이 밝았다. 교실은 소란스러웠고 복도는 이미 깨진 달걀로 인해 번들거리고 있었다.

"영철이가 지나가다 제 책상을 쳐서 바닥에 굴러떨어졌어요."

"진수하고 부딪혀 제 주머니에 넣어둔 달걀이 깨져서 옷이 다 젖었어요."

"필통 안에 달걀을 넣어뒀는데, 연필을 꺼내다가 실수로 깨졌어요."

오후 수업을 마치고 집으로 돌아갈 때까지 달걀을 깨뜨리지 않고 잘 가지고 있었던 아이들은 35명 정도의 아이 중 10명 남짓이었다.

"얘들아, 너희들이 가지고 온 달걀이 너희들의 꿈, 건강, 우정 같은 소중한 것들이라면 어땠을까? 조심성 없이 보관했을까? 자기의 실수든 다른 친구들의 실수든 달걀을 잘 보관하지 못한 너희들도 책임을 져야겠지. 또 선생님은 너희들의 부주의로 달걀이 깨질 때 상처받은 친구들의 마음을 떠올렸어. 너희들은 어땠어?"

아이들은 의외로 진지했다. 한번 깨진 달걀은 붙일 수도 없고 결국 버려야 한다는 선생님의 이야기에 아이들은 자신의 모습을 돌아보며 반성하기 시작했다. 자신의 실수로 친구의 마음에 상처를 준 경험이 있었다면 무엇이 문제였는지 떠올려 보라고 했다. 어떤 방법으로 소중한 것을 더 소중하게 잘 지킬 수 있을지, 달걀을 보관하는 자신의 태도를 돌아보며 생각해보게 하였다.

"달걀이 깨지니까 냄새도 나고, 끈적끈적해져서 기분이 너무 안 좋았어요."

"제가 조금만 더 주의했다면, 달걀을 깨지 않고 잘 보관했을 텐데 속상해요."

"저는 달걀에 금이 갔어요. 조금만 있으면 깨질 것 같아 눈물이 날 것 같아요."

"선생님 말씀을 듣고 나니 친구들 마음에 상처 준 거 같아 미안해요."

서로 사이좋게 잘 지내라고, 상처 주지 말라고 이야기하는 것보다 달걀 하나로 아이들은 더 많은 생각을 하게 된 것이다. 흐뭇했던 그 순간의 기억이 떠오른다.

따뜻한 학교를 만들어 가는 건 우리 아이들의 마음에 달려있다. 소중한 것이 무엇인지, 소중한 것을 잘 지켜가는 방법이 무엇인지, 소중한 것을 잘 지켰을 때 아이들이 앞으로 살아가는 세상이 어떻게 변화

될 수 있는지를 분명히 알려줄 필요가 있다.

교육은 깨지기 쉬운 달걀을 지키는 일과 같으니까.

특수교사 교육을 말하다
시행착오와 경계를 넘어

초판 1쇄 펴낸 날 2018년 11월 1일
초판 4쇄 펴낸 날 2020년 11월 1일

지은이 윤형진, 감소영, 김민진, 부경희, 이종필
펴낸이 이후언
기 획 이종필, 강진영
편 집 강진영, 이후언
디자인 윤지은
인쇄제본 ㈜현문자현
용 지 신승지류유통(주)

발행처 새로온봄
주 소 서울시 강남구 논현로 209, 101-1804
전 화 02) 6204-0405
팩 스 0303) 3445-0302
이메일 hoo@onbom.kr
홈페이지 www.onbom.kr

© 윤형진, 감소영, 김민진, 부경희, 이종필, 2018. Printed in Seoul, Korea

ISBN 979-11-956996-4-3 (03370)

* 이 도서의 국립중앙도서관 출판예정도서목록(CIP)은 서지정보유통지원시스템(http://seoji.nl.go.kr)과
  국가자료공동목록시스템(http://www.nl.go.kr/korisnet)에서 이용하실 수 있습니다.
  (CIP 제어번호: CIP 2018031716)